Las Vidas de los Santos

Esta edición es dedicada a
SAN JOSE
Patrono de la Iglesia Universal

Las Vidas . . .
de los Santos

PARA CADA DIA DEL AÑO

De acuerdo con las Normas y Principios del Nuevo Calendario Romano

Revisión de la Edición Original
por el
REV. HUGO HOEVER, S.O. Cist., Ph.D.

Ilustrada

CATHOLIC BOOK PUBLISHING CO.
Nueva Jersey

PREFACIO

"SIEMPRE creyó la Iglesia que los apóstoles y mártires de Cristo, por haber dado un supremo testimonio de fe y de amor con el derramamiento de su sangre, nos están más íntimamente unidos en Cristo; a ellos, junto con la Bienaventurada Virgen María y los santos ángeles, profesó peculiar veneración e imploró piadosamente el auxilio de su intercesión. A éstos luego se unieron también aquellos otros que habían imitado más de cerca la virginidad y la pobreza de Cristo, y en fin, otros, cuyo preclaro ejercicio de virtudes cristianas y cuyos divinos carismas les hacían recomendables a la piadosa devoción e imitación de los fieles.

"Al mirar la vida de quienes siguieron fielmente a Cristo, nuevos motivos nos impulsan a buscar la Ciudad futura y al mismo tiempo aprendemos cuál sea, entre las mundanas vicisitudes, el camino más seguro, según el estado y condición de cada uno, que nos conduzca a la perfecta unión con Cristo, o sea, a la santidad. Dios manifiesta a los hombres en forma viva su presencia y su rostro en la vida de aquellos, hombres como nosotros, que con mayor perfección se transforman en la imagen de Cristo. En ellos El mismo nos habla y nos ofrece un signo de ese Reino suyo hacia el cual somos tan poderosamente atraídos por la gran nube de

Nihil Obstat: Francis J. McAree, S.T.D., Censor Librorum

Imprimatur: ✠ Patrick J. Sheridan, D.D., Vicario General, Archidiócesis de N.Y.

El Nihil Obstat e Imprimatur son declaraciones oficiales que un libro o librejo es libre de error doctrinal o moral. Esto no quiere decir en ningún modo que los que han concedido el Nihil Obstat e Imprimatur acordan con sus contenidos, opiniones, o afirmaciones.

testigos que nos envían y con el gran testimonio de la verdad del Evangelio.

"Pero no sólo veneramos la memoria de los Santos del cielo por el ejemplo que nos dan, sino aún más, para que la unión de toda la Iglesia en el Espíritu se corrobore por el ejercicio de la caridad fraterna. Porque así como la comunión cristiana entre los viadores nos conduce más cerca de Cristo, así el consorcio con los Santos nos une con Cristo, de quien dimana, como de su Fuente y Cabeza, toda la gracia y la vida del mismo Pueblo de Dios.

"Conviene, pues, en grado sumo, que amemos a estos amigos y coherederos de Jesucristo, hermanos también nuestros y eximios bienhechores; rindamos a Dios las debidas gracias por ellos, 'invoquémoslos humildemente y, para impetrar de Dios sus gracias por medio de su Hijo Jesucristo, único Redentor y Salvador nuestro acudamos a sus oraciones, ayuda y auxilios.' En verdad, todo genuino testimonio de amor ofrecido por nosotros a los bienaventurados, por su misma naturaleza, se dirige y termina en Cristo, que es la 'Corona de todos los Santos' y por El a Dios, que es admirable en sus Santos y en ellos es glorificado. . . .

"El auténtico culto a los Santos no consiste tanto en la multiplicidad de los actos exteriores cuanto en la intensidad de nuestro amor activo, por el cual, para mayor bien nuestro y de la Iglesia, buscamos en los Santos el 'ejemplo de su vida, la participación de su comunión y la ayuda de su intercesión.' "

(Vaticano II: *Constitución sobre la Iglesia*, n. 50)

CONTENIDO

6

CONTENIDO

8

CONTENIDO

CONTENIDO

CONTENIDO

SOLEMNIDAD DE SANTA MARIA, MADRE DE DIOS

Enero 1

DESDE toda la eternidad Dios pensó en la Virgen de Nazaret como futura Madre de Su Hijo. Con la Anunciación, María se convirtió en la Madre de Dios. Este es su honor más alto y fuente de todos sus otros privilegios. En el Calvario, Cristo dio su Madre a todos los hombres como Madre espiritual, para que por su intercesión ellos pudieran llegar a Dios al igual que a través de ella El vino a nosotros.

Esta fiesta ocupa el lugar de la Maternidad de María celebrada antes el día 11 de Octubre, y fue establecida por el Papa Pío XI en 1931, en conmemoración del décimo quinto centenario del Concilio de Efeso del año 431.

ORACION Oh Dios, por la fructífera virginidad de María Tú otorgaste las bendiciones de la salvación eterna sobre el hombre. Concédenos que podamos disfrutar de su intercesión ya que a través de ella recibimos a Tu Hijo, Autor de Vida. Amén.

SANTOS BASILIO MAGNO Y GREGORIO NACIANZENO,

Obispos y Doctores de la Iglesia

Enero 2—*(San Gregorio) Patrono de los Poetas Cristianos*

AL revisar su calendario la Iglesia ha creído apropiado honrar a estos dos grandes Doc-

San Basilio

tores de la Iglesia y grandes amigos en un mismo día.

San Basilio Magno nació en Cesárea de Capadocia en 330. Tanto sus padres como varios de sus hermanos y hermanas se veneran como Santos. Fue a la escuela en Cesárea así como en Constantinopla y Atenas, donde en 352, se hizo amigo de San Gregorio Nacianzeno. Poco después abrió una escuela de oratoria en Cesárea y se dedicó a las leyes.

Eventualmente decidió hacerse monje y fundó un monasterio en el Ponto el cual dirigió durante cinco años. Escribió la regla monástica que resultó ser la de mayor duración entre todas las del Oriente. Después de fundar varios otros monasterios fue ordenado y en 370 fue nombrado Obispo de Cesárea. En ese cargo (hasta su muerte en 379) continuó siendo hombre de grandes conocimientos y constante actividad, genuina elocuencia e inmensa caridad. Todo ello le ganó en vida el titulo de "Magno" y después de su muerte el de Doctor de la Iglesia.

SAN Gregorio nació en Arianzo en Capadocia, de padres que hoy son venerados como Santos. Estudió en Cesárea, Alejandría y Atenas, en cuya ciudad tuvo como compañeros de pupilaje a San Basilio y a Julián el Apóstata. Al regresar a Nacianzo fue bautizado por su propio padre y comenzó una santa vida. En el año 358 se unió a San Basilio en la soledad del Ponto donde permaneció hasta que poco después su padre (quien era Obispo de Nacianzo) lo llamó para ordenarlo como sacerdote, aunque él no lo deseaba. En el año 372 fue nombrado por San Basilio como Obispo de Sosima, un pequeño pueblo.

San Gregorio prefería una vida retirada y de meditación, pero las circunstancias siempre conspiraron en su contra y nunca pudo hacerlo. En el año 379 fue hecho Obispo de Constantinopla donde permaneció hasta 381 cuando al fin pudo dimitir y regresar a su soledad hasta su muerte en el año 389. La profundidad de sus conocimientos teológicos y la grandeza de su elocuencia hicieron de El uno de los más brillantes Doctores de la Iglesia Griega.

ORACION Señor Dios, Tú quisiste iluminar Tu Iglesia con las vidas y enseñanzas de los Santos Basilio y Gregorio. Otórganos que podamos aprender Tu verdad con humildad y fidelidad y ponerla en práctica con amor. Amén.

SANTA GENOVEVA, Virgen

Enero 3—*Patrona de París*

SANTA Genoveva nació alrededor del año 422, en Nanterre cerca de París. Contaba sólo siete años de edad cuando San Germán de Auxerre pasó por su aldea natal en su camino hacia Gran Bretaña para combatir las herejías de Pelagio. La niña se encontraba en medio de la multitud que rodeaba aquel hombre de Dios, el cual la señaló y predijo su futura santidad. Habiéndoselo pedido, el santo Obispo la llevó a la iglesia, acompañados por todos los fieles, y la consagró a Dios como virgen.

Cuando se supo que Atila se dirigía hacia París, todos sus habitantes se prepararon para evacuarla, pero Santa Genoveva los disuadió para que evitaran tal azote mediante ayunos y oraciones, asegurándoles la protección del Cielo. Los hechos verificaron sus predicciones, pues el bárbaro cambió de ruta repentinamente.

Santa Genoveva llevó una vida de austeridad, constante oración y obras de caridad. Murió en el año 512.

ORACION *Señor Dios, Tú derramaste Tus dones celestiales sobre la Virgen Santa Genoveva. Ayúdanos a imitar sus virtudes durante nuestra vida terrenal y así disfrutar con ella de la felicidad eterna en el cielo. Amén.*

———

SANTA ISABEL ANA SETON, Viuda
Enero 4

ISABEL Seton nació en 1774, en el seno de una rica y distinguida familia episcopal y probablemente en la Iglesia de la Trinidad en Nueva York; habiendo sido una fiel y ferviente creyente de la Iglesia Episcopal hasta su conversión al Catolicismo.

En 1794 Isabel se casó con Guillermo Seton, habiendo criado cinco hijos en medio de grandes sufrimientos y enfermedades. Isabel y su esposo enfermo viajaron a Livorno, Italia, donde Guillermo murió. Estando en Italia, Isabel se familiarizó con el Catolicismo y en 1805 hizo su Profesión de Fe en la Iglesia Católica.

Estableció su primera escuela Católica en Baltimore en 1808; en 1809 fundó una comunidad religiosa en Emmitsburg, Maryland.

La Madre Seton pudo llegar a ver cómo su pequeña comunidad de hermanas crecía y se expandía desde Emmitsburg (1809), a Nueva York (1814), Cincinnati (1829), Halifax (1849), Nueva Jersey (1859), Greensburg (1870), y San Luis (1909). Murió el 4 de Enero de 1821. Fue beatificada en 1963 y canonizada en Septiembre 14, 1975 por el Papa Pablo VI.

ORACION   Oh Dios, Tú trajiste a Santa Isabel a Tu Iglesia para que ella instruyera a otros en el camino de la salvación. Concédenos que sigamos a Cristo teniéndola como ejemplo y así poder llegar a Tu presencia en compañía de nuestros hermanos. Amén.

SAN JUAN NEPOMUCENO NEUMANN, Obispo

Enero 5

JUAN Neumann nació en Bohemia el 20 de Marzo de 1811. Puesto que había en él gran deseo de dedicarse a las misiones de América, fue a Estados Unidos como clérigo, siendo ordenado en Nueva York en 1836 por el Obispo Dubois.

En 1840 entró en la Congregación del Santísimo Redentor (Redentoristas). Trabajó en Ohio, Pennsylvania y Maryland. En 1852 fue consagrado como Obispo de Filadelfia.

Allí se esforzó muy duro por establecer escuelas parroquiales y fundar muchas parroquias, especialmente parroquias nacionales para emigrantes. También fue el primer Obispo de Estados Unidos en prescribir la Devoción de las Cuarenta Horas en su diócesis.

El Obispo Neumann murió el 5 de Enero de 1860 y fue beatificado en 1963. El 19 de Junio de 1977, el Papa Pablo VI lo hizo entrar en el grupo de Santos canonizados de Dios.

ORACION Oh Dios, Luz y Pastor de almas, Tú estableciste a San Juan como Obispo de Tu Iglesia para alimentar Tu rebaño con su palabra y formarlo con su ejemplo. Ayúdanos, con su intercesión, a mantener la Fe que él enseñó con su palabra y a seguir el camino que nos mostró con su ejemplo. Amén.

LA EPIFANIA DEL SEÑOR
Enero 6 o Domingo después de Enero 1

LA fiesta de la Epifanía, celebrada el 6 de Enero, es una de las más antiguas de la Iglesia y una de las más grandes del año eclesiástico. La palabra *Epifanía* es una palabra griega que significa manifestación o revelación. Durante los tres primeros siglos la Manifestación de Cristo a Su pueblo elegido y Su Manifestación como Salvador de todas las razas y naciones, se celebraban el mismo día, pero a partir del signo IV, se escogió Diciembre 25 como fiesta de la Natividad o Navidad, y Enero 6 como fiesta de los Tres Reyes Magos. La llaman así porque el Evangelio nos habla de los *Magos* (considerados hoy como astrólogos) que llegaron del Oriente diciendo: "¿Dónde está el Rey de los Judíos que ha nacido? Hemos visto Su estrella en el oriente y hemos venido a adorarle."

Tal vez vinieran de Arabia, Caldea o Persia. La tradición nos dice que fueron tres, Gaspar, Melchor y Baltasar. La profecía de que una "estrella saldrá de Jacob" y las enseñanzas del profeta

Daniel en Babilonia se habían extendido por todo el Oriente. Cuando la misteriosa estrella apareció, los sabios la reconocieron como señal de que la llegada del Mesías se acercaba y que El nacería en Judea. Siguiendo la estrella llegaron a Belén. Al entrar en la casa, hallaron al Niño con María, Su Madre. Arrodillándose lo adoraron. Después abrieron sus cofres y le hicieron presentes de oro, incienso y mirra.

ORACION Oh Dios, en este día Tú revelaste Tu Unigénito a los gentiles. Concédenos que nosotros, que ya te conocemos por la fe, algún día podamos contemplar Tu sublime belleza. Amén.

━━━━━

BEATO ANDRE BESSETTE, Religioso
El Mismo Día—Enero 6

NACIDO cerca de Quebec en 1845, André trabajo en los Estados Unidos durante algunos años. Después de regresar a Canadá, ingresó como Hermano en la Congregación de la Santa Cruz. Como de niño había tenido muy mala salud, André no había podido ir a la escuela de manera regular y no sabía leer ni escribir. Lo nombraron portero en el Colegio de Notre Dame en Montreal y trabajó en esta capacidad durante más de cuarenta años. También trabajó de empleado de limpieza, enfermero, barbero, jardinero y alumbrador de lámparas. Su piedad y disposición para ayudar a los demás despertó la admiración de los alumnos y de los padres de éstos.

André también adquirió una gran devoción por San José. Muchos acudían a su celda para pedirle su opinión y sus plegarias para recibir algún favor o alguna curación. André lo cumplía mientras lo encomendaba todo a San José, Esposo de la Virgen Madre de Dios y padre adoptivo del Niño Divino. A su tiempo, pudo hacer construir una capilla a San José. Después de su muerte el 6 de Enero de 1937, el santuario creció hasta llegar a ser la gran basílica del Oratorio de San José en Montreal. Peregrinos del mundo entero lo visitan.

ORACION Oh Dios, amigo de los humildes, Tú inspiraste el Hermano André con una gran devoción a San José y una especial dedicación hacia los pobres y los afligidos. Ayúdanos por su intercesión a seguir su ejemplo de oración y caridad, para que con él podamos alcanzar el esplendor de Tu gloria. Amén.

SAN RAIMUNDO DE PEÑAFORT, Sacerdote
Enero 7—*Patrono de los Canónigos*

NACIDO en 1175 en el castillo de Peñafort en Cataluña y de familia noble, San Raimundo fue aliado del Rey de Aragón. A los veinte años de edad enseñó filosofía en Barcelona. Sin pedir un centavo por sus servicios se esforzó por formar el corazón y el intelecto de sus alumnos. A los treinta años fue a Bolonia para perfeccionarse en el estudio de leyes civiles y canónicas, recibiendo el grado de doctor. A su regreso a Barcelona en 1219, el Obispo lo nombró canónigo, archidiácono y vicario general. Pocos años después, en 1222, entró en la Orden de Santo Domingo, ocho meses después de la muerte de su santo fundador.

Trabajó celosamente por la conversión de los moros y judíos, así como en la composición de un tratado para la instrucción de confesores. El Papa Gregorio IX lo llamó a Roma, nombrándolo auditor en el palacio apostólico, penitenciario y confesor suyo. Durante este período compuso su obra sobre derecho canónico, conocido por las "Cinco Decretales." Al regresar a su propio país fue elegido general de la Orden de los Dominicos sucediendo a Jordán de Sajonia, que había sido sucesor inmediato de Santo Domingo. Después de poner en orden y explicar las constituciones de la Orden, renunció a su cargo y comenzó a dedicarse de nuevo al ejercicio de la vida apostólica. Murió en 1275 a los cien años de edad y fue canonizado en 1601 por el Papa Clemente VIII.

ORACION Oh Dios, Tú otorgaste a Tu Presbítero, San Raimundo, el don de misericordia hacia los pecadores y prisioneros. Ayúdanos por su intercesión a vernos libres de la esclavitud del pecado y con conciencias limpias practicar aquello que te agrada. Amén.

SAN APOLINAR, Obispo
Enero 8

SAN Apolinar fue uno de los Obispos más ilustres del siglo II. Eusebio, San Gerónimo, Teodoredo y otros hablan de él ensalzándolo y nos dan los pocos datos que se saben de él.

Presentó una "apología," es decir, una defensa de la religión cristiana ante el Emperador Marco Aurelio, quien poco antes había obtenido una señal en forma de victoria sobre los Quadi, pueblo que habitaba en la región llamada hoy Moravia. Una de sus legiones, la duodécima, estaba integrada mayormente por Cristianos. Cuando el ejército estaba a punto de perecer por falta de agua, los soldados de esta legión se arrodillaron e invocaron la ayuda de Dios. El resultado fue que, de repente, cayó un aguacero torrencial y, ayudados por la tormenta, conquistaron a los Germanos. El emperador dio a esta legión el nombre de La Legión del Trueno y mitigó su persecución.

Fue para proteger su rebaño contra la persecución que San Apolinar, quien era Obispo de Hierápolis en Frigia, dirigió su apología al Emperador para implorar su protección y recordarle el favor recibido de Dios a través de las oraciones de los Cristianos. Se desconoce la fecha de la muerte de San Apolinar, pero es probable que fuera un poco antes de la de Marco Aurelio, alrededor del año 175.

ORACION Oh Dios, Tú hiciste de San Apolinar ejemplo sobresaliente del amor Divino y de la Fe que conquista al mundo y lo incluiste entre los santos Pastores. Concédenos que por su intercesión podamos perseverar en el amor y en la Fe y así compartir en su gloria. Amén.

SAN ADRIANO DE CANTERBURY, Abad
Enero 9

NATURAL de Africa, este santo sabio llegó a ser Abad de un monasterio cerca de Monte Casino, Italia. El Papa San Vitaliano lo consideró como el mejor para ocupar el puesto vacante de Arzobispo de Canterbury, ya que sus facultades eran las más apropiadas para instruir y nutrir a una nación muy joven aún en la Fe. Pero San Adriano, considerándose indigno, sugirió que nombrase a San Teodoro de Tarso en su lugar. El Papa accedió pero lo envió a él también como auxiliar y consejero del Arzobispo.

Los dos Santos partieron en 668, atravesando Francia. Allí San Adriano fue arrestado por Ebroín, Mayor de Neustria y agente del Emperador Oriental; y San Teodoro tuvo que continuar solo. Cuando San Adriano al fin pudo llegar a Inglaterra, halló a Teodoro ya confirmado en su Sede y él fue nombrado Abad del monasterio de San Pedro y San Pablo en Canterbury.

Bajo la administración de San Adriano, esta escuela monástica atrajo estudiantes de todas partes y llegó a ejercer gran influencia. El Santo mismo era docto en las Escritura, conocedor de los Padres de la Iglesia y erudito en griego y latín. Todas estas materias las enseñaban allí, así como poesía, astronomía y cálculos de calendario. San Adriano murió en Enero 9, 710.

ORACION *Señor, en medio de las cosas de este mundo, permítenos dedicarnos de corazón a las cosas del cielo imitando el ejemplo de perfección angelical que Tú nos has dado en San Adriano Abad. Amén.*

SAN GUILLERMO, Obispo
Enero 10

SAN Guillermo era descendiente de la familia de los antiguos Condes de Nevers en el siglo XI. Se educó bajo el cuidado de Pedro, Archidiácono de Soissons, su tío maternal. Desde temprana edad aprendió a despreciar las vanidades de este mundo y a entregarse con ardor a ejercicios de piedad y adquisición de conocimientos. Entrando al estado eclesiástico fue hecho Canónigo de Soissons y de París.

Más tarde decidió abandonar el mundo y entró en la Orden de Grammont. Vivió algún tiempo en esta Orden practicando grandes austeridades; pero surgieron diferencias entre los padres y los hermanos seglares, lo cual hizo que se marchara para la austera Orden de Citeaux que llevaba poco tiempo de fundada.

Tomó sus hábitos en Pontigny y pasado algún tiempo llegó a ser Abad, primero de Fontaine Jean y más tarde de Chaalis cerca de Senlis.

Sentía especial devoción hacia el Santísimo Sacramento y gustaba de pasar mucho tiempo al pie del altar. En el año 1200 el clero de la iglesia de Bourges lo eligió como sucesor de Enrique de Sully, su Arzobispo; esta noticia lo atribuló grandemente y solamente una doble orden de su general, el Abad de Citeaux, y del Papa lo hizo aceptar esta dignidad. En su nuevo cargo él redobló su austeridad, usando constantemente el cilicio y no comiendo carne jamás.

Se preparaba para una misión entre los albigenses cuando murió en 1209, estando arrodillado en oración. Como lo había pedido, fue enterrado en cenizas y llevando su cilicio y fue canonizado en 1217 por el Papa Honorio III.

ORACION *Todopoderoso y eterno Dios, fue Tu voluntad que el Obispo Guillermo gobernara sobre Tu pueblo. Concédenos que por la intercesión de sus méritos podamos recibir la gracia de Tu misericordia. Amén.*

SAN PAULINO, Patriarca de Aquilea

Enero 11

SAN Paulino nació alrededor del año 726 en una finca cerca de Friuli, Italia. Pasó su juventud trabajando la tierra para sostener su familia, pero también halló tiempo para dedicarse a los estudios. Tan adepto se hizo en sus propósitos que alcanzó gran reputación como gramático y profesor, siendo invitado por Carlomagno a su corte, alrededor del año 776. Aquí conoció al famoso Alcuino de York, llegando a ser grandes amigos.

En el año 787 el Emperador lo nombró Patriarca de Aquilea, cerca del lugar de su nacimiento en Italia, dándole gran lustre a esa iglesia con su extraordinario celo, firme piedad y talento sobresaliente. Asistió a todos los grandes concilios que se convocaron en su tiempo y él mismo convocó un sínodo en Friuli en 791 (o 796), para combatir los errores que circulaban entonces acerca del misterio de la Encarnación. Aún llegó a escribir dos folletos contra los errores más serios, el Adopcionismo, el cual mantenía que Cristo como hombre es solamente Hijo adoptivo de Dios. También escribió himnos, poemas y otras obras.

Cuando Pepino conquistó Avars, San Paulino inmediatamente despachó misioneros para convertir aquellos paganos que ahora estaban al alcance de la Fe. Sin embargo, condenó vigorosamente la práctica, entonces de moda, de bautizar a conversos sin instruir o de imponer la Fe por la fuerza o a quienes no la querían. En Enero 11, 804, la vida de este Santo llegó a su final en la tierra.

ORACION Oh Dios, Tú hiciste de San Paulino ejemplo sobresaliente del amor Divino y de la Fe que conquista al mundo y lo incluiste entre los santos Pastores. Concédenos que por su intercesión podamos perseverar en el amor y en la Fe y así compartir en su gloria. Amén.

SAN BENITO BISCOP, Abad
Enero 12

BENITO fue de origen noble y oficial de la corte de Oswi, Rey religioso de Northumbers, Inglaterra, en el siglo VII. A los veinticinco años de edad abandonó el mundo, haciendo un viaje de devoción a Roma, y a su regreso se dedicó al estudio de las Escrituras y a la práctica de ejercicios piadosos.

Después de pasar dos años en el famoso monasterio de Lerins y de tomar allí sus hábitos, acompañó a San Teodoro, Arzobispo de Canterbury, y a San Adriano a Inglaterra, mandado por el Papa Vitaliano.

Regresó a Roma varias veces más para estudiar varias disciplinas religiosas y buscar libros y láminas de los Santos. Después de servir bajo Teodoro y Adriano, obtuvo una concesión del Rey de Northumberland y construyó el famoso monasterio de Weremouth, trayendo de Francia albañiles y vidrieros para construirlo según los modelos romanos que había visto. También construyó otro monasterio diez kilómetros más lejos, en Jarrow, gobernando los dos ya que eran considerados como uno. En su celo por hacer su monasterio tan parecido a los modelos romanos como fuera posible, insistió con el Papa Agatón para llevar consigo a Inglaterra al chantre de San Pedro en Roma para enseñar a sus monjes el canto gregoriano. Después de padecer de una cruel enfermedad durante tres años este santo y ardiente trabajador de Dios murió en Enero del 690.

ORACION Señor, en medio de las cosas de este mundo, permítenos dedicarnos de corazón a las cosas del cielo imitando el ejemplo de perfección angélical que Tú nos has dado en San Benito, Abad. Amén.

SAN HILARIO,

Obispo y Doctor de la Iglesia

Enero 13—*Patrono contra las Mordeduras de Serpientes*

SAN Hilario nació en Poitiers, Francia, hijo de una de las familias más nobles de la Galia. Fue criado como pagano. Sus propias interrogaciones filosóficas y la lectura de la Biblia lo llevaron al conocimiento de la Fe verdadera y a recibir el Sacramento del Bautismo. A continuación guió su vida según las reglas de la Fe que había abrazado y, aunque laico, se esforzó celosamente en confirmar a otros en el Cristianismo verdadero.

Su esposa, con la cual se había casado antes de su conversión y con la cual tenía una hija llamada Apra, aún vivía cuando él fue escogido como Obispo de Poitiers, alrededor del año 353. De acuerdo con prácticas de la época, a veces hombres casados eran elevados al episcopado, pero como testifica claramente San Gerónimo, después ellos vivieron en total continencia.

La herejía Arriana ocupó principalmente su pluma y se convirtió en uno de los más vigorosos defensores de la Divinidad de Jesucristo. En el Concilio de Seleucia, en 360, defendió valientemente los decretos de Nicea y después se retiró a Constantinopla.

San Hilario murió en Poitiers en al año 368. Fue el más manso de los hombres, lleno de condescendencia y amabilidad para con todos; pero contra el Emperador Constancio que se mostrara enemigo de la Iglesia usó *las más* duras palabras. Se le invoca contra las mordeduras de serpientes.

ORACION Señor Dios, Tú dotaste a San Hilario con doctrina celestial. Permite que, con su ayuda, podamos seguir fielmente sus enseñanzas y mostrarla en nuestra conducta. Amén.

SAN FULGENCIO DE ECIJA,
Obispo y Doctor
Enero 14

FULGENCIO fue el hermano de San Isidro de Sevilla y de San Leandro. Fue quien le pidió a Isidro escribir el valioso libro sobre la liturgia de España, *Oficios Eclesiásticos*. También estuvo presente en los Concilios de Toledo (610) y Sevilla (619).

Fulgencio causó la conversión de los Visigodos y su Rey Recaredo que tuvo lugar en el Concilio de Toledo. Por esta razón se considera como uno de los Padres de España, así también como Doctor de la Iglesia, a pesar del hecho de que no dejó nada escrito. Este santo Obispo de Ecija y Cartagena murió alrededor del año 619.

ORACION Oh Dios, Luz y Pastor de almas, Tú estableciste a San Fulgencio como Obispo de Tu Iglesia para alimentar Tu rebaño con su palabra y formarlo con su ejemplo. Ayúdanos, con su intercesión, a mantener la Fe que él enseñó con su palabra y a seguir el camino que nos mostró con su ejemplo. Amén.

SANTA ITA (IDA), Virgen
Enero 15

SANTA Ita nació en el Condado de Waterford a fines del siglo VI. Aunque provenía de familia noble decidió muy temprano en su vida dedicarse por entero a Dios. Organizó un convento en Killeedy, Condado de Limerick, donde permaneció toda su vida, el cual se hizo famoso como escuela para niños pequeños.

Los obispos buscaron sus consejos. Fue maestra de dos niños que más tarde fueron Santos: Brendan y Mochoemoc. Un día Brendan le preguntó cuáles eran las tres cosas que Dios amaba más, y ella le respondió: "Fe verdadera en Dios con un corazón puro, una vida simple con espíritu religioso y una mano abierta inspirada por la caridad." Al preguntarle las tres cosas que Dios detestaba más, ella respondió: "Un rostro despreciativo, la obstinación en hacer el mal y la confianza arrogante en el poder del dinero."

Santa Ita murió en Enero 15 del año 570 y es conocida como la segunda Brígida. Ellas son las Santas más gloriosas de la Iglesia Celta.

ORACION   Señor Dios, Tú derramaste dones celestiales sobre la Virgen Santa Ita. Ayúdanos a imitar sus virtudes durante nuestra vida terrenal y así disfrutar con ella de la felicidad eterna en el cielo. Amén.

SAN MARCELO, Papa
Enero 16—*Patrono de los Palafraneros*

SAN Marcelo fue electo Papa en 307, último año de la persecución de la Iglesia por Diocleciano. Llevó a cabo la reorganización eclesiástica de la Iglesia y mostró gran misericordia hacia los que se arrepintieron después de haber negado su Fe.

Cuando ciertas personas conocidas por los "Lapsi" se negaron a hacer penitencia por su apostasía y, por lo tanto, no fueron perdonados por San Marcelo, el tirano Emperador Majencio envió a San Marcelo al exilio, donde murió en 309, como resultado de las privaciones.

ORACION   Todopoderoso y eterno Dios, fue Tu voluntad poner a San Marcelo sobre todo Tu pueblo y guiarlo con su palabra y ejemplo. Por su interce-sión mantén unidos a los pastores de Tu Iglesia con sus rebaños y guíalos en el camino a la salvación eterna. Amén.

SANTOS BERARDO Y COMPAÑEROS,
Mártires

El Mismo Día—Enero 16

CUANDO los moros reinaban en el sur de Es-paña, San Francisco de Asís mandó cinco frailes franciscanos Berardo, Pedro, Acursio, Ad-juto y Otto, para predicar a los moros. Fueron a Sevilla y después a Marruecos donde el Sultán, enojado por su predicación, les cortó la cabeza con su cimitarra, alrededor del año 1226.

Un joven Canónigo de Coimbra se impresionó tanto por la muerte de estos protomártires de los Frailes Menores que se unió a los Franciscanos y llegó a ser el gran San Antonio de Padua.

Al enterarse de su muerte, San Francisco ex-clamó: "Ahora puedo decir que en verdad tengo cinco hermanos." Los mártires fueron canoniza-dos en 1481 por el Papa Sixto IV.

*ORACION Dios, Tú santificaste los comienzos de
la Orden de los Frailes Menores con el glorioso com-
bate de Tus Mártires Berardo, Pedro, Acursio, Ad-
juto y Otto. Ayúdanos a imitar sus virtudes mientras nos alegramos en su triunfo. Amén.*

SAN ANTONIO, Fundador del Monaquismo

Enero 17—*Patrono de los Sepultureros*

SAN Antonio nació en Coma, Alto Egipto, en el
año 251. Sus padres fueron Cristianos piadosos adinerados. Después de distribuir todas sus
pertenencias a los pobres, siendo todavía joven, se
retiró al desierto.

Allí llevó vida de ermitaño durante muchos
años, practicando mortificaciones heroicas y
dedicándose al silencio, a la oración y a las labores manuales.

Después de más de veinte años de pruebas espirituales y ataques por parte del demonio, la
fama de su santidad y milagros, además del poder
de su ejemplo y palabra, le atrajeron cientos de
seguidores, a los cuales orientó y dio una regla de
vida. En el año 305 fundó una comunidad religiosa
de cenobitas que vivían en celdas separadas.
Murió el año 356 a la edad de 105 años.

*ORACION Señor Dios, Tú diste a San Antonio
Abad la gracia de servir en el desierto en oración
contigo. Ayudados por su intercesión, haz que podamos practicar la abnegación y por tanto amarte
siempre sobre todas las cosas. Amén.*

SANTOS VOLUSIANO, Obispo, Y DEICOLA, Abad

Enero 18

SEGUN la tradición, San Volusiano era de rango senatorial. Fue obispo de Tours desde el año 488 al 496. Lo poco que sabemos de él, se refiere al último año de su vida. Debido a su rango se veía involucrado constantemente en la política de su tiempo y finalmente los godos lo expulsaron de su episcopado, tomando esta acción porque creían que el Obispo estaba planeando formar una alianza con los Francos en contra de ellos.

San Volusiano escapó de Tours y viajo a España donde se exilió. Murió ese mismo año 496. Según algunos historiadores, los godos persiguieron a San Volusiano hasta España donde lo capturaron y decapitaron. La posibilidad de este posible martirio probablemente constituyó la base de su canonización como Santo.

SAN DEICOLA, también conocido como San Desle, dejó su tierra natal de Irlanda en compañía de San Columbano, estableciéndose ambos en Luxeuil. San Deícola estableció la abadía de Lure donde permaneció el resto de su vida como ermitaño.

A pesar de sus dificultades su dicha era siempre evidente. Cuando San Columbano le preguntó en una ocasión: "¿Deícola, porque te estás sonriendo siempre?", a lo cual esta alma santa le contestó: "Porque nadie me puede quitar a Dios." La fecha de su muerte esta registrada como ocurrida alrededor del año 625.

*ORACION Señor, que la intercesión de Tus Santos
Volusiano y Deícola nos recomiende a Ti, para que
a través de su protección podamos conseguir lo que
no podemos por nuestros propios méritos. Amén.*

SAN WULSTAN, Obispo

Enero 19

SAN Wulstan, monje benedictino, fue una de las
figuras más importantes en la historia religiosa
de Inglaterra. Nació alrededor del año 1009, pasó
veinticinco años en un monasterio en Worcester
donde fue muy admirado por su ascetismo y humildad. En 1062, aceptó con renuencia la posición
de Obispo de Worcester ejerciendo sus funciones
con gran eficiencia hasta su muerte en 1095.

Junto con el Arzobispo Lanfranc de Canterbury,
logró poner fin al comercio de esclavos que tenía
mucho éxito entre Irlanda e Inglaterra. En las pe-
leas seglares de aquella época, este santo hombre
ayudó a Guillermo el Conquistador en contra de
los Barones y a Guillermo II en contra de los
galos. Se negó a renunciar delante de Guillermo el
Conquistador. Empezó la costumbre de visitas
pastorales en Inglaterra. Fue canonizado en 1203
por el Papa Inocencio III.

*ORACION Oh Dios, Luz y Pastor almas, Tú es-
tableciste a San Wulstan como Obispo de Tu Iglesia
para alimentar Tu rebaño con su palabra y formarlo
con su ejemplo. Ayúdanos por su intercesión a mantener la Fe que él enseñó con su palabra y a seguir
el camino que nos mostró con su ejemplo. Amén.*

SANTOS FABIAN, Papa, Y
SEBASTIAN, Mártires

Enero 20—*(San Sebastián) Patrono de los Atletas y Soldados*

SAN Fabián gobernó la Iglesia bajo los reinados de Maximiano y Decio. Hizo escribir las Actas de los Mártires, organizó las órdenes de las Cuatro Témporas de Diciembre y la caridad pública e introdujo la consagración de los Santos Óleos el Jueves Santo. Murió mártir en el decimoquinto año de su pontificado (250).

SAN SEBASTIAN fue un legionario célebre, tan intrépido en la fe como en su carrera militar. Sufrió el martirio reinando Diocleciano (288). Después de ser traspasado con saetas, fue azotado hasta que rindió el último suspiro.

ORACION Omnipotente Dios, mira con ojos propicios nuestra flaqueza; y ya que nos abruma el peso de nuestras acciones, protéjanos la gloriosa intercesión de Tus Mártires Fabián y Sebastián. Amén.

SANTOS FRUCTUOSO, Obispo, Y SUS
DIACONOS EULOGIO Y AUGURIO, Mártires

El Mismo Día—Enero 20

FRUCTUOSO era Obispo de Tarragona, España, en el tercer siglo, y Eulogio y Augurio eran sus dos diáconos. En 259, durante la persecución de Valeriano y Galerio, los tres fueron detenidos por el gobernador Emiliano y se les ordenó hacer sacrificios a los dioses paganos. Confiando en Dios, se negaron y fueron llevados a la hoguera en el anfiteatro de Tarragona en Enero 21. En el momento de su martirio, Fructuoso dijo estas palabras desde su corazón lleno del espíritu de Cristo: "A la hora misma de mi sacrificio debo recordar toda la Iglesia universal que se extiende del Este hasta el Oeste."

ORACION   Oh Dios, Tú permitiste al Obispo Fructuoso dar su vida por la Iglesia que se extiende del Este hasta el Oeste y quisiste que sus diáconos lo acompañaran con alegría al martirio. Permite que Tu Iglesia viva alegremente en la esperanza y se dedica al bien de todos los pueblos. Amén.

SANTA INES, Virgen y Mártir
Enero 21—*Patrona de las Enamorados*

SANTA Inés sufrió el martirio durante la persecución sanguinaria del Emperador Diocleciano alrededor del año 304 a la edad de trece años y se convirtió en una de las mártires romanas más conocida y admirada. Su nombre todavía se menciona en la Primera Oración Eucarística de la Santa Misa.

Los Actos de su Pasión, que se remontan solamente al quinto siglo, no se consideran como totalmente fiables pero nos dicen algo sobre ella. Los jóvenes nobles de Roma, atraídos por su riqueza y su belleza, competían entre si tratando de obtener su mano en matrimonio. Pero ella los rechazaba a todos, diciendo que ya había elegido un Esposo que no podían ver ojos mortales. Sus pretendientes, esperando quebrantarr su lealtad, la acusaron de ser Cristiana.

La trajeron delante de un juez y no se dejó influenciar ni por su amabilidad ni por sus amenazas. Encendieron fuegos, les presentaron instrumentos de tortura delante de ella, pero inmutable en su constancia, los miraba con tranquilidad heroica. La mandaron a una casa de prostitución, pero su presencia inspiraba tanta admiración temerosa que ninguno de los malvados jóvenes de la ciudad se atrevieron a acercarse a ella. Uno, más atrevido que los demás, se quedó ciego de repente y cayó temblando.

La joven Santa salió de este antro de infamia sin que ni su espíritu ni su cuerpo fueran manchados siendo todavía una pura esposa de Cristo. Su pretendiente de mayor importancia estaba tan furioso que incitó aún más al juez en contra de ella. La heroica Virgen fue condenada a ser decapitada. "Fue al lugar de su ejecución," dice San Ambrosio, "con más alegría que otras van a su boda."

Mientras los espectadores lloraban, el instrumento de muerte cayó, haciendo que fuera al encuentro de su Esposo Inmortal a quien había amado más que a su vida. La enterraron en la Vía Nomentana donde Constantino hizo construir una iglesia en su honor.

ORACION Dios todopoderoso y sempiterno, Tú escogiste los débiles de este mundo para confundir los poderosos. Concédenos que, al celebrar el aniversario del martirio de Santa Inés, podamos como ella seguir fieles en la fe. Amén.

SAN VICENTE DE ZARAGOZA
Diácono y Mártir

Enero 22—*Patrono de los Viñadores*

SAN Vicente, el protomártir de España, era diácono en el siglo III. Junto con su obispo, Valerio de Zaragoza, fue apresado durante una persecución de Daciano, el gobernador de España.

Mandaron a Valerio al exilio, pero Vicente fue torturado salvajemente antes de morir por causa de sus heridas. Según los detalles de su muerte (que parecen haber sido exagerados considerablemente más tarde), atravesaron su cuerpo con ganchos de hierro, lo amarraron sobre una parrilla al rojo vivo asándolo, después lo arrojaron en una prisión y lo acostaron sobre un piso lleno de losas rotas.

A pesar de esto su fe no cambió (lo que llevó su carcelero a convertirse) y sobrevivió hasta que sus amigos recibieron permiso de verlo y de prepararle una cama en la que murió.

La fama del Santo se difundió rápidamente a través de la Galia y África—tenemos varios sermones de San Agustín dados en el día de su fiesta.

ORACION Dios todopoderoso y sempiterno, derrama benévolo Tu Espíritu sobre nosotros. Que nuestros corazones se llenen de este amor verdadero que permitió a Tu Santo Mártir San Vicente sobreponerse a sus tormentos corporales. Amén.

BEATA LAURA VICUÑA, Virgen
El Mismo Día—Enero 22

NACIDA en Santiago, Chile, en 1891, Laura perdió a su padre cuando tenía dos años de edad. Su madre Mercedes se hizo amante de un próspero hacendado, Manuel Mora. Teniendo 10 años de edad, tanto la misma Laura como su confesor comprendieron que ella sentía una verdadera vocación religiosa.

En 1901, Laura tuvo que rechazar los avances de Mora que estaba borracho. Fue entonces que ofreció su vida a cambio de salvar a su madre de la vida de concubinato en la que se hallaba. La niña enfermó gravemente y dio un gran ejemplo de obediencia perfecta a la voluntad de Dios. El 14 de enero 1904, Mora, enfurecido, la golpeó hasta hacerle perder el conocimiento, muriendo el día 22 de Enero. Esa misma noche su madre volvió a tomar los Sacramentos.

ORACION Oh Dios, en la joven Laura Vicuña Tú combinaste maravillosamente la fuerza de espíritu y pureza de la inocencia. Concédenos que, por su intercesión, nosotros también podamos sobreponernos a las pruebas de esta vida y demostrar la beatitud prometida al puro de corazón. Amén.

SAN ILDEFONSO, Obispo
Enero 23

SAN Ildefonso es muy admirado en España, donde lo relacionan de cerca a la devoción a la Santa Virgen que promulgó con su famoso trabajo sobre su virginidad perpetua. Nacido alrededor del año 607, Ildefonso era de familia noble y probablemente fue alumno de San Isidro de Sevilla.

Siendo todavía joven, ingresó en el monasterio benedictino de Agalia cerca de Toledo y llegó a ser abad. Con esta posición tomó parte en los Concilios de Toledo en los años 653 y 655.

En el año 657, el clero y el pueblo eligieron a este santo hombre para que sucediera a su tío, San Eugenio, como Arzobispo de Toledo. Cumplió su oficio episcopal con diligencia y santidad hasta su muerte en 667. Este Santo fue tema favorito para los artistas medievales, especialmente con relación a la leyenda de la aparición de Nuestra Señora ofreciéndole un cáliz.

San Ildefonso fue un escritor prolífico, pero desafortunadamente sólo cuatro de sus obras sobrevivieron. Entre estas figura la obra ya mencionada y un documento importante de la historia de la Iglesia Española durante los primeros dos tercios del Siglo VII, intitulada *Sobre hombres famosos.*

ORACION Oh Dios, Luz y Pastor de almas, Tú estableciste a San Ildefonso como Obispo de Tu Iglesia para alimentar Tu rebaño con su palabra y formarlo con su ejemplo. Ayúdanos, con su intercesión, a mantener la Fe que él enseñó con su palabra y a seguir el camino que nos mostró con su ejemplo. Amén.

SAN FRANCISCO DE SALES,
Obispo y Doctor de la Iglesia
Enero 24—*Patrono de los Escritores*

SAN Francisco, hijo del Conde de Sales, nació cerca de Annecy en la Saboya en 1567. Habiendo mostrado una temprana inclinación hacia el estado eclesiástico, recibió la tonsura a la edad de once años. Poco después, lo mandaron a París para estudiar filosofía y teología. Continuó en la Universidad de Padua donde recibió un doctorado tanto en derecho canónico como en derecho civil.

Al regresar a casa, y con el permiso de mala gana de sus padres quienes habían previsto otras cosas para él, Francisco entró en el sacerdocio. Un poco más tarde se encargó de la difícil misión de Chablais, donde el Calvinismo se había hecho fuerte. En el medio de las dificultades más enormes, siguió su trabajo con heroísmo apostólico y fue recompensado con los frutos más maravillosos de conversión. Mientras estaba involucrado en esta obra, recibió su nombramiento como coadjutor del Obispo de Ginebra, al cual sucedió como Obispo en 1602.

Empezó entonces a trabajar celosamente en su diócesis para el clero y el pueblo, y extendió su labor en otras partes, predicando los sermones de Cuaresma en varios lugares fuera de su diócesis. También compuso varias obras instructivas para la edificación de los fieles. En 1610, fundó la Orden de la Visitación, con la ayuda de la Baronesa de Chantal, ahora Santa Juana Francisca.

En el medio de su trabajo pastoral constante, Francisco encontró tiempo para escribir el libro que lo hizo conocido en los tiempos posteriores: *Introducción a la Vida Devota* (1609). Este libro demuestra cómo puede ser santificada una vida ordinaria.

Murió en 1622 con la palabra "Jesús" en sus labios, y fue canonizado en 1665 por el Papa Alejandro VII.

ORACION Padre del cielo, Tú hiciste que San Francisco de Sales se convirtiera en todo para todos los seres humanos por la salvación de los hombres. Que su ejemplo nos inspire al amor dedicado al servicio de nuestros hermanos. Amén.

LA CONVERSION DE SAN PABLO, Apóstol
Enero 25

SAN Pablo nació en Tarso, Cilicia, de padres judíos quienes eran descendientes de la tribu de Benjamín. Era ciudadano romano por nacimiento. Como era "joven" en la lapidación de San Esteban y "viejo" cuando escribió a Filemón, alrededor del año 63, nació probablemente al principio de la era Cristiana.

Para completar sus estudios, San Pablo fue mandado a Jerusalén, donde se sentó a los pies del sabio Gamaliel y fue educado en la observancia estricta de la Ley ancestral. Allí adquirió también un buen conocimiento de la exégesis y se adiestró en la práctica de los debates. Como Fariseo convencido y celoso, regresó a Tarso antes de que la vida pública de Cristo hubiera empezado en Palestina.

Algún tiempo después de la muerte de Nuestro Señor, San Pablo volvió a la Palestina. Su profunda convicción y su carácter emocional hicieron que su celo se desarrollara en un fanatismo religioso en contra de la Iglesia que nacía. Tomó parte en la lapidación del primer mártir San Esteban, y en la persecución salvaje de los Cristianos que tuvo lugar después.

Llegando una misión formal de parte del gran sacerdote, salió para Damasco para apresar a los Cristianos en ese lugar y traerlos a Jerusalén. Cuando se acercaba a Damasco, alrededor de las doce del mediodía, hubo repentinamente una enceguecedora luz del cielo a su alrededor. Jesús se le apareció con Su cuerpo glorificado y le habló, apartándolo de su aparente carrera de éxitos. En el alma de San Pablo hubo una transformación inmediata. De repente se convirtió a la Fe Cristiana y se hizo Apóstol.

ORACION   Señor Dios, Tú enseñaste al mundo entero por la predicación del Apóstol San Pablo. Al celebrar su conversión, permite que, siguiendo su ejemplo, podamos ser testigos de Tu verdad en este mundo. Amén.

SANTOS TIMOTEO Y TITO, Obispos
Enero 26—(San Timoteo) Patrono de los Trastornos Estomacales

SAN Timoteo era de Listra en Licaonia, nacido de un padre griego y de una madre judía. Se educó en la lectura asidua de las Escrituras. Probablemente su madre Eunice, su abuela Lois y hasta el mismo San Timoteo, se unieron a la Fe durante la primera estancia de San Pablo en Listra. Cuando San Pablo volvió allí en su segundo viaje misionero, San Timoteo fue muy recomendado por los Cristianos y el Apóstol lo escogió como compañero misionero y lo mandó en misiones difíciles y confidenciales.

Durante el primer encarcelamiento del Apóstol en Roma, San Timoteo estaba con su maestro. Después acompañó al Apóstol en su último viaje misionero y se quedó en Efeso a cargo de la Iglesia en ese lugar. Poco antes de morir el Apóstol le escribió a San Timoteo pidiéndole reunirse con él antes del invierno. Según la tradición San Timoteo pasó el resto de su vida en Efeso como su Obispo. Sufrió el martirio durante el invierno del año 97.

SAN TITO fue amigo y discípulo de San Pablo, quien lo ordenó como Obispo de Creta. Alrededor del año 56 San Pablo lo envió en una misión a Corinto para reformar la Iglesia de aquel lugar. Se dice que era el discípulo más querido de San Pablo quien, en el año 64, le escribió una de sus epístolas encargándole que se hiciera cargo de su rebaño. San Tito acompañó a San Pablo y a San Bernabé al Concilio de Jerusalén. No estaba circuncidado y aunque los Judaizantes del Concilio insistieron en que se sometiera a este rito, San Pablo se negó a permitirlo. De acuerdo con la tradición San Tito regresó a Creta a ejercer su oficio episcopal y murió allí en el año 96.

ORACION Señor Dios, Tú llenaste a Tus Santos Timoteo y Tito de virtudes apostólicas. Concédenos que por sus intercesiones vivamos buenas vidas religiosas en la tierra para merecer ser dignos de nuestra morada celestial. Amén.

SANTA ANGELA DE MERICI, Virgen
Enero 27

NACIDA en 1474 en Desenzano en el borde del Lago Garda, Italia, Santa Angela de Merici se hizo terciaria de San Francisco a la edad de 15 años. En una visión, Dios le reveló que estableciera una "compañía" para promover el bienestar de las almas. En Desenzano estableció una escuela para la instrucción de niñas y una segunda escuela en Brescia. Reunió alrededor de ella doce compañeras religiosas y fundó las Ursulinas en Brescia.

Santa Angela tenía tendencia a la reflexión y posiblemente fue la primera en entender el papel cambiado de las mujeres en la sociedad transformada por el Renacimiento. Ella deseaba que las que se unieran a ella permanecieran en el mundo, pero dedicándose a todo tipo de obras de misericordia corporales y espirituales, con énfasis especial en la educación.

Sin embargo, su idea de la educación era muy diferente a la de una escuela de convento. Prefería mandar sus seguidoras para enseñar a las jóvenes en sus propias familias. Así esperaba mejorar las condiciones sociales. Ella pensaba que el "desorden en la sociedad es el resultado del desorden en la familia." Su idea de una orden religiosa de mujeres sin hábito distintivo y sin votos solemnes y encerramiento era también en adelanto de sus tiempos—a pesar de que su Orden fue obligada a adoptar los salvaguardias requeridos entonces de todas las monjas.

En Noviembre 25 de 1535, tuvo lugar en el Oratorio de la Piazza del Duomo la institución canónica solemne de la compañía de Santa Ursula. Santa Angela escogió a Santa Ursula como patrona porque desde su martirio, Santa Ursula se consideraba como el tipo ideal de la virginidad Cristiana.

En el año de su muerte, 1540, se estima que por lo menos la mitad de la población de Brescia era Luterana o Calvinista. A pesar de esto, las escuelas de las Ursulinas hicieron su parte en fortalecer y extender el Catolicismo y en salvaguardar Italia de lo que ahora llaman "escepticismo moderno." Esta Santa fue canonizada en 1807 por el Papa Pio VII.

ORACION Señor, haz que Santa Angela nunca deje de recomendarnos a Tu bondad. Que imitando siempre su caridad y prudencia, podamos lograr conservar Tus enseñanzas y mantener la buena moralidad. Amén.

SANTO TOMAS DE AQUINO,
Presbítero y Doctor de la Iglesia
Enero 28—*Patrono de las Escuelas*

SANTO Tomás, nacido a fines del año 1226, era hijo de Landulfo, Conde de Aquino, quien, cuando Santo Tomás tenía cinco año, lo puso bajo el cuidado de los Benedictinos de Monte Casino. Sus maestros se sorprendieron de cómo progresaba, porque sobrepasaba a todos sus compañeros alumnos tanto en aprender como en la práctica de la virtud.

Cuando tuvo edad para decidir su estado de vida, Santo Tomás renunció a las cosas de este mundo y decidió entrar en la Orden de Santo Domingo, a pesar de la oposición de su familia. En 1243, a la edad de diecisiete años se unió a los Dominicanos de Nápoles. Durante un período de dos años algunos miembros de su familia trataron por todos los medios de quebrantar su constancia. Hasta trataron de mandar una mujer impura para tentarle. Pero todos sus esfuerzos fueron vanos y Santo Tomás perseveró en su vocación. Como recompensa por su lealtad, Dios le confirió el don de castidad perfecta que le mereció el título de "Doctor Angélico."

Después de hacer su profesión en Nápoles, estudió en Colonia bajo el famoso San Alberto el Grande. Allí le dieron el apodo de "Buey Bobo" a causa de sus maneras silenciosas y tamaño muy grande, pero era un estudiante brillante. A la edad de veinte dos años, lo nombraron para enseñar en esta misma ciudad. Al mismo tiempo también empezó a publicar sus primeras obras. Después de cuatro años le mandaron a París. Entonces el Santo era sacerdote. A la edad de treinta y un años, recibió su doctorado.

En París fue honrado con la amistad del Rey, San Luis, con quien cenaba con frecuencia. En 1261, Urbano IV lo llamó a Roma, donde lo nombraron para enseñar, pero se negó positivamente a aceptar cualquier dignidad eclesiástica. Santo Tomás no solamente escribió (sus escrituras llenan veinte tomos grandes caracterizados por pensamientos brillantes y claridad de lenguaje), pero predicó con frecuencia y con los más grandes frutos. Clemente IV le ofreció el Arzobispado de Nápoles, al cual se negó también.

Dejó el monumento grande de su conocimiento, la *Suma Teológica,* sin terminar, porque en camino al Segundo Concilio de Lyon, ordenado allí por Gregorio X, se enfermó y murió en el monasterio Cisterciano de Fossa Nuova en 1274. Fue canonizado en 1323 por el Papa Juan XXII.

ORACION Padre de sabiduría, Tú inspiraste a Santo Tomás de Aquino un gran deseo de santidad y estudio de la doctrina sagrada. Ayúdanos, te rogamos, a entender lo que enseñó y a imitar lo que vivió. Amén.

SAN GILDAS EL SABIO, Abad
Enero 29

NACIDO alrededor del año 500 en el Valle del Clyde, San Gildas fue un maestro muy famoso

y el primer historiador de Gran Bretaña. Los hechos acerca de su vida son más bien inciertos.
Según la versión más temprana que poseemos, se
vio obligado a huir a Gales, donde se casó y después de la muerte de su esposa se convirtió en
alumno de San Illtyd. Después de pasar algún
tiempo en Irlanda hizo un peregrinaje a Roma
alrededor del año 520 y a su regreso fundó un
hogar religioso en Ruys en Bretaña, llegando a
Gales en el año 527. Más tarde volvió a visitar a
Ruys e Irlanda, muriendo en Ruys el 29 de enero
del año 570, rodeado de sus discípulos.

San Gildas escribió una historia famosa conde-
nando los males británicos, que es la única historia de los celtas. Cubre el período desde la llegada
de los romanos hasta la misma época de San
Gildas, pero su propósito es más de exhortación
que estrictamente histórico. De aquí que quizás
tome un punto de vista exagerado de los males de
su tiempo. San Gilda también escribió algunos
cánones penitenciales.

*ORACION Señor, en medio de las cosas del
mundo, permítenos dedicarnos de corazón a las
cosas del cielo imitando el ejemplo de perfección angelical que Tú nos has dado en San Gildas. Amén.*

SANTA BATILDE, Viuda
Enero 30

SANTA Batilde fue una joven inglesa del siglo
VII que capturaron unos piratas y la ven-
dieron en 641 como esclava de la casa de un noble

de París. Fue obligada a casarse con el Rey Clodoveo II, un hombre estúpido y de malos vicios, pero al morir éste se convirtió en regente. En esta capacidad luchó contra la simonía y el tráfico de esclavos y también logró varios otros cambios para el bien de la gente.

Fundó la abadía de Corbie y el convento de Chelles. En el año 665 se retiró a este últimos donde llevó una vida de oración y abnegación hasta su muerte en el año 680.

ORACION Oh Dios, Tú inspiraste a Santa Batilde a esforzarse en la caridad perfecta y así llegar a Tu Reino al final de su peregrinaje terrenal. Fortalécenos a través de su intercesión para que podamos avanzar regocijándonos en la vía del amor. Amén.

SAN JUAN BOSCO, Presbítero
Enero 31—*Patrono de Redactores*

JUAN Bosco nació en una finca pobre cerca de Turín, Italia. A una edad en que un niño de hoy día estaría disfrutando de las enseñanzas de una educación de párvulos, él tenía que ir a las colinas a apacentar las ovejas. Teniendo nueve años de edad, cuando habló de su deseo de ser sacerdote, se le hizo posible empezar su educación teniendo que caminar cuatro millas diarias durante seis meses. Los otros seis meses del año, en la primavera y el verano, tenía que cuidar de los campos.

El día antes de entrar en el seminario, su madre, poniéndole las manos en los hombros y viéndolo llevando el hábito de seminarista, le dijo: "Verte

vestido de esta manera llena mi corazón de júbilo. Pero recuerda, no es el vestido que honra tu condición, sino la práctica de la virtud. Si en algún momento llegas a dudar de tu vocación, yo te lo imploro, quítatelo inmediatamente. Prefiero tener un pobre campesino como hijo que un sacerdote negligente. Cuando viniste al mundo te consagré a Nuestra Señora, al comenzar tus estudios te pedí que la honraras y que acudas a ella en todas tus dificultades, ahora te ruego que la tomes como tu Reina."

Hoy día el lema del escudo de armas salesiano: *Da mihi animas cetera tolle tibi*—"Dame almas solamente y quédate con lo demás," da testimonio de la fidelidad de Don Bosco a las palabras de una madre verdaderamente Cristiana.

Este admirable "Apóstol de la Juventud" es casi contemporáneo nuestro. El fundó su Sociedad Salesiana de San Francisco de Sales y las Hijas de María, Ayuda de los Cristianos. El trabajo de su vida estuvo consagrado al cuidado de niños y niñas. Murió en 1888, y el Papa Pio XI lo canonizó en 1934.

ORACION   Dios de misericordia, Tú llamaste a San Juan Bosco a ser padre y maestro de los jóvenes. Concédenos que inspirados por su ardiente caridad podamos servirte sólo a Ti sin cansarnos jamás de traer a otros a Tu Reino. Amén.

SANTA BRIGIDA DE IRLANDA, Virgen
Febrero 1—*Patrona de los Lecheros*

SANTA Brígida es conocida como la segunda Patrona de Irlanda (después de San Patricio). Nació en el Condado de Louth cerca de Dundalk, alrededor del año 450, de padres bautizados por San Patricio, habiendo recibido sus hábitos religiosos de San Mel.

Brígida fundó el primer convento en Irlanda en Kildare, dirigiéndolo por muchos años. También estableció comunidades en otras partes de Irlanda y con sus oraciones y milagros ejerció una poderosa influencia en los comienzos de la Iglesia en Irlanda. Su único deseo era ayudar a los pobres y necesitados. Murió en 523.

ORACION   Señor, Dios nuestro, concédenos que Tu fiel esposa, Santa Brígida, pueda encender en nosotros la llama de Tu amor Divino para gloria imperecedera de Tu Iglesia. Amén.

LA PRESENTACION DEL SEÑOR

Febrero 2

EL día dos de febrero es la fiesta de la Presentación del Niño Jesús en el Templo, que también se le llama la fiesta de la Purificación de la Santísima Virgen. Otro nombre de esta popular festividad es el Día de la Candelaria.

Cuarenta días después de nacido, María y José llevaron al Niño Jesús al Templo de Jerusalén para presentarlo al Señor como lo prescribía la Ley de Moisés. Llevaron con ellos la ofrenda acostumbrada de los pobres, dos tórtolas. La Ley de Moisés mandaba que el primogénito debía ofrecerse a Dios en acción de gracias por el perdón, dado por el ángel de la muerte, a los israelitas en Egipto.

La Ley también prescribía que a los cuarenta días del nacimiento de su hijo la madre debía ofrecer un sacrificio de purificación de toda mancha legal; es decir, un cordero y un pichón de paloma, o, si era muy pobre, un par de pichones o tórtolas.

En el momento de la presentación y purificación había en el Templo un hombre justo y temeroso de Dios, nombrado Simeón, quien reconoció al Niño Mesías, y tomándolo en sus brazos lo declaró como el Salvador, Luz de los Gentiles y Gloria de Israel.

En esta festividad se bendicen las velas y se llevan en procesión con las oraciones y ceremonias apropiadas.

Las velas de cera bendecidas son ejemplo de la humanidad asumida por el Hijo de Dios y significan que Cristo Jesús es la Luz Verdadera del mundo por Su doctrina, gracia y ejemplo. También representan la ardiente fe, esperanza y caridad con que los Cristianos deben seguir a Cristo obedeciendo humildemente Su Evangelio e imitando Sus virtudes.

ORACION   Omnipotente y eterno Dios, este día Tu Hijo Unigénito fue presentado en el Templo compartiendo nuestra naturaleza humana. Humildemente te pedimos que también podamos presentarnos ante Ti con pureza de intenciones. Amén.

SAN BLAS, Obispo y Mártir

Febrero 3—*Patrono de los Enfermos de la Garganta*

LA bendición de las gargantas, invocando la intercesión de San Blas, se ha convertido en una devoción popular. San Blas, Obispo y Mártir, dedicó los primeros años de su vida a estudiar filosofía y más tarde se hizo médico. Se ordenó de sacerdote y fue nombrado Obispo de Sebastopol en Armenia, donde fue capturado y llevado a prisión por Agrícolo, el Gobernador.

En su camino a la prisión, una madre angustiada cuyo hijo sufría de una enfermedad de la garganta le imploró ayuda. Debido a su intercesión el niño se curó y desde entonces su ayuda se solicita frecuentemente en casos de enfermedades similares. Después de padecer crueles torturas el Santo fue decapitado en el año 316. A través de su intercesión muchas personas se han curado de enfermedades de la garganta o protegido contra las mismas.

Cuando el sacerdote da la bendición de San Blas sostiene dos velas formando una cruz que toca la garganta y reza que por los méritos e intercesión de San Blas, la persona a quien bendice pueda verse libre de las enfermedades de la garganta y de todo otro mal. El sacerdote dice: "Que por los méritos e intercesión de San Blas, Obispo y Mártir, Dios te proteja contra todos los males de la garganta y de todo otro mal. En el nombre del Padre, del Hijo y del Espíritu Santo. Amén."

ORACION Oh Dios, escucha a Tu pueblo a través de la intercesión de San Blas. Ayúdanos a disfrutar de la paz en esta vida y hallar un refugio eterno en la próxima. Amén.

SAN OSCAR, Obispo

El Mismo Día, Febrero 3—*Patrono de Escandinavia*

CONOCIDO como el "Apóstol del Norte" y específicamente de Dinamarca y Suecia, San Oscar nació (801) cerca de Amiens, hijo de una familia noble. Desde su niñez se educó en el monasterio Benedictino de Old Corbie en la Picardía y más tarde fue monje allí mismo y abad de New Corbie en Westfalia.

Lleno de amor por Dios y ansioso por extender la Fe, se dirigió a Dinamarca cuyo nuevo rey se había convertido recientemente. Después de establecer una escuela en Schleswig, fue expulsado por los paganos de la localidad. Viajando a Suecia, este santo varón de Dios erigió la primera Iglesia Cristiana. En el año 832, fue hecho Obispo de Hamburgo y en 848 Arzobispo de Bremen. En el año 854 se le confió la organización de la jerarquía de los países nórdicos. En 854, regresó a Dinamarca, convirtió a Eric, Rey de Jutlandia y ayudó a mitigar los horrores del tráfico de esclavos. Murió en el año 865.

ORACION Oh Dios, Tu te dignaste enviar a San Oscar para iluminar muchos pueblos. Concédenos que, por su intercesión, podamos caminar en la luz de Tu verdad. Amén.

SANTA VERONICA, Virgen

Febrero 4—*Patrona de Costureras, Lavanderos y Fotografos*

SANTA Verónica, una piadosa dama de Jerusalén, acompañó a Cristo en el Calvario, ofreciéndole un paño donde El dejó la impresión de Su Rostro. Este hecho se conmemora en la Sexta Estación de la Cruz.

Una leyenda italiana cuenta que Santa Verónica curó al Emperador Tiberio con esta imagen, llamada el Velo de Verónica, que más tarde dejó al cuidado del Papa Clemente y de sus sucesores. Una leyenda francesa nos dice que en Francia se casó con Zaqueo, un convertido, acompañándolo a Roma; más tarde lo dejó como ermitaño en Rocamadour; ayudó a Marcial y trajo las reliquias de la Santísima Virgen María a Soulac, donde ella murió. Algunos la identifican como "la hemorroísa" curada por Jesús.

La historia de esta Santa ha atraído a los Cristianos durante siglos; ya que con rasgos vívidos nos muestra una verdad que se destaca en todo momento y para todas las gentes: el tema de la compasión hacia Cristo en Sus sufrimientos.

ORACION Señor Dios, Tú derramaste los dones celestiales sobre Santa Verónica, Virgen. Ayúdanos a imitar sus virtudes durante nuestra vida terrenal y así disfrutar con ella de la felicidad eterna en el cielo. Amén.

SANTA AGUEDA, Virgen y Mártir
Febrero 5—*Patrona de las Enfermeras*

SANTA Agueda, una ilustre virgen siciliana, de origen noble, pero más aún por sus virtudes heroicas, fue martirizada (en Catania en el año 251 durante la persecución de Decio) por rehusar las proposiciones de un senador romano.

Su martirio y comienzo de su culto son históricamente ciertos, pero los detalles pertenecen a la leyenda. De acuerdo con una leyenda del siglo VI, un senador romano, llamado Quintanio, sometió a Santa Agueda a crueles torturas incluyendo que le cortaran los senos. Al continuar con su heroica resistencia la arrojaron sobre carbones al rojo vivo. En este momento un violento terremoto azotó el pueblo. Quintanio, temiendo que el pueblo se alzara en protesta, ordenó que devolvieran a Agueda a la prisión, donde murió a consecuencia de sus torturas.

Además de ser patrona de las enfermeras, se invoca a Santa Agueda contra los terremotos y enfermedades de los senos. Su nombre está incluido en el Canon Romano o Plegaria Eucarística I de la Misa.

ORACION Señor Dios, Santa Agueda siempre te agradó por su castidad y su martirio final. Concédenos que ella obtenga el perdón misericordioso de nuestros pecados. Amén.

SAN FELIPE DE JESUS,
Protomártir Mexicano
El Mismo Día—Febrero 5

NACIDO en Ciudad México en 1572, Felipe de las Casas llegó a ser el primer Santo mexicano canonizado. Felipe entró en la Orden de los Franciscanos en Puebla, dejándola temporalmente en 1589, pero volvió a reunírsele en Manila en 1593. En 1596, fue enviado a Ciudad México para su ordenación como sacerdote, pero su barco se desvió de curso y llegó al Japón.

Felipe se quedó en una casa franciscana, donde más tarde lo arrestaron junto con otros miembros debido a la persecución que se desató contra los evangelizadores Cristianos. Como había llegado a consecuencia de un naufragio se le dio la oportunidad de abandonar el Japón; pero él prefirió quedarse y murió por la Fe, junto con cinco franciscanos y veinte japoneses Cristianos, en Nagasaki el 5 de Febrero de 1597. Fue crucificado y atravesado por una lanza. En 1862, Pio IX canonizó a Felipe y sus compañeros como los Mártires de Japón. (Ver Febrero 6).

ORACION Oh Dios, Tú quisiste aceptar la sangre de San Felipe de Jesús como primeros frutos de la Fe del pueblo mexicano. Por su intercesión, concédenos que podamos crecer en esa Fe y dar testimonio de ella no sólo con palabras sino sobre todo con los actos de nuestra vida cotidiana. Amén.

SANTOS PABLO MIKI Y COMPAÑEROS,
Mártires
Febrero 6

EN 1597, cuarenta y cinco años después que San Francisco Xavier había evangelizado gran parte del Japón, San Pablo Miki y veinticinco otros fueron martirizados por la Fe después de ser llevados al lugar de la ejecución cerca de Nagasaki en un viaje espectacular con el que se pretendió impresionar a la población. El martirio fue causado por las tontas declaraciones de un capitán español diciendo que los misioneros estaban preparando el camino para la conquista del Japón por los españoles y portugueses.

Entre los que fueron martirizados había tres jesuitas japoneses: Pablo Miki, Juan Goto y Jaime Kisai; seis franciscanos, de los cuales cuatro eran españoles: Pedro Bautista, Martín de Aguirre, Francisco Blanco y Francisco de San Miguel; un mexicano: Felipe de las Casas; y un indio: Gonsalo García; los otros diecisiete fueron japoneses; personas laicas entre las que estaba un soldado, un médico y varios monaguillos. A todos los atravesaron con lanzas como al Salvador. Con su canonización en 1862, se convirtieron en los protomártires de todo el Lejano Oriente.

ORACION Señor Dios, Tú eres la fortaleza de todos los Santos. Tú llamaste a Pablo Miki y sus Compañeros a la vida eterna a través de Tu Cruz. Concédenos por su intercesión una fidelidad perfecta para mantener la Fe hasta nuestra muerte. Amén.

SAN RAIMUNDO DE FITERO, Abad
El Mismo Día—Febrero 6

SAN Raimundo nació en Aragón, España, haciéndose monje cisterciano de la Scala Dei Monastery en Francia en (1137) y más tarde fundó la Abadía de Fitero en Navarra (1140), de la que fue su abad. En 1158, los moros se prepararon para atacar Calatrava, fuerte militar cerca de Toledo. Raimundo y otro monje, llamado Diego Velázquez, quien había sido caballero y había sido educado por el Rey Sancho, persuadió al rey para que les permitiera defender el fuerte.

Ayudado por el Arzobispo de Toledo, Raimundo reclutó un gran ejército y esperó. El ataque de los moros no llegó a producirse. Entonces Raimundo escogió la élite de sus fuerzas y formó la Orden de los Caballeros de Calatrava, que combatió contra los moros y seguían la Regla de San Benito. Este Santo, parte soldado y parte monje, murió en 1163, y su culto fue aprobado en 1719 debajo del Papa Clemente XI.

ORACION Oh Dios, Tú permitiste que San Raimundo Abad venciera a los enemigos de la Fe. Concédenos que, protegidos por su intercesión, podamos librarnos de nuestros enemigos de cuerpo y alma. Amén.

SAN RICARDO DE LUCA, Rey
Febrero 7

SAN Ricardo fue un príncipe de los sajones occidentales en el siglo VIII, pero su pueblo le dio el título de Rey por la gran veneración que le tenían. Sabemos muy poco de él, pero el punto que más nos dice es la santidad de sus tres hijos: Willibaldo, Wunibaldo y Walburga.

Acompañado de sus dos hijos, Willibaldo que era un monje benedictino en el monasterio de Waltham, y Wunibaldo, este santo hombre emprendió un peregrinaje a Roma. Después de permanecer en Rouen por algún tiempo, continuaron a través de Francia y el norte de Italia a pesar de pruebas muy severas.

En el camino visitaron iglesias y santuarios en los que alimentaron su fe y devoción. Exhausto por lo largo y difícil de su viaje, San Ricardo murió en Luca, Italia, en el año 722, donde se le tiene una gran veneración.

Sus hijos ayudaron a su tío, San Bonifacio, el apóstol de Alemania, a evangelizar a los francos. Su hija llegó a ser abadesa de Heidenheim y dirigió una escuela para los hijos de los nobles francos.

ORACION Señor Dios, sólo Tú eres santo y nadie es bueno sino por Ti. Concédenos, por la intercesión de San Ricardo, que vivamos de tal manera que no nos veamos privados de compartir en Tu gloria. Amén.

SAN JERONIMO EMILIANO
Febrero 8—*Patrono de los Huérfanos*

NACIDO en 1481, San Jerónimo fue un noble veneciano que, habiéndose unido al ejército, cayó prisionero. Después de una liberación milagrosa, atribuida a la intercesión de la Santísima Virgen, decidió comenzar una nueva vida dedicada a la caridad a los pobres y los huérfanos.

Se ordenó teniendo treinta y siete años de edad y se sumergió en el trabajo de su vida real. En el año 1530 fundó el primer orfelinato conocido en tiempos modernos y en los años siguientes fundó varios otros, también hospitales e instituciones para mujeres caídas. En 1532 fundó la congregación de los Clérigos Regulares de Somascha, que se ocupaba de la educación de los jóvenes en colegios, academias y seminarios. Fue el primero en enseñar la Fe a los niños usando preguntas y respuestas. San Jerónimo murió en 1537, víctima de una epidemia, mientras ministraba a los que padecían de la misma. Fue canonizado en 1767 por el Papa Clemente XIII.

ORACION Oh Dios, Tú hiciste que San Jerónimo fuera la ayuda y el padre de los huérfanos. Concédenos por su intercesión que mantengamos en nosotros ese espíritu de adopción por el cual se nos llama, como en realidad lo somos, hijos Tuyos. Amén.

SAN MIGUEL CORDERO, Religioso
Febrero 9

FRANCISCO Febres Cordero Muñoz nació el 7 de noviembre de 1854, en una destacada familia en Cuenca, Ecuador. Admirando a los Hermanos Cristianos que eran sus maestros, se unió a su congregación en 1868, como el Hermano Miguel.

Llegó a ser un escritor prolífico y maestro extraordinario. Eventualmente el gobierno del Ecuador adoptó sus libros como textos para las escuelas en toda la república. Entre sus otros trabajos hay odas, himnos y, ocasionalmente, obras de teatro.

Al Hermano Miguel le gustaba mucho preparar a los niños pequeños para tomar la Primera Comunión. También escribió manuales piadosos, impartió instrucción religiosa y condujo retiros. En 1908, debido a su mala salud, Miguel fue enviado a la escuela de los Hermanos Cristianos cerca de Barcelona, España. Allí murió el 10 de febrero de 1910 y su cuerpo fue devuelto a Ecuador, donde se le recibió con una gran ceremonia pública. Fue beatificado en 1977 por el Papa Pablo VI y canonizado en 1984 por el Papa Juan Pablo II.

ORACION Dios topoderoso y eterno, permite que a través de la dedicación ejemplar de San Miguel Cordero podamos recibir siempre a los niños con bondad y por ello traerlos más seguramente hasta Ti. Amén.

SANTA ESCOLASTICA, Virgen
Febrero 10—*Patrona de los Hijos Convulsivos*

SANTA Escolástica, hermana de San Benito, consagró su vida a Cristo desde su primera juventud. Después que su hermano se fue para Monte Casino, donde estableció su famoso monasterio, ella se fue a residir en la vecindad de Plombariola donde fundó y dirigió un monasterio para monjas, cerca de cinco millas de San Benito, quien parece ser que también dirigió a su hermana y sus monjas. Ella visitaba a su hermano una vez al año y, como no se le permitía entrar en el monasterio, él iba con algunos de sus compañeros a encontrarla en una casa que se hallaba a alguna distancia. Estas visitas las pasaban confereciando sobre asuntos espirituales.

En una ocasión habían pasado el tiempo como de costumbre en oraciones y conversaciones piadosas y al caer la tarde se sentaron a comer. Santa Escolástica le rogó a su hermano que permaneciera hasta el día siguiente, pero San Benito se negaba a pasar la noche fuera de su monasterio. Ella acudió a la oración y se desató una gran tormenta de truenos, de manera que ni San Benito ni sus compañeros pudieron regresar al monasterio. La siguiente mañana se despidieron para no volverse a encontrar en la tierra.

Tres días más tarde Santa Escolástica murió y su santo hermano tuvo una visión en que veía su alma ascender al cielo. Después envió a sus hermanos a traer el cuerpo de ella al monasterio donde lo colocó en la tumba que había preparado para sí mismo. Ella murió en el año 543 y San Benito la siguió poco después.

ORACION Dios y Padre nuestro, hoy celebramos la memoria de Santa Escolástica. Concédenos que, siguiendo su ejemplo, podamos servirte con un amor perfecto y regocijarnos al recibir Tu bondad. Amén.

NUESTRA SEÑORA DE LOURDES
Febrero 11

LA primera de las dieciocho apariciones de la Santísima Virgen María a la humilde Bernadita tuvo lugar el 11 de Febrero de 1858. El 25 de Marzo, cuando Bernadita le preguntó su nombre a la Hermosa Señora, ella le respondió: "Yo soy la Inmaculada Concepción."

La devoción de la gente en todas partes del mundo a Nuestra Señora de Lourdes, junto con sus innumerables milagros producidos a través de su intercesión, ha logrado una de las regeneraciones más maravillosas en la historia de la Iglesia.

ORACION Dios misericordioso, ven en ayuda de nuestra debilidad. Que los que conservamos el recuerdo de la inmaculada Madre de Dios podamos levantarnos de nuestras iniquidades con la ayuda de su intercesión. Amén.

SANTOS SATURNINO Y COMPAÑEROS
Mártires
Febrero 12

ALREDEDOR del año 304, durante la persecución de Diocleciano, un sacerdote de Abitina en Africa y otros cuarenta y ocho Cristianos, incluyendo hombres, mujeres y niños de la misma ciudad, fueron arrestados durante la reunión del domingo por negarse a entregar las Sagradas Escrituras. Entre ellos estaban los cuatro hijos de Saturnino, de los cuales los dos mayores eran lectores; María, una virgen consagrada a Dios, e Hilario, un niño pequeño.

Todos estos devotos Cristianos fueron enviados a Cartago para ser juzgados y presentados ante el procónsul Anulinus. Después de torturar a algunos de ellos, todos comparecieron ante Anulinus el 11 de Febrero del 304, defendiendo valientemente su Fe antes de ser enviados a prisión. No sabemos con seguridad si estos fieles seguidores de Cristo fueron ejecutados al día siguiente o si el procónsul los dejó morir de hambre.

ORACION Señor, conmemoramos devotamente los sufrimientos de Tus Santos Saturnino y sus Compañeros. Atiende nuestras oraciones de júbilo y concédenos la constancia en nustra Fe. Amén.

SANTA CATALINA DE RICCI, Virgen

Febrero 13

SANTA Catalina de Ricci nació en Florencia en 1522. Su nombre de pila era Alejandrina, pero tomó el nombre de Catalina al entrar en la religión. Desde su más temprana niñez demostró gran devoción por la oración y al cumplir los seis años de edad su padre la envió al convento de Monticelli en Florencia, donde su tía, Luisa de Ricci, era monja. Después de un breve regreso al hogar paterno entró al convento de las monjas dominicas en Prat en la Toscana, en 1535.

Siendo aún muy joven la eligieron como maestra de las novicias, más tarde fue subpriora y a los veinticinco años de edad se convirtió en priora vitalicia. La reputación de su santidad atrajo a su lado a muchos personajes ilustres, entre ellos a tres que más tarde ocuparían la silla de San Pedro, a saber, Cervini, Alejandro de Médicis y Aldobrandini, que más tarde serían Marcelo II, Clemente VIII y León XI, respectivamente. Ella mantuvo correspondencia con San Felipe Neri y, estando aún con vida, se le apareció en Roma en forma milagrosa.

Es famosa por su "Extasis de la Pasión" que durante doce años experimentó cada jueves desde las doce del mediodía a las 4 P.M. del Viernes. Murió en el año 1589 después de una larga enfermedad y fue canonizada en 1746 por el Papa Benedicto XIV.

ORACION Señor Dios, Tú derramaste Tus dones celestiales sobre la Santa Catalina. Ayúdanos a imitar sus virtudes durante nuestra vida terrenal y así disfrutar con ella de la felicidad eterna en el cielo. Amén.

———————

SANTOS CIRILO, Monje, Y METODIO, Obispo
Febrero 14—*Patronos de la Unidad de la Iglesia Occidental y Oriental*

LOS dos hermanos, Santos Cirilo y Metodio, Apóstoles de los Eslavos, nacieron en Tesalónica en 826 y 827, respectivamente, y se educaron en Constantinopla. Después que San Cirilo hubiera predicado en el sur de Rusia, fueron enviados por el Patriarca San Ignacio como misioneros entre los búlgaros, a quienes pronto convirtieron al Cristianismo (861-865). Más tarde extendieron sus labores a Moravia y Dalmacia.

Cuando volvieron a Roma a dar cuenta de sus misiones, fueron consagrados como Obispos por el

Papa Adriano II. San Cirilo murió en Roma en el
año 869, por lo que Metodio tuvo que continuar
solo el apostolado, en el que tuvo éxito en
Moravia, Bohemia, Polonia y los países vecinos.
Se le atribuye el alfabeto eslavo al cual tradujo las
Sagradas Escrituras. Murió en Moravia el 6 de
Abril de 883, agotado por sus heroicos trabajos y
las largas luchas con sus enemigos que nunca ce-
saron de antagonizarlo. Las reliquias de ambos
hermanos se veneran en la iglesia de San
Clemente en Roma.

*ORACION Dios misericordioso, Tú iluminaste los
pueblos eslavos con las enseñanzas de los hermanos
Cirilo y Metodio. Ayúdanos a asimilar las enseñanzas de Tu doctrina y perfeccionarnos como un
pueblo unido en la Fe verdadera y su expansión.
Amén.*

SAN VALENTIN, Sacerdote y Mártir

El Mismo Día, Febrero 14—Patrono de las Felicitaciones

SAN Valentín, un sacerdote romano, junto con
San Mario y su familia, ayudaron a los mártires que sufrieron durante el reino del Emperador
Claudio II, en el siglo III. Fue hecho prisionero y
enviado ante el Prefecto de Roma, quien ordenó
que se le golpeara con palos y que después se le
decapitara. Padeció su martirio alrededor del año
270.

La costumbre de enviar tarjetas de felicitaciones
en este día es el resurgimiento de una antigua costumbre pagana, que consistía en que los jóvenes
dibujaban los nombres de las jóvenes en honor de

su diosa, Februata Junio, el 15 de febrero. Para
abolir esta práctica se sustituyeron con los nombres de Santos en las tarjetas dibujadas en ese día.

*ORACION   Dios de poder y misericordia, a través
de Tu ayuda San Valentín ha vencido las torturas
de su pasión. Ayúdanos a quienes celebramos su triunfo a obtener la victoria sobre las astucias de nuestros enemigos. Amén.*

SAN CLAUDIO DE LA COLOMBIERE,
Presbítero
Febrero 15

SAN Claudio nació el año 1641 y entró en la Sociedad de los Jesuitas en Lyón, Francia, obteniendo gran fama como orador y educador en
París. Sentía una gran devoción por el Sagrado
Corazón de Jesús y, durante una visita que hizo al
convento de la Visitación en Paray-le-Monial,
conoció a Santa Margarita María Alacoque y supo
de las visiones que ella había tenido el privilegio
de recibir. Pasó dieciocho meses en Paray-le-Monial actuando como su director espiritual y ani-
mándola a extender la devoción como se lo había
ordenado Nuestro Señor.

El mismo Padre Claudio se convirtió en un
celoso apóstol de la devoción al Sagrado Corazón,
considerándola como uno de los medios para revi-
talizar la Fe entre el pueblo. Siguió fomentando
esa devoción al enviársele a Londres a predicar a
la Duquesa de York, logrando convertir al Duque
de York así como a muchos otros protestantes.
Debido a la fuerte hostilidad contra los Católicos

en aquella época, sus esfuerzos le merecieron una pena de muerte.

El Padre Claudio recibió la conmutación de la pena de muerte y regresó a Francia en mala salud. Murió en Paray-le-Monial en 1682. Fue beatificado en 1929 por el Papa Pío XI y canonizado el 31 de Mayo de 1992, por el Papa Juan Pablo II.

ORACION   Señor, Dios nuestro, Tú hablaste a San Claudio en lo más profundo de su corazón para que pudiera dar testimonio de Tu inmenso amor. Permite que sus dones de gracia iluminen y reconforten Tu Iglesia. Amén.

SAN ONESIMO, Mártir
Febrero 16—*Patrono de los Servientes*

SAN Onésimo era natural de Frigia. Habiendo robado a su dueño huyó a Roma donde se encontró con San Pablo, que entonces estaba en prisión. El Apóstol lo convirtió al Cristianismo, lo bautizó y lo envió de regreso a Colosas con una carta para Filemón, su antiguo dueño, pidiéndole su perdón. Esta carta escrita de puño y letra por San Pablo obtuvo el efecto deseado. San Onésimo fue perdonado por Filemón y regresó a San Pablo, a quien sirvió fielmente en lo adelante.

Más tarde fue enviado a Colosas con Tíquico como portador de la Epístola a los Colosenses.

ORACION   Todopoderoso y eterno Dios, Tú permitiste a San Onésimo luchar por la justicia hasta la muerte. Concédenos por su intercesión que podamos sobrellevar todas las adversidades y apresurarnos con todas nuestras fuerzas por llegar hasta Ti, que eres el único dador de vida. Amén.

LOS SIETE SANTOS FUNDADORES DE LA ORDEN DE LOS SIERVOS DE LA VIRGEN MARIA

Febrero 17

EN la festividad de la Asunción en el año 1233, siete miembros de una Confraternidad Florentina devotos de la Santísima Madre de Dios se reunieron en oración: Bonfiglio Monaldo, Bonaiunta Manetto, Manetto Antellese, Amedeo Amedei, Uggocione Uggocioni, Sosteneo Sostenei y Alessio Falconieri. La Virgen Santísima se les apareció a los siete jóvenes exhortándoles a que se dedicaran a su servicio retirados del mundo.

Con la aprobación de su Obispo, estos celosos Cristianos, que antes habían sido destacados hombres de negocios en Florencia, se retiraron al Monte Senario, cerca de Florencia. Allí fundaron una nueva Orden que, en reconocimiento de su manera especial de venerar los Siete Dolores de Nuestra Señora, se llamó "Siervos de María" o "Servitas." Fueron canonizados en 1887 por el Papa León XIII.

ORACION Señor, infunde en nosotros la piedad de estos santos hermanos por la que devotamente veneraron a la Madre de Dios y condujeron Tu pueblo hacia Ti. Amén.

SANTA MARIA BERNADITA SOUBIROUS, Virgen

Febrero 18

SANTA María Bernadita Soubirous nació en Lourdes en 1844. A los catorce años de edad fue testigo de dieciocho apariciones de Nuestra

Bendita Señora de Lourdes, quien la instruyó para que diera a conocer los poderes milagrosos de curación que la presencia de la Santísima Virgen daría a las aguas de Lourdes.

En 1866, la Santa se unió a las Hermanas de la Caridad en Nevers, haciendo sus votos perpetuos en 1878. Sus contemporáneos la admiraban por su humildad y el carácter auténtico de su testimonio sobre la aparición de la Santísima Virgen.

A pesar de ellos tuvo que sufrir muchas pruebas durante su vida religiosa y mostró una paciencia heroica en sus enfermedades. Comprendiendo que el manantial de curaciones no era para ella, le gustaba decir: "La Santísima Virgen me usó como una escoba para quitar el polvo. Al terminar el trabajo se pone la escoba detrás de una puerta y se deja allí." Murió en 1879 a los treinta y cinco años de edad, y fue canonizada en 1933 por el Papa Pio XI.

ORACION Señor Dios, Tú derramaste Tus dones celestiales sobre Santa Bernadita. Ayúdanos a imitar sus virtudes durante nuestra vida terrenal y así disfrutar con ella de la felicidad eterna en el cielo. Amén.

SAN CONRADO DE PIACENZA, Ermitaño
Febrero 19

NACIDO en 1290 de una familia noble de Piacenza, Italia, San Conrado se casó con la hija de un noble. Un día, mientras estaba de cacería prendió fuego a algunos arbustos para hacer salir su presa, pero el fuego se extendió y destruyó todo un campo de granos y un bosque vecino.

Incapaz de apagar el incendio, Conrado y sus hombres huyeron a la ciudad, y un campesino inocente fue apresado, torturado y condenado a muerte como causante del incendio. Cuando Conrado vio que llevaban al hombre inocente a ser ejecutado, se horrorizó y confesó públicamente que él era el responsable del desastre. El y su esposa sacrificaron todas sus riquezas para reembolsar los daños causados por el incendio.

Este hecho les sirvió de inspiración para entrar en la vida religiosa. Conrado, que entonces tenía veinticinco años de edad, se unió a un grupo de ermitaños de la Tercera Orden Franciscana y su esposa entró en las Clarisas Pobres. Buscando más soledad, Conrado se retiró a la ermita de Noto Valle cerca de Siracusa, Sicilia, donde durante los próximos treinta y seis años llevó una vida de oración y penitencias severas, dedicando gran parte de su tiempo a cuidar de los enfermos en un hospital cercano. Murió en 1351.

*ORACION Señor Dios, sólo Tú eres santo y nadie
es bueno sino por Ti. Concédenos, por la intercesión
de San Conrado, que vivamos de tal manera que no
nos veamos privados de compartir en Tu gloria.
Amén.*

SAN EUQUERIO, Obispo
Febrero 20

SAN Euquerio nació en Orléans, Francia. Sus
meditaciones sobre las Epístolas de San Pablo
lo influenciaron a abandonar el mundo en 714. Se
retiró a la Abadía de Jumiège en la diócesis de
Rouen. Pronto adquirió una reputación por su santidad y al morir su tío, Suaverico, Obispo de Orléans, el pueblo nombró a San Euquerio para
tomar su lugar. Carlos Martel, gobernador del
palacio, que prácticamente gobernaba a Francia,
accedió a la petición, a pesar de no simpatizar con
el Santo. Fue así que San Euquerio dejó la soledad
que tanto deseaba para tomar la dignidad episcopal en el año 721.

Su celo apostólico estaba acompañado de tanta
afabilidad   que   era   querido   por   cuantos   lo
conocían. Después de ser enviado al exilio por
Carlos Martel, San Euquerio se retiró al monasterio de San Tron, donde pasó el resto de su vida en
oración y contemplación. Allí murió en 743.

*ORACION Oh Dios, Luz y Pastor de almas, Tú es-
tableciste a San Euquerio como Obispo de Tu Iglesia para alimentar Tu rebaño con su palabra y formarlo con su ejemplo. Ayúdanos por su intercesión
a mantener la Fe que nos enseñó con su palabra y
seguir el camino que nos mostró con su ejemplo.
Amén.*

SAN PEDRO DAMIAN,
Obispo y Doctor de la Iglesia
Febrero 21—*Invocado contra la Jaqueca*

SAN Pedro Damián, devoto colaborador del Papa San Gregorio VII y, como éste, sacerdote benedictino, fue una de las luces más radiantes de la Iglesia en el siglo XI. Nacido en Rávena en 1007, se hizo monje camaldulense en el monasterio de Fonte Avellana, del cual fue abad. Más tarde llegó a ser Cardenal y Obispo de Ostia y Velletri.

San Pedro Damián trabajó celosamente por la reforma interna de la Iglesia luchando contra los abusos de simonía e incontinencia. Escribió muchas obras sobre teología ascética. Se cuenta entre los Doctores de la Iglesia y murió en Faenza en 1072.

ORACION Dios todopoderoso, ayúdanos a seguir las enseñanzas y ejemplo de San Pedro. Que anteponiendo a Cristo sobre todas las cosas estemos activos siempre al servicio de Tu Iglesia y alcancemos el júbilo de la luz eterna. Amén.

LA CATEDRA DE SAN PEDRO, APOSTOL
Febrero 22

LOS historiadores de la Iglesia afirman positivamente que San Pedro fundó la Sede de Antioquía antes de ir a Roma. Antioquía era entonces la capital del Oriente. San Gregorio Magno declara que el Príncipe de los Apóstoles fue Obispo de esa ciudad durante siete años. También es un hecho, basado en el consenso unánime de la antigüedad

Cristiana, que San Pedro estuvo en Roma donde fundó la Iglesia. Sin embargo, su estadía en la capital del Imperio Romano no fue continua, pues se ausentaba frecuentemente para proseguir sus funciones apostólicas en otros países.

Esta fiesta, que conmemora la autoridad pontifical de San Pedro, se celebraba anteriormente de dos maneras diferentes: el 18 de Enero, en honor de su pontificado en Roma, y el 22 de Febrero, en honor de su pontificado en Antioquía.

ORACION Omnipotente Dios, concede que aquellos de nosotros en quienes has afianzado firmemente las raíces de la Fe Apostólica no nos dejemos conmover por las vacilaciones de este mundo. Amén.

SAN POLICARPO, Obispo y Mártir
Febrero 23

CONOCEMOS la vida de este Santo a través de los Hechos, escritos por la Iglesia de Esmirna y compendiados por Eusebio y que constituyen un documento muy auténtico de la antigüedad Cristiana. San Policarpo se convirtió al Cristianismo siendo aún muy joven, alrededor del año 80, y se hizo discípulo de San Juan Evangelista quien lo hizo Obispo de Esmirna, probablemente antes de que lo exiliaran a Patmos en el año 96. Gobernó esa sede durante setenta años y entre sus discípulos estuvieron San Ireneo y el escritor Papías. El primero escribió que su maestro había conocido a San Juan y a otros que habían visto a Jesús.

A través de Eusebio, San Ireneo y San Jerónimo hemos podido saber que alrededor del año 158 San Policarpo fue a Roma a consultar al Papa Aniceto en relación con la fecha de la celebración de Pascua Florida, ya que eran diferentes las fechas entre las Iglesia de Oriente y de Occidente. Se acordó que cada una siguiera sus propias costumbres. Durante la cuarta persecución general, bajo los emperadores Lucio Vero y Marco Aurelio, apresaron al Santo y lo presentaron ante el procónsul. Habiéndose negado a rechazar a Cristo fue condenado a morir en la hoguera.

Los autores de los Hechos nos dicen que fueron testigos del hecho de que las llamas no lo tocaron, sino que formaron un arco sobre él. Después lo atravesaron con una espada; de su herida manó tal cantidad de sangre que apagó la hoguera. La muerte de este Santo tuvo lugar alrededor del año 166. Su cuerpo fue quemado, pero los Cristianos recogieron religiosamente sus huesos y todavía se conservan en la Iglesia de San Ambrosio en Massina, Roma.

ORACION Dios de todo lo creado, Tú llevaste a San Policarpo a la Compañía de los Mártires. Te pedimos que, por su intercesión, al participar del cáliz de los sufrimientos de Cristo, podamos resucitar un día en la vida eterna. Amén.

SAN ETHELBERTO, Rey de Kent
Febrero 24

SAN Ethelberto era descendiente de Hengisto, el ancestro legendario de la Casa Jutish de

Kent. Se hizo Rey en el año 560 y extendió su poder por toda Inglaterra al sur del Humber. Se casó con una Bertha, una princesa Cristiana, que era hija de Charibert, Rey de los Francos. Esto resultó en la primera introducción de la Cristiandad en la Inglaterra anglosajona, ya que su padre insistió en que se permitiera que su hija estuviera en libertad de practicar su Fe en Inglaterra.

Cuando San Agustín de Canterbury llegó a Inglaterra en 597 con su misión romana, Ethelberto, que todavía era pagano, le dio una cordial bienvenida. Inspirado por el ejemplo de la Fe de su esposa como también por el celo de San Agustín, Ethelberto se bautizó en Pentecostés de ese mismo año. De esta forma llegó a ser el primer rey inglés Cristiano y después le dio todo su apoyo a la causa de Cristo en su reino.

San Ethelberto siempre se ocupó de fomentar el bienestar de su pueblo. Puso en vigor leyes prudentes que durante mucho años fueron tenidas en gran estima en Inglaterra. Abolió el culto a los ídolos en todo su reino y convirtió sus templos en iglesias o los cerró. También sirvió de instrumento en la conversión de Seberto, Rey de los Sajones Orientales y de todo su pueblo, y de Redwald, Rey de los Anglos Orientales. Murió en 616 habiendo reinado durante cincuenta y seis años.

ORACION Señor Dios, sólo Tú eres santo y nadie es bueno sino por Ti. Concédenos, por la intercesión de San Ethelberto, que vivamos de tal manera que no nos veamos privados de compartir en Tu gloria. Amén.

———

BEATO SEBASTIAN DE APARICIO, Religioso
Febrero 25

NACIDO en 1502 en el seno de una familia pobre en Galicia, España, Sebastián trabajó como sirviente, doméstico y labrador. En 1531, emigró a México, estableciéndose primero en Veracruz y más tarde en Puebla de los Angeles. Después de acarrear fletes y ser cartero, llegó a ser rico construyendo caminos. Sin embargo, continuó llevando una vida sencilla durmiendo en una estera y comiendo las comidas más pobres y contribuyendo generosamente a los necesitados.

En 1552, se retiró a un lugar cerca de Ciudad México donde cultivó la tierra y crió ganado. Teniendo más de sesenta años se casó dos veces— pero ambas veces enviudó poco después. Teniendo setenta años de edad sintió el llamado a la vida religiosa. Dando todas sus riquezas a la Orden de las Clarisas se unió a los Franciscanos en Ciudad México.

Sebastián fue enviado a Tecali y después a una comunidad de más de cien frailes en Puebla, donde pasó los últimos veintiséis años de su vida. Se convirtió en el "Hermano pedigüeño." Para obtener alimento para una comunidad tan grande tenía que usar carretones, halados por bueyes, atravesando grandes distancias para llevar el maíz y otros alimentos donados por personas caritativas.

Trabajaba día y noche sin quejarse jamás y junto a su Redentor. Como resultado la imagen de este anciano venerable con su carretón han quedado inseparables en la historia y las tradi-

ciones de la Ciudad de Puebla de los Angeles.
Murió en 1600, a la avanzada edad de noventa y
ocho años, y fue beatificado en 1787 por el Papa
Pio VI.

ORACION Oh Dios, Tú quisiste darnos al Beato
Sebastián de Aparicio como modelo y ejemplo de
caridad Cristiana santificando las actividades de su
vida cotidiana. Por su intercesión concédenos que
podemos servirte siempre con una mente pura en
todas las circunstancias de nuestras vidas. Amén.

SAN PORFIRIO, Obispo
Febrero 26

SAN Porfirio nació en Tesalónica en Macedonia. En el año 378, teniendo veinticinco años,
dejó su hogar y amigos para dedicarse a Dios
entre los monjes de Scete en Egipto. Después de
pasar cinco años allí en ejercicios monásticos, fue
a Palestina a visitar los santos lugares en
Jerusalén y después se fue a habitar en una cueva
cerca del Jordán, donde pasó otros cinco años.

Un día, mientras oraba en el Monte Calvario,
San Porfirio se curó milagrosamente de una enfermedad; no quedó ni traza de su enfermedad. En el
año 393 el Obispo de Jerusalén, muy en contra de
los deseos del Santo, lo ordenó como sacerdote y
le encomendó el cuidado de la Santa Cruz. En el
año 396 Juan, Arzobispo de Cesárea, usó una treta
para hacerlo Obispo de Gaza. Mandó a buscarlo
con el ruego de que deseaba consultarlo y cuando
lo tuvo en su poder le impuso la consagración
episcopal.

San Porfirio murió el 26 de Febrero del año 420. Su vida escrita por Marco, su fiel amigo y compañero, es una fuente importante de información sobre el paganismo en el Oriente Cristiano.

ORACION Oh Dios, Tú hiciste de San Porfirio ejemplo sobresaliente del amor Divino y de la Fe que conquista al mundo y lo incluiste entre los santos Pastores. Concédenos que por su intercesión podamos perseverar en el amor y en la Fe y así compartir en su gloria. Amén.

SAN GABRIEL DE LA VIRGEN DOLOROSA,
Clérigo
Febrero 27—*Patrono de los Clérigos*

NACIDO en 1838, este Santo de los tiempos modernos se llamó originalmente Francisco, con el mismo nombre del gran Santo de su ciudad natal de Asís. Asistió al Colegio Jesuita de Spoleto, donde fue un gran favorito de sus compañeros de estudios y de sus profesores. Cuidadoso en sus maneras y forma de vestir, era amante de la literatura y el teatro. Sin embargo, decidió dejar el mundo después de curarse milagrosamente de dos ataques de enfermedades.

Fue guiado por Nuestra Señora al Instituto de los Pasionistas, donde tomó el nombre de Gabriel y llegó a ser un verdadero Apóstol de Sus Dolores. Murió de tuberculosis a los veinticuatro años de edad, habiendo alcanzado ya un heroico grado de santidad por su vida de abnegación y gran devoción a la Pasión de Nuestro Señor. Fue canonizado en 1920 por el Papa Benedicto XV. Es el patrono de la juventud y especialmente de los religiosos jóvenes.

Aunque en su vida no hubo ningún evento milagroso, después de su muerte (en 1862) ocurrieron muchos milagros en su tumba en Isola di Gran Sasso, Italia.

ORACION   Oh Dios, Tú inspiraste a San Gabriel a esforzarse en la perfección de la caridad y así alcanzar Tu Reino al terminar su peregrinación en la tierra. Fortalécenos por su intercesión que podamos avanzar regocijándonos en los caminos del amor. Amén.

SAN ROMANO, Abad
Febrero 28

A LOS treinta y cinco años de edad, San Romano dejó su familia para entrar en un monasterio en Lyón. Allí permaneció un corto tiempo antes de tomar consigo las constituciones y conferencias del renombrado autor monástico, Casiano, para retirarse a un lugar en la soledad del Monte Jura. Sus ocupaciones consistían en oraciones, lecturas y labores manuales. Más tarde su hermano Lupicino y algunos otros se le unieron. A estos los siguió tan gran número de personas que fue necesario construir dos monasterios, así como uno para las mujeres.

Los dos hermanos gobernaron sus monasterios en gran armonía. La abstinencia prescrita por ellos para los monjes era menos estricta que la observada por los orientales y por los monjes de Lerins. La razón principal de ello fue que la constitución física de los galos requería más alimentos. Sin embargo, siempre se abstuvieron de toda clase de carne y sólo usaban la leche y los huevos cuando estaban enfermos.

San Romano murió en el año 460 al regresar de un peregrinaje. Lupicino trabajó la tierra por veinte años más y también alcanzó la corona de la santidad—su fiesta se celebra el 21 de Marzo.

ORACION Señor, en medio de las cosas de este mundo, permítenos dedicarnos de corazón a las cosas del cielo imitando el ejemplo de perfección angelical que Tú nos has dado en San Romano. Amén.

SAN OSWALDO, Obispo
Febrero 29

DANES de nacimiento, San Oswaldo estudió en la casa de su tío, el Arzobispo Odo de Fleury, Francia, donde fue ordenado. Habiendo regresado a Inglaterra en 959, fue hecho Obispo de Worcester (962), por San Dunstan. Ocupando esa posición se esforzó grandemente por eliminar los abusos y erigió muchos monasterios, incluyendo la famosa Abadía de Ramsey en Huntingdonshire.

En 972, llegó a ser Arzobispo de York, aunque también conservó la Sede de Worcester para así fomentar las reformas monásticas que estaban siendo atacadas por Elfhere, Rey de Mercia. Además de trabajar para mejorar la moral de su clero, este santo varón trabajó también para aumentar los conocimientos teológicos—habiendo escrito él mismo dos tratados y varios decretos sinódicos.

San Oswaldo estuvo relacionado durante la mayor parte de su vida pública con San Dunstan y San Ethelwold y cuando murió, en 992, la veneración popular unió su nombre a la de ellos. Desde entonces se le ha rendido homenaje como uno de los tres Santos que revivieron el monasticismo inglés.

ORACION Dios, Tú hiciste de San Oswaldo ejemplo sobresaliente del amor divino y de la Fe que conquista al mundo y lo incluiste entre los santos Pastores. Concédenos que por su intercesión podamos perseverar en la Fe y el amor y podamos compartir en su gloria. Amén.

SAN ROSENDO, Obispo
Marzo 1

SAN Rosendo nació en el año 907 de una familia noble de Galicia, España, y creció como un joven serio y lleno de santidad. Por el deseo del pueblo fue hecho Obispo de Mondonedo teniendo solamente dieciocho años de edad. Poco después reemplazó a un obispo indigno como administrador en la Sede de Compostela y defendió con éxito a su país contra las incursiones de los normandos y los sarracenos.

Al morir el Rey Sancho en 967, este santo varón fue expulsado de Compostela por el antiguo obispo. Fundó la Abadía de Celanova y allí se hizo monje. Más tarde fundó otros monasterios y les impuso la observancia estricta de la Regla de San Benito.

Durante su vida San Rosendo era buscado por obispos y abades por sus consejos e instrucción. Después de su muerte en 977, se le atribuyeron muchas curaciones y fue canonizado en 1195 por el Papa Celestino III.

ORACION   Dios, Luz y Pastor de almas, Tú estableciste a San Rosendo como Obispo de Tu Iglesia para alimentar Tu rebaño con su palabra y formarlo con su ejemplo. Ayúdanos, con su intercesión, a mantener la Fe que él enseñó con su palabra y a seguir el camino que nos mostró con su ejemplo. Amén.

BEATA ANGELA DE LA CRUZ GUERRERO,
Religiosa
Marzo 2

ANGELA de la Cruz nació en Sevilla, España, en 1846. Desde temprana edad sintió gran devoción hacia el Cristo Crucificado. Ella fomentó esta devoción junto con la extrema pobreza de la Cruz en sus hijas religiosas en la Congregación de la Cruz, una institución dedicada a los pobres, a los más humildes y menesterosos.

En esta comunidad sus miembros tenían que vivir con y como los pobres. La comunidad existía solamente con las donaciones dadas voluntariamente. Las hermanas se consideraban como peregrinas y recibían las limosnas con gran humildad.

Además, la pobreza que abrazaban las hermanas del Beata Angela debía ir más allá de una privación contemplativa. Se les pedía que trabajaran con las familias pobres, los huérfanos y los enfermos y dieran enseñanza fundamental tanto a los niños como a los adultos. Todos debían recibir de las hermanas dinero, alojamiento, instrucción, ropas y medicinas y todo debía darse con amor. Angela murió el 2 de Marzo de 1932 y fue beatificada en 1982 por el Papa Juan Pablo II.

ORACION Dios misericordioso, Padre nuestro, permite que Tu pueblo siga el ejemplo de la Beata Angela e imite la pobreza de Jesús Crucificado. Que compartamos generosamente con los más necesitados. Amén.

BEATA CATALINA DREXEL, Religiosa
Marzo 3

NACIDA en 1858, en una prominente familia de Filadelfia, desde niña Catalina sintió gran amor hacia Dios y al prójimo. Tomó gran interés en el bienestar material y espiritual de los negros y de los nativos americanos. Comenzó a donarles dinero, pero pronto comprendió que se necesitaba mucho más—el ingrediente que faltaba era la gente.

Catalina fundó las Hermanas del Sagrado Sacramento para los Indios y las Personas de Color, cuyos miembros trabajarían para mejorar a quienes estaban llamadas a servir. Desde los 33 años de edad hasta su muerte en 1955 dedicó su vida y una fortuna de 20 millones de dólares a su trabajo.

En 1894 la Madre Drexel tomó parte en la inauguración de la primera escuela misionera para los indios en Santa Fe, Nuevo México. Otras escuelas la siguieron rápidamente—para los americanos nativos al oeste del Río Mississippi y los negros en la parte sur de los Estados Unidos. En 1915, también fundó la Universidad Xavier en Nueva Orléans. Al morir había más de 500 Hermanas trabajando en 63 escuelas en todo el país. Catalina fue beatificada por el Papa Juan Pablo II el 20 de Noviembre de 1988.

ORACION Señor Dios, permítenos que la Beata Catalina nunca cese de encomendarnos a Tu bondad. Que imitando su caridad y prudencia podamos lograr mantener Tus enseñanzas y conservar una buena moralidad. Amén.

SANTA CUNEGUNDA, Emperatriz

El Mismo Día, Marzo 3—Patrona de Lituania

SANTA Cunegunda era hija de Sigfrido, el primer Conde de Luxemburgo, y esposa de San Enrique II, Santo Emperador Romano. Aunque casada, vivió en continencia; porque, con el consentimiento de su esposo, había hecho un voto de virginidad antes de su matrimonio.

Fue conocida por dar su riqueza a los pobres y haber fundado el monasterio benedictino en Kaufungen. En 1025, un año después de la muerte de su esposo, entró al monasterio y pasó los últimos quince años de su vida dedicada a la oración, lecturas espirituales y labores manuales. Murió en

1040 y fue canonizada en 1200 por el Papa Inocencio III.

ORACION Oh Dios, Tú inspiraste a Santa Cunegunda a buscar la caridad perfecta y así obtener Tu Reino al final de su peregrinaje en la tierra. Fortalécenos a través de su intercesión para que avancemos regocijándonos en el camino del amor. Amén.

SANTOS EMETERIO Y CELEDONIO, Mártires
El Mismo Día, Marzo 3—Patronos de Santander

SANTOS Emeterio y Celedonio son dos mártires españoles cuya constancia en medio de horribles tormentos llevó a Prudencio a inmortalizarlos en su himno a los mártires. La tradición nos dice que eran hijos de San Marcelo y, como él, soldados en las legiones romanas.

Debido a su Fe Cristiana, fueron arrestados, sometidos a varias torturas y finalmente decapitados bajo Diocleciano alrededor del año 304, en Calahora, España.

ORACION O Dios, Tú fortaleciste a Tus Mártires Emeterio y Celedonio a dar testimonio de Tu Nombre. Concédenos que venerándolos en la tierra nos podamos regocijar en su compañía en el cielo. Amén.

SAN CASIMIRO
Marzo 4—Patrono de Polonia

CASIMIRO fue el tercero de los trece hijos de Casimiro III, Rey de Polonia, y nació el 5 de

Octubre de 1458. Aunque se educó en una corte real sentía horror por el lujo y practicaba muchas mortificaciones en secreto. Bajo el cuidado del santo canónigo, Juan Dugloss, creció con singular inocencia. Una de sus devociones principales era hacia la Santísima Virgen, en cuyo honor compuso, o por lo menos recitaba frecuentemente, el conocido "Himno de San Casimiro."

Cuando se le ofreció la corona de Hungría, San Casimiro marchó al frente de un ejército de 20,000 hombres hasta la frontera para cumplir con la voluntad de su padre. El Rey que en aquel momento ocupaba el trono de Hungría era Matías Corvino. Al llegar a la frontera y saber que las diferencias entre el Rey y el pueblo se habían arreglado, San Casimiro regresó a su hogar lleno de alegría. Comprendiendo más tarde la injusticia que se había intentado contra el Rey de Hungría, nunca se le pudo convencer de que tomara la corona cuando los húngaros volvieron a invitarlo.

Hasta el final de su vida San Casimiro conservó su pureza de alma y cuerpo y jamás se le pudo convencer de que pensara en casarse. Una larga tuberculosis terminó su breve carrera que llevó a su fin en Vilna, capital de Lituania, en 1482, cuando tenía solamente veinticuatro años de edad. Fue canonizado en 1522 por el Papa Adriano VI.

ORACION Dios todopoderoso, servirte es reinar. Por las oraciones de intercesión de San Casimiro ayúdanos a servirte en santidad y justicia. Amén.

SAN JUAN JOSE DE LA CRUZ, Presbítero
Marzo 5

SAN Juan José de la Cruz nació a mediados del siglo XVII en la hermosa isla de Ischia, cerca de Nápoles. Desde su niñez fue un modelo de virtud y al cumplir los dieciséis años entró en la Orden Franciscana Reformada por San Pedro de Alcántara. Tan edificante fue su vida en el Orden que dentro de tres años de su profesión se le envió a fundar un monasterio en Piedmont. Se hizo sacerdote por obediencia y obtuvo, según parece, un inspirado conocimiento de la teología moral.

Con el permiso de sus superiores erigió otro convento y trazó las reglas para esa comunidad, que fueron confirmadas por la Santa Sede. Después fue maestro de novicios y más tarde provincial de la provincia de Nápoles, creada a principios del siglo XVIII por Clemente XI.

Trabajó mucho para establecer en Italia esa rama de su Orden que el Soberano Pontífice había separado de la española. Sufrió mucho durante su trabajo y fue víctima de numerosas calumnias; sin embargo, el Santo tuvo éxito en sus labores, esforzándose por infiltrar en el corazón de sus fieles el espíritu doble de la contemplación y la penitencia legado a su Reforma por San Pedro de Alcántara.

San Juan José fue ejemplo de las virtudes más sublimes, especialmente de la humildad y de la disciplina religiosa. También poseyó innumerables dones de orden sobrenatural como, por ejemplo, la profecía y los milagros. Finalmente, consumido por sus labores por la gloria de Dios fue llamado a su recompensa. Sufrió una apoplejía y murió siendo octogenario en su convento de Nápoles el 5 de Marzo de 1734 y fue canonizado en 1839 por el Papa Gregario XVI.

ORACION   Oh Dios, Tú inspiraste a San Juan José a esforzarse en la caridad perfecta y así llegar a Tu Reino al final de su peregrinaje terrenal. Fortalécenos a través de su intercesión que podamos avanzar regocijándonos en la vía del amor. Amén.

SANTA COLETA, Virgen

Marzo 6

SANTA Coleta nació en Corbie, Francia, en 1381 de padres humildes y ancianos. Teniendo veintidós años de edad sus padres murieron y comenzó su vida como anacoreta de acuerdo con la Regla de la Orden Tercera de San Francisco. Después de vivir así durante cuatro años fue inspirada en 1406 a introducir la observancia estricta de Santa Clara, que sólo se cumplía en forma modificada en aquella época.

Habiéndole confiado el Papa Benedicto XIII la reforma de la Orden Tercera, Santa Coleta viajó a lo largo y ancho de Francia y Flandes, fundando conventos o reformandolos; se dice que en sus viajes conoció a Santa Juana de Arco en Moulins, en 1429. Durante el transcurso de cuarenta años se sobrepuso a muchos obstáculos espirituales y físicos para establecer quince comunidades de las Clarisas Pobres Reformadas. Una rama de la

Orden todavía lleva el nombre de Coletinas en su recordación.

Esta santa e infatigable trabajadora para Dios murió en 1447 en la comunidad que había fundado en Ghent. Fue canonizada en 1807 por el Papa Pío VII.

ORACION Señor, Dios nuestro, concede que Tu fiel esposa Santa Coleta pueda encender en nosotros la llama del amor divino que ella supo inflamar en otras vírgenes para la gloria imperecedera de Tu Iglesia. Amén.

SANTAS PERPETUA Y FELICITAS, Mártires

Marzo 7

LAS Santas Perpetua y Felícitas y sus amigos que murieron con ellas en Cartago se encuentran en una clase especial entre los primeros mártires ya que poseemos registros auténticos que nos dan un vívido cuadro de sus experiencias y personalidades.

Existe un diario escrito por la misma Santa Perpetua, una página de otro mártir y un relato final de un testigo presencial, que se cree haber sido Tertuliano.

Santa Perpetua era una dama noble de Cartago que contaba veintidós años de edad y que tenía un niño y Santa Felícitas era una esclava casada que estaba embarazada. Ambas fueron arrestadas bajo el edicto anticristiano del 202, junto con otros tres Cristianos, Saturnino, Secúndulo y Revocato.

A todos los había convertido un laico, Saturo, quien se les unió voluntariamente en el calabozo en donde estaban prisioneros por negarse a sacrificar a los dioses.

Santa Perpetua entregó al hijo que amamantaba a su padre pagano, pero permaneció firme en su Fe a pesar de sus ruegos. Santa Felícitas dio a luz a su hijo en la prisión y también se mantuvo firme en la Fe cuando le quitaron a su hijo.

Los mártires fueron condenados a muerte y magullados por las bestias en el anfiteatro antes de ser decapitados en el año 203. Tan asustado estaba el verdugo ante el aspecto dominante de la aristocrática Perpetua que ella misma tuvo que guiarle la espada hasta su propio cuello.

Sus martirios llegaron a conocerse en toda la Iglesia—San Agustín predicó por lo menos tres veces honrándolos. A Santa Perpetua se le menciona en el Canon Romano o Plegaria Eucarística I, pero la Felícitas que se nombra junto a ella es probablemente la mártir romana del año 162.

ORACION Oh Dios, inspiradas por Tu amor, Tus santas Mártires Perpetua y Felícitas pudieron enfrentar la persecución y sobreponerse al tormento de la muerte. Haz que, ayudados por sus oraciones, podamos progresar constantemente en nuestro amor por Ti. Amén.

SAN JUAN DE DIOS,
Religioso
Marzo 8

*Patrono de
los Vende-
dores de
Libros*

S AN Juan nació en Portugal en 1495 de padres
humildes pero virtuosos. Sus primeros años los
pasó como pastor, en gran inocencia y virtud, pero
en 1522 se enlistó en una compañía militar y peleó
contra los franceses y más tarde contra los turcos
en Hungría, siendo Carlos V Rey de España. Las
malas relaciones redujeron su espíritu de piedad;
pero en 1536 dejó el ejército y entró al servicio de
una dama, cerca de Sevilla, como pastor.

Teniendo alrededor de cuarenta años de edad
decidió cambiar su vida por completo y comenzó a
dedicarse a servir a Dios. Después de algunas vicisitudes se estableció en Granada en 1538 y abrió
una tienda. Los sermones de San Juan de Avila lo

impresionaron a tal punto que para causarse humillaciones a sí mismo, se hizo pasar por loco; pero desistió de esta conducta extraordinaria aconsejado por el santo predicador.

En 1540, alquiló una casa para albergar a los enfermos y así echó los cimientos de una nueva Orden, los Hermanos Hospitalarios de San Juan de Dios. Se dedicó con celo infatigable al cuidado de los enfermos. Después de diez años de duros trabajos cayó enfermo. Su última enfermedad, como lo había sido la última parte de su vida, fue muy edificante. Expiró estando de rodillas ante el altar, el 8 de Marzo de 1550 y fue canonizado en 1690 por el Papa Alejandro VIII.

ORACION　Oh Dios, Tú llenaste a San Juan con un espíritu de compasión. Concédenos que al practicar obras de caridad merezcamos ser contados entre los elegidos de Tu Reino. Amén.

SANTA FRANCISCA ROMANA, Religiosa

Marzo 9—*Patrona de las Viudas y de los Automovilistas*

FRANCISCA nació en Roma en una familia noble en 1384. Deseaba entrar en un convento, pero en obediencia a sus padres se casó, a los doce años de edad, con Lorenzo Ponziani, un noble adinerado.

Estando casada llevó una vida muy piadosa, aunque nunca permitió que sus ejercicios espirituales interfirieran con sus deberes domésticos. Padeció muchas pruebas, particularmente durante el gran cisma, cuando su esposo fue desterrado; pero todo lo sufrió con paciencia ejemplar, bendiciendo la voluntad de Dios.

Después del cisma su esposo recobró sus bienes. En 1425, fundó la Congregación de las Oblatas Olivetanas de Santa María Nuova, llamadas más tarde Tor di Specchi, a la que dio la regla de San Benito. Al morir su esposo, tras cuarenta años de matrimonio, recibió los hábitos en esta comunidad en 1437 y comenzó a vivir como la más humilde de las hermanas. Más fue escogida como superiora. Dios le confirió numerosos favores de orden sobrenatural. Murió el 9 de Marzo de 1440 y fue canonizada en 1608 por el Papa Paulo V.

ORACION   O Dios, Tú nos has dado en Santa Francisca un ejemplo singular tanto de la vida monástica como de la conyugal. Ayúdanos a perseverar en servirte para que en medio de todas las vicisitudes de la vida siempre podamos acudir a Ti y seguirte. Amén.

SANTO DOMINGO SAVIO

El Mismo Día, Marzo 9—*Patrono de los Coristas*

HABIENDO nacido en Riva, Italia, en 1842, Santo Domingo Savio tenía sólo quince años de edad al morir, pero ya había alcanzado un alto grado de santidad. Pupilo de San Juan Bosco, quien lo amaba como a un hijo, Santo Domingo organizó la Compañía de la Inmaculada Concepción para ayudar a San Juan a dirigir el Oratorio. Aunque la vida de Santo Domingo fue de pobreza, trabajo y sufrimientos estuvo lleno de alegría y el júbilo de la santidad.

Este Santo, modelo para la juventud moderna, escribió una vez a un amigo: "Aquí hacemos que la santidad consista en estar siempre alegres y cumplir fielmente nuestros deberes." Fue canonizado en 1954 por el Papa Pío XII.

ORACION Oh Dios, sólo Tú eres santo y nadie es bueno sino por Ti. Concédenos, por la intercesión de Santo Domingo, que vivamos de tal manera que no nos veamos privados de compartir en Tu gloria. Amén.

SAN MACARIO, Obispo
Marzo 10

SAN Macario fue Obispo de Jerusalén desde alrededor del año 313 hasta su muerte en 334. Durante toda su vida se opuso fuertemente al arrianismo y luchó sin tregua contra esta perniciosa herejía. Asistió al Concilio de Nicea en 325 y tomó parte importante en la redacción del Credo.

Poco después del Concilio descubrió milagrosamente, junto con Santa Helena, la Cruz verdadera en Jerusalén. El Emperador Constantino, hijo de ésta última le encargó la construcción de la Iglesia del Santo Sepulcro. Más tarde, él y su compañeros Obispos de Palestina recibieron otra carta de Constantino dándoles instrucciones para la construcción de otra iglesia en Mamre.

ORACION Dios, Luz y Pastor de almas, Tú estableciste a San Macario como Obispo de Tu Iglesia para alimentar Tu rebaño con su palabra y formarlo con su ejemplo. Ayúdanos, con su intercesión, a mantener la Fe que él enseñó con su palabra y a seguir el camino que nos mostró con su ejemplo. Amén.

SAN EULOGIO, Mártir
Marzo 11

EULOGIO perteneció a una familia noble de Córdoba, que entonces era la capital de los moros en España. Ordenado como sacerdote fue puesto a la cabeza de la escuela eclesiástica más importante de España, que entonces florecía en Córdoba. Sus virtudes, a las que unía ayunos y oraciones constantes, le ganaron reconocimiento universal.

En el año 850 se desató una violenta persecución contra los Cristianos. Habiendo alentado a los mártires, San Eulogio fue mandado a la prisión junto con el Obispo y muchos sacerdotes. Escribió una *Exhortación al Martirio* para las vírgenes Flora y María, que fueron decapitadas el 24 de Noviembre de 851. Estas dos Santas prometieron orar por sus compañeros y seis días después de sus muertes, Eulogio y los demás fueron puestos en libertad.

La persecución continuó mientras Eulogio se convirtió en apoyo del rebaño disperso, alentando a otro grupo de mártires que sufrieron el martirio en el año 853. Escribió su historia titulada *El Memorial de los Santos*, permeada de un celo ardiente y de un espíritu de martirio.

En 858, le tocó a San Eulogio su turno de sufrir por la Fe. Una virgen nombrada Leocricia (o Lucrecia), perteneciente a una familia de nobles moros, se convirtió a la Fe y buscó su protección contra la ira de sus padres. El la escondió entre sus amigos durante algún tiempo pero eventualmente todos fueron descubiertos y condenados a muerte. San Eulogio fue decapitado el 11 de Marzo de 859 y Santa Leocricia cuatro días más tarde.

ORACION Dios de poder y misericordia, con Tu ayuda San Eulogio pudo sobreponerse a las torturas de su pasión. Ayúdanos a celebrar su triunfo para quedar victoriosos sobre los engaños de nuestros enemigos. Amén.

SAN TEOFANES EL CRONISTA
Marzo 12

TAL parece como si los hombres siempre hubieran estado obstruyendo la aspiración personal de este santo varón, nacido en Samotracia, Grecia, alrededor del año 759. Poseyendo riquezas e influencia en su mundo de entonces, primero se vio obligado a casarse a pesar de sus reservas. Cuando su esposa entró en un convento, con su total consentimiento, abandonó la corte de Constantino V, para retirarse a vivir en la soledad; pero pronto se vio involucrado en la fundación de dos monasterios y obligado a actuar como abada del localizado en el Monte Sigriana.

Se dedicó a la investigación y escribió una cronografía o historia del mundo; pero aún entonces se encontró con obstáculos. Sus estudios fueron interrumpidos por la persecución del Emperador León V sobre la controversia de los iconoclastas en relación con los íconos. Debido a su constancia en la Fe, este santo erudito fue puesto en prisión, enviado al exilio y ultimamente murió, en el 12 de Marzo de 817, por los malos tratos que padeció.

A través de todas estas contradicciones y pruebas, San Teófanes mantuvo su amor hacia Dios, y
el Señor hizo que todo fuera para su mejor bien.

*ORACION Oh Dios, recordamos devotamente los
sufrimientos de San Teófanes. Escucha nuestras jubilosas oraciones y danos también constancia en
nuestra Fe. Amén.*

SAN RODRIGO, Mártir
Marzo 13

RODRIGO (o Rodriguez), fue un sacerdote que
vivió en el siglo IX en España durante la dominación y persecución de los moros. Tuvo dos hermanos—uno se había hecho musulmán y el otro
había prácticamente abandonado la Fe. Un día,
tratando de intervenir en una violenta pelea entre
los dos, Rodrigo fue golpeado por ellos hasta
hacerlo perder el conocimiento. Entonces su hermano musulmán lo llevó por las calles procla-
mando públicamente que su hermano Rodrigo
había renunciado a Cristo y deseaba morir como
musulmán. Rodrigo, demasiado enfermo para
protestar, sufrió en silencio, pero tan pronto como
se mejoró se escapó de las manos de su hermano.

Su hermano lo buscó y lo trajo delante del cadí
o juez acusándolo de haber vuelto a la Fe Cristiana después de haber sido musulmán. El Santo
protestó bravamente, declarando que él nunca
había negado su Fe; pero el juez se negó a creerle
y lo envió a una de las peores mazmorras de la
ciudad de Córdoba.

Estando en la mazmorra Rodrigo se hizo amigo de Salomón, otro Cristiano acusado de la misma ofensa. Los dos dedicados seguidores de Cristo se alentaban el uno al otro durante la larga estadía como prisioneros hecha con el propósito de hacerlos disuadir de su constancia. Viendo que su estratagema original no daba resultado, el juez decidió separarlos por un tiempo, pero cuando tampoco eso sirvió para lograr las retracciones deseadas, los condenó a ser decapitados, en 857.

San Eulogio (que también sufriría el martirio más tarde durante la misma persecución: ver Marzo 11), pudo ver sus cuerpos sin vida junto a un río y cómo los soldados arrojaban al río las piedras enrojecidas con la sangre de los mártires para asegurar que los Cristianos no fueran a guardarlas como reliquias.

ORACION   Todopoderoso y eterno Dios, Tú permitiste que San Rodrigo luchara por la justicia hasta morir. Permítenos que por su intercesión podamos soportar todas las adversidades y apresurarnos con todas nuestras fuerzas por ir hacia Ti, única fuente de vida. Amén.

―――――――

SANTA MATILDE, Reina
Marzo 14—*Patrona de las Reinas*

SANTA Matilde, era hija de Teodorico, conde sajón. A temprana edad fue colocada en el monasterio de Erfurt bajo el cuidado de su abuela Maud, quien era abadesa del monasterio en el que había entrado al morir su esposo. Allí Santa Matilde aprendió a bordar y adquirió el amor al trabajo, a la oración y a las lecturas espirituales. Permaneció en el convento hasta que sus padres la dieron en matrimonio, en 913, a Enrique "El Cazador," llamado así por su gran afición a la halconería. Este se convirtió en duque en 916 al morir su padre y en 919 fue elegido como Rey de Alemania, para sucesor a Conrado.

Esta piadosa Reina adornó el trono con sus muchas virtudes. Visitaba y confortaba a los enfermos y afligidos, instruyó a los ignorantes, socorrió a los prisioneros y se esforzó por convertir a los pecadores y su esposo la ayudaba en sus labores piadosas. En 936, después de veintitrés años de matrimonio murió su esposo, el Rey Enrique. Acabado de morir su esposo ella ofreció una Misa por el descanso de su alma y desde ese momento renunció a toda pompa mundana.

De sus tres hijos, Otho fue Emperador más tarde, Enrique fue Duque de Bavaria y San Bruno edificó la Iglesia como Arzobispo de Colonia. Otho se convirtió en Rey de Alemania en 937 y en 962 fue coronado como Emperador en Roma. En la lucha entre sus dos hijos, Otho y Enrique, por la corona que era electiva, la Reina favoreció al primero, una falta que expió con grandes sufrimientos, porque sus dos hijos la hicieron sufrir una larga y cruel persecución. Murió en 968.

ORACION   *Oh Dios, cada año Tú nos regocijas con la fiesta de Santa Matilde. Concédenos que, honrándola en tales festividades, podamos también imitar su ejemplo en nuestra conducta. Amén.*

SANTA LUISA DE MARILLAC, Viuda

Marzo 15—*Patrona de los Asistentes Sociales*

SANTA Luisa de Marillac nació el día 15 de Agosto de 1591. En 1613 se casó con Antoine Le Gras, quien murió trece años más tarde, dejando a Luisa con un hijo pequeño. Ella se hizo monja y en 1624 escogió a San Vicente de Paúl, entonces conocido como "Monsieur Vincent," como su director espiritual.

Con la ayuda de "Monsieur Vincent" fundó las Hijas de la Caridad, Siervas de los Enfermos Pobres, dedicadas al servicio corporal y espiritual de los pobres en sus hogares. Murió en 1660 y fue canonizada por el Papa Pío XI, el 11 de Marzo de 1934.

ORACION   Oh Dios, Tú inspiraste a Santa Luisa a esforzarse en la caridad perfecta y así llegar a Tu Reino al final de su peregrinaje terrenal. Fortalécenos a través de su intercesión que podamos avanzar regocijándonos en la vía del amor. Amén.

SAN HERIBERTO (HERBERTO), Obispo

Marzo 16—*Invocado en Tiempos de Sequía*

NACIDO en Worms, Alemania, alrededor de 970, San Heriberto se educó en la Abadía de Gorze en Lorena. Deseaba entrar en la Orden Benedictina allí, pero su padre lo hizo volver a Worms y obtuvo una canonjía para él. Siendo un sacerdote joven, Heriberto se convirtió en consejero de gran confianza del joven Emperador Otto III, canciller de la diócesis y finalmente Arzobispo de Colonia en 998.

Ese mismo año acompañó al Emperador a Roma, asistiéndolo en sus últimos momentos antes de su muerte en 1002. En las riñas que siguieron por el puesto de Emperador, San Heriberto al principio se opuso a San Enrique II debido a un malentendido mutuo. Pero llegó el momento en que los dos Santos se reconciliaron públicamente y trabajaron juntos por el bienestar del pueblo.

San Heriberto fue prácticamente un modelo de lo que debe ser un Obispo. Era un hombre pacífico pero disciplinario firme; un santo varón que conocía el valor del dinero y se ocupó de que siempre se repartiera entre los pobres. Fue un hombre de oración y en tiempos de sequía fue en respuesta a sus oraciones que cayó una lluvia torrencial salvando las cosechas y protegiendo al pueblo contra el hambre. Murió en 1021.

ORACION Oh Dios, Luz y Pastor de almas, Tú estableciste a San Heriberto como Obispo de Tu Iglesia para alimentar Tu rebaño con su palabra y formarlo con su ejemplo. Ayúdanos, con su intercesión, a mantener la Fe que él enseñó con su palabra y a seguir el camino que nos mostró con su ejemplo. Amén.

SAN PATRICIO, Obispo, Apóstol de Irlanda
Marzo 17—*Patrono de Irlanda*

LA fecha y el lugar del nacimiento de San Patricio son inciertos. Nació alrededor del año 389, hijo de Calpurnio, un diácono romano-británico, y Conchessa. Tenía dieciséis años cuando unos piratas lo hicieron prisionero, lo llevaron cautivo a Irlanda y lo obligaron a cuidar el ganado de un hombre pagano. A pesar de la dureza de su vida allí no sólo conservó su Fe, sino que también aprendió la ciencia de la oración y la contemplación.

Después de seis años pudo escapar milagrosamente y volver a su hogar. En un sueño se le dijo que regresara a Cristianizar a Irlanda. San Patricio se preparó para esa labor estudiando en el monasterio de Lerins desde 412 al 415 aproximadamente y fue ordenado en Auxerre por San Amador, alrededor del 417.

En 431, después de un período en que su vocación de ir a Irlanda fue puesta a prueba por las vacilaciones de sus superiores en encomendarle esta misión, se envió a San Patricio a Irlanda para ayudar al Obispo Paladio. Al morir éste, San Germán consagró a San Patricio como Obispo (432) después de recibir la aprobación del Papa Celestino I. Viajó por todo lo ancho y largo de Irlanda, plantando la Fe en todas partes a pesar de la hostilidad de los druidas y logró convertir a varios miembros de la familia real.

En una visita al Papa en 442, fue comisionado por el Papa León el Grande para organizar la Iglesia de Irlanda y a su regreso hizo de Armagh la Sede primacial y estableció Obispos en varios lugares.

Al ganar una nación pagana para Cristo, San Patricio estableció muchos monasterios para hom-

bres y mujeres y los hizo famosos como lugares de
piedad y enseñanza. En los siglos siguientes los
monjes irlandeses llevaron la Fe a Inglaterra,
Francia y Suiza.

Después de vivir una vida completamente apostólica de trabajo y oración, San Patricio murió el
17 de Marzo de 461, en el monasterio de Saúl, en
Down en Ulster, dejando atrás sus *Confesiones*
que nos dan un vívida imagen de un gran hombre
de Dios.

*ORACION Oh Dios, Tú enviaste a San Patricio a
predicar Tu gloria al pueblo irlandés. Por sus méritos e intercesión concédenos a quienes nos hon-
ramos siendo llamados Cristianos que podamos
proclamar constantemente Tus designios maravillosos hacia los hombres. Amén.*

SAN CIRILO DE JERUSALEN,

Obispo y Doctor de la Iglesia

Marzo 18

SAN Cirilo nació en las cercanías de Jerusalén
hacia el año 315. Habiendo hecho grandes progresos en el conocimiento de los filósofos paganos
y de los Padres de la Iglesia, pero sobre todo de
las Sagradas Escrituras, fue ordenado como sacerdote por Máximo, Obispo de Jerusalén, alrededor
del año 345.

Hacia fines del año 350 sucedió a Máximo en la
Sede de Jerusalén. San Cirilo se hizo cargo de su

posición episcopal en un momento en que la Iglesia era combatida por la herejía arriana.

Entonces surgió una diferencia entre él y Acacio, el Obispo arriano de Cesárea, que reclamaba jurisdicción sobre la Iglesia de Jerusalén, a cuya reclamación San Cirilo no se sometió, por lo que se vio obligado a buscar refugio en Tarso por un tiempo. Al morir Constancio y la subida al trono de Julián, fue restablecido en su sede.

San Cirilo presenció los vanos esfuerzos de Julián el Apóstata por reconstruir el templo de Jerusalén con la ocurrencia al mismo tiempo de circunstancias milagrosas que lo acompañaron. Se dice que Julián había determinado poner fin a la vida de este santo varón después de su expedición a Persia, pero que la muerte le impidió la ejecución de sus designios.

Una vez más San Cirilo se vio expulsado de su Sede en 367 por el Emperador arriano Valente, pero regresó a ella en 378 al tomar el trono Graciano. En 381 participó en el Concilio General de Constantinopla y aceptó formalmente el Credo de Nicea completo. Murió en el año 386.

ORACION Oh Dios, por medio de San Cirilo Tú unificaste milagrosamente Tu Iglesia para que pudiera comprender más completamente los misterios de la salvación. Ayúdanos por su intercesión a reconocer a Tu Hijo y así obtener vida más abundante. Amén.

SAN JOSE,
Esposo de María

Marzo 19—*Patrono de la Iglesia Universal*

SAN José, el puro esposo de la Santísima Virgen María y padre adoptivo de Nuestro Señor, era descendiente de la casa real de David. El es el "hombre justo" del Nuevo Testamento, el humilde carpintero de la aldea de Nazaret, que entre todos los hombres del mundo fue el escogido por Dios para ser el esposo y protector de la Virgen Madre de Jesucristo, Dios Encarnado. A su fiel y amoroso cuidado se le encargó la niñez y la juventud del Redentor del mundo.

Después de la Madre de Dios, no ha habido ningún hijo de hombre tan dotado y adornado de

virtudes naturales y sobrenaturales como lo fue
San José, su esposo. En pureza de corazón, castidad de vida, en humildad, paciencia, entereza,
amabilidad y hombría de carácter, él se nos revela
como el tipo y modelo perfectos del verdadero
Cristiano.

Pobre y humilde en posesiones y honores de
este mundo, él era rico en gracia y méritos y eminente ante Dios en nobleza y belleza de santidad.
Como San José fue el representante del Padre
Eterno en la tierra, nombrado por mandato divino
como jefe de la Sagrada Familia, que fue el
comienzo de la gran Familia de Dios, la Iglesia de
Cristo, el 8 de Diciembre de 1870, el Vicario de Jesucristo, el Papa Pío IX, proclamó solemnemente
al padre adoptivo de Jesús como Patrono de la
Iglesia Universal y desde esa fecha su festividad
se ha celebrado el 19 de Marzo como fiesta de alto
rango. En algunos lugares se observa como Día de
Precepto.

La devoción a San José, ferviente en el Oriente
desde las primeras épocas, en tiempos más re-
cientes se ha ido extendiendo y aumentando en
forma tan milagrosa que en nuestros días los
Católicos de todos los países compiten entre sí por
honrarlo. Además de la festividad del 19 de Marzo
hay otra fiesta, la de San José Obrero, Esposo de
la Santísima Virgen María (el 1ro de Mayo). Pro-
mulgada en 1955, reemplazó la antigua "Solemnidad de San José" que se había celebrado desde
1847—primero como el "Patronato de San José" el
tercer Domingo después de Pascua Florida y después de 1913 como la "Solemnidad de San José" el

Miércoles antes del tercer Domingo después de Pascua Florida. Juan XXIII insertó el nombre de San José en la Plegaria Eucarística I.

Desde su trono de gloria en el cielo San José cuida y protege la Iglesia militante y nadie que acuda a él en una necesidad llamará en vano. El es el modelo de una vida Cristiana perfecta y el patrono de una muerte feliz. Su patronato se extiende sobre el Cuerpo Místico de Cristo, sobre la familia Cristiana, la escuela Cristiana y todos los individuos que en sus necesidades apelan a su caridad y poderosa intercesión, especialmente en la hora de la muerte; porque aquel que al morir fue atendido amorosamente por su Hijo adoptivo, Jesús, y su esposa Virgen, María, le podemos confiar que obtenga para nosotros la misericordia de Dios y la gracia de una muerte en paz y santidad.

ORACION Dios topoderoso, Tú confiaste al fiel cuidado de San José los principios de los misterios de la salvación del hombre. Por su intercesión concede que Tu Iglesia sea siempre fiel en su servicio para que se cumplan Tus designios. Amén.

SAN WULFRAN, Obispo
Marzo 20

EL padre de este Santo fue un oficial del Rey Dagoberto. San Wulfrán pasó varios años en la corte del Rey Clotario III, practicando la virtud a pesar de las tentaciones del mundo.

En 682 fue elegido y consagrado como Arzobispo de Sens y gobernó esta diócesis por dos años y medio. El ejemplo de los misioneros ingleses entre los frisios idólatras movieron a este santo varón a renunciar a su Arzobispado. Después de un retiro en la Abadía de Fontenelle fue a Frisia como misionero. Tuvo gran éxito y bautizó a numerosos idólatras.

Después de su labor en Frisia, San Wulfrán se retiró de nuevo a Fontenelle para prepararse para su muerte, la que ocurrió en 720.

ORACION Oh Dios, Luz y Pastor de almas, Tú estableciste a San Wulfrán como Obispo de Tu Iglesia para apacentar Tu rebaño con su palabra y formarlo con su ejemplo. Ayúdanos por su intercesión a mantener la Fe que él enseñó con su palabra y a seguir el camino que nos mostró con su ejemplo. Amén.

SAN NICOLAS DE FLUE, Eremita
Marzo 21—*Patrono de Suiza*

ESTE gran Santo y Padre de su país nació en el Cantón de Unterwalden en el Lago de Lucerna, Suiza, en 1417. Tenía más o menos treinta años de edad, cuando se casó con la hija de un campesino, Dorothy Wiss, quien le dio diez hijos. También fue un campesino hábil, líder militar, miembro de la asamblea, consejero, juez y persona de íntegra moralidad.

Al mismo tiempo, San Nicolás llevó una vida de oración contemplativa y ayunos rigurosos. Después de veinte años de estar casado, recibió el llamado de Dios de abandonar el mundo y su familia y convertirse en ermitaño. Así fue que, en 1467, con el consentimiento heroico de su esposa, se estableció en una ermita en Ranft a pocas millas de su hogar. Se dice que vivió allí durante diecinueve años sin alimentos ni agua, tomando solamente la Eucaristía. Su reputación de santidad creció y muchas personas venían de toda Europa a buscar su consejo.

La enorme influencia de este santo varón de Dios se comprobó en 1481 al surgir una disputa entre los delegados de los confederados suizos en Stans y había verdadero e inminente peligro de una guerra civil. Se apeló a San Nicolás, quien trabajó toda la noche y logró un conjunto de propuestas que todos podían aceptar. Suiza se había salvado.

San Nicolás murió seis años más tarde (21 de Marzo de 1487), rodeado de su mujer y sus hijos. Fue canonizado en 1947 por el Papa Pío XII y es honrado por los Protestantes suizos y venerado por los Católicos suizos.

ORACION Señor Dios, sólo Tú eres santo y nadie es bueno sino por Ti. Concédenos, por la intercesión de San Nicolás, que vivamos de tal manera que no nos veamos privados de compartir en Tu gloria. Amén.

SANTA LEA, Viuda
Marzo 22

SANTA Lea fue una dama romana del siglo IV que se casó con un patricio adinerado. Vivía en un gran palacio y tenía a sus órdenes un gran número de sirvientes. Lo único que conocía era la abundancia y el lujo.

Al morir su esposa, fue convertida por las palabras de San Jerónimo y el ejemplo de otras damas nobles dedicadas a seguir al Santo. Ella dio todo cuanto tenía por Cristo.

Abriendo su palacio vivió con otras mujeres que pensaba igual que ella, como si fuera un monasterio y llegó a ser su Superiora. Murió en 383 y fue proclamada como Santa por todos, incluyendo San Jerónimo.

ORACION Señor, en medio de las cosas de este mundo, permítenos dedicarnos de corazón a las cosas del cielo imitando el ejemplo de perfección angelical que Tú nos has dado en Santa Lea. Amén.

―――――

SANTO TORIBIO DE MOGROVEJO, Obispo
Marzo 23

NACIDO en 1538 en Mallorca, España, Santo Toribio llegó a ser Profesor de Leyes en la Universidad de Salamanca y fue nombrado presidente de la Corte de la Inquisición en Granada. En 1581, siendo todavía laico fue nombrado para la sede de Lima, Perú—un puesto muy difícil tanto religiosa como geográficamente.

Durante los próximos veinticinco años, este santo varón se agotó a sí mismo al servicio de su rebaño. Atravesó toda su diócesis a pie, exponiéndose voluntariamente al ardiente y húmedo clima, animales salvajes, enfermedades tropicales y otros peligros para reformar la clerecía e instruir al pueblo en la Fe. Fundó el primer seminario en el continente americano y confirmó y bautizó casi que un millón de personas.

Su trabajo se vio ayudado por el hecho de que se ocupó de aprender los dialectos indios de la gente (en los que se asoció con San Francisco Solano) y se opuso a todos los intentos de justificar los maltratos que les daban los españoles. Fue así que también ejerció gran influencia en otros países suramericanos.

San Toribio siempre fue solícito de los sentimientos de los pobres y generoso en sus caridades hacia ellos. En el curso de sus labores religiosas hizo amistad y confirmó a Santa Rosa de Lima. Después, en 1606, teniendo sesenta y ocho años de edad, recibió el viático y pasó a su recompensa celestial. Fue canonizado en 1726 por el Papa Benedicto XIII.

ORACION Oh Dios, Tú aumentaste Tu Iglesia mediante el cuidado apostólico y celo por la verdad de San Toribio, Tu Obispo. Concede que quienes se han consagrado a Ti puedan experimentar un nuevo aumento en la Fe y la santidad. Amén.

———————

SAN JOSE ORIOL, Presbítero
El Mismo Día—Marzo 23

SAN José nació en Barcelona, España, en 1650. Estudió en la Universidad de Barcelona, recibió un doctorado en teología y fue ordenado.

Practicó gran austeridad, viviendo solamente de pan y agua durante los últimos veintiséis años de su vida.

En 1686, hizo un peregrinaje a pie a Roma y a su regreso fue muy buscado como confesor. Una visión que tuvo en Marsella, durante su peregrinaje a Roma, lo hizo cambiar de opinión de convertirse en misionero.

Aún durante su vida este Santo era venerado por sus consejos espirituales así como por sus dones de profecía y milagros. Murió el 23 de Marzo de 1702 y fue canonizado en 1909 por San Pío X.

ORACION Oh Dios, Tú adornaste a San José con el don de abstinencia y la gracia de los milagros. Permítenos abstenernos de pecado en la tierra y alcanzar nuestra recompensa celestial por la penitencia. Amén.

SANTA CATALINA DE SUECIA, Virgen
Marzo 24—*Invocada contra los Abortos*

CATALINA era hija de Ulfo Gudmarson, Príncipe de Nericia, Suecia, y de Santa Brígida. Se educó bajo la dirección de la Abadesa del convento. Al cumplir los trece años de edad su padre la dio en matrimonio a Egard, un joven alemán noble de gran virtud. Sin embargo, con sus oraciones y palabras la Santa persuadió a su esposo a unírsele tomando un voto mutuo de castidad perpetua, renunciado así sus legítimos derechos matrimoniales por amor a Dios. Así se alentaron entre sí con mortificaciones, oraciones y obras de caridad.

Al morir su padre, Santa Catalina se unió a su madre, Santa Brígida, en un peregrinaje a Roma en 1349, impulsadas por la devoción a la Pasión de Cristo y a las reliquias de los mártires romanos. En 1373 Santa Brígida murió en Roma y Santa Catalina volvió a Suecia trayendo el cuerpo de su madre.

En 1375, regresó a Roma para promover la canonización de su madre y obtener la confirmación de las Seguidoras de Santa Brígida u Orden del San Salvador. Murió siendo Abadesa de Vadzstena, Suecia, el 24 de Marzo de 1381.

Durante los últimos veinticinco años de su vida Santa Catalina vivió en la mortificación y la penitencia. Cada día purificaba su alma del pecado con el Sacramento de la Penitencia. Fue canonizada en 1484 por el Papa Pío II.

La Orden del Santo Salvador o Seguidoras de Santa Brígida, fundada por Santa Catalina de Suecia, fue aprobada por Urbano V y afiliada a los Agustinos. Esta Orden tiene como propósito el trabajo literario, especialmente la traducción de obras religiosas.

ORACION Señor Dios, Tú derramaste Tus dones celestiales sobre la Virgen Santa Catalina. Ayúdanos a imitar sus virtudes durante nuestra vida terrenal y así disfrutar con ella de la felicidad eterna en el cielo. Amén.

———————

LA ANUNCIACION DEL SEÑOR
Marzo 25

LA fiesta de la Anunciación se celebra el 25 de Marzo. En este día la Iglesia conmemora la llegada del Arcángel Gabriel para anunciar a la Santísima Virgen que ella sería la Madre del Redentor prometido. Ese mismo día, Dios Hijo, la Segunda Persona de la Santísima Trinidad, por el poder del Espíritu Santo, tomó un cuerpo y un alma humanos y se convirtió en el Hijo de María.

Es así, por tanto, que esta fecha es una festividad doble, la Anunciación de la maternidad de la Santísima Virgen y la Encarnación del Hijo de Dios. El Angel de la Encarnación fue enviado a la doncella de Nazaret quien, creyendo ser la más indigna entre las hijas de Zión, había sido escogida por su Creador para ser la más bendita entre las mujeres.

"Fue enviado el Angel Gabriel de parte de Dios a una ciudad de Galilea llamada Nazaret, a una virgen desposada con un varón de nombre José, de la casa de David; el nombre de la virgen era María. Y presentándose a ella, le dijo: 'Salve, llena de gracia, el Señor es contigo: Bendita tú eres entre las mujeres.' Ella se turbó al oír estas palabras y discurría qué podría significar aquella salutación. El Angel le dijo: 'No temas, María, porque has hallado gracia delante de Dios, y concebirás en tu seno y darás a luz un hijo, a quien pondrás por nombre Jesús. . . .

" 'El Espíritu Santo vendrá sobre ti, y la virtud del Altísimo te cubrirá con su sombra, y por esto

"Salve, llena de gracia."

el hijo engendrado será santo, será llamado Hijo de Dios . . .' Dijo María: 'He aquí la sierva del Señor, hágase en mí según tu palabra' " (Lucas 1, 28-38).

María inclinó su cabeza y voluntad ante el decreto divino y en ese instante sucedió el gran hecho de la Encarnación. Una Virgen de la Casa de David se había convertido en la Madre de Dios. La Segunda Persona de la Santísima Trinidad se había hecho Hombre, un hombre como nosotros en todas las cosas excepto en el pecado. El hecho de la Encarnación prueba que María es la Madre de Dios. Aquel que nació Hombre de ella es Dios y María es Su Madre. Ella es la Madre del Divino Redentor del mundo; ella es la Madre de nuestro Divino Señor y Maestro; ella es la Madre del Salvador y nuestro Amigo perfecto; ella es la Madre del Salvador Quien derramó Su Preciosa Sangre por nosotros en el Calvario.

Después de Su Padre Celestial y del Espíritu Santo, no hubo nadie a quien Jesús venerara y amara más como veneró y amó a Su Santísima Madre. Aquel que no sienta amor ni veneración por la Madre de Jesús se diferencia de nuestro Divino Salvador en esa perfección particular de Su carácter que viene después de Su piedad hacia el Padre Eterno y al Espíritu Santo. Pero, además de todo ello, a María se le debe amor y veneración por sí misma, porque ella es la Madre de la humanidad; porque ella ha sido santificada sobre todas las demás criaturas por el Espíritu Santo y porque al ser escogida como Madre del Hijo Encarnado, es la Madre de todos nosotros.

"Tan pronto como el hombre recibe en su corazón todo el significado de la Anunciación y toda la luz de la Encarnación, dos verdades evidentes imperan sobre la razón: una, la presencia de Jesús en el Santísimo Sacramento; la otra, el amor y la veneración de Su Santísima Madre" (Cardenal Manning).

ORACION Oh Dios, Tú quisiste que Tu Palabra se hiciera Hombre verdadero en el seno de la Virgen María. Confesamos que nuestro Redentor es Dios y Hombre. Concédenos que merezcamos ser como Él en Su Naturaleza Divina. Amén.

SAN BRAULIO DE ZARAGOZA, Obispo

Marzo 26—*Patrono de Aragón*

SAN Braulio fue uno de los obispos más famosos de la era visigótica y discípulo de San Isidoro de Sevilla, cuyos conocimientos y espíritu heredó. Es gracias a sus constantes asedios que poseemos el gran trabajo enciclopédico conocido como las *Etimologías,* que él recibió de San Isidoro como símbolo de afecto.

Nacido en una familia noble de Zaragoza, España, allí se hizo monje en el monasterio de Santa Engracia. En 631 fue elegido como Obispo de Zaragoza y ayudó a conservar la disciplina en todo el norte de España. Erudito y predicador sobresaliente, San Braulio fomentó el conocimiento, luchó contra el arrianismo y ayudó a San Isidoro a reformar la Iglesia Española y defender a los obispos españoles contra las acusaciones de Roma de que estaban descuidando sus responsabilidades.

El Santo era conocido por su devoción a María, la Madre de Dios, sus visiones y sus milagros, su asceticismo y su ayuda a los pobres. Entre sus escritos están los Hechos de los Mártires de Zaragoza, una vida de San Emiliano y numerosas cartas. Murió en Zaragoza en 646.

ORACION Oh Dios, Tú hiciste de San Braulio ejemplo sobresaliente del amor Divino y de la Fe que conquista al mundo y lo incluiste entre los santos Pastores. Concédenos que por su intercesión podamos perseverar en el amor y en la Fe y así compartir en su gloria. Amén.

SAN RUPERTO DE SALZBURGO, Obispo
Marzo 27

DE origen franco, San Ruperto fue Obispo de Worms hasta finales del siglo VII (697) cuando se hizo misionero en Regensburg, Bavaria. Después de convertir y bautizar al Duque Theodo, sin cuyo permiso no podía hacerse nada en su territorio, San Ruperto y sus seguidores convirtieron a muchos de los nobles y no encontraron una seria oposición a su trabajo de evangelización entre el pueblo.

Habiendo tenido tan gran éxito en Regensburg, el celoso Obispo fue a Altotting y luego extendió sus actividades sobre un gran área a lo largo del Danubio—siempre con gran éxito. Tomó como su centro el antiguo pueblo en ruinas de Juvavum, al cual renombró Salzburgo, reconstruyéndolo.

Además de Cristianizar a la gente y construir iglesias y monasterios para ellos, este santo hombre también civilizó a los convertidos y promovió el desarrollo de las minas de sal en Salzburgo, contribuyendo así a los cuerpos y almas de su rebaño.

El Señor llamó a este devoto siervo a su recompensa el Domingo de Pascua Florida alrededor del año 710.

ORACION Oh Dios, Tú erigiste Tu Iglesia mediante el celo religioso y cuidado apostólico de San Ruperto. Concede que por su intercesión ella siempre pueda tener un nuevo aumento en la Fe y la santidad. Amén.

SAN GUNTRAMNO (GONTRAN), Rey
Marzo 28—*Patrono de los Divorciados*

SAN Guntramno, cuarto hijo de Clodoveo, fue Rey de Borgoña y parte de Aquitania desde 561 al 592. Fue muy popular con sus súbditos que lo honraron como Santo después de su muerte.

Este honor era bien merecido, porque a pesar del hecho de que el Rey tuvo momentos en que cedió a la debilidad humana (se divorció de una esposa y mandó a ejecutar al médico que no pudo curar a otra), hizo mucha penitencia y mostró gran celo por la religión.

Cuando sus territorios fueron asolados por una enfermedad contagiosa, conocida como el "Fuego de San Antonio," se ocupó de que los más desafortunados de sus súbditos fueran cuidados, se impuso rigurosos ayunos y se ofreció como víctima a la Justicia Divina por el bien de su pueblo.

San Guntramno fue un gobernante justo y un entusiasta promotor de las obras religiosas. Fomentó la celebración de tres sínodos para mejorar la disciplina del clero y dotó iglesias y monasterios.

ORACION Oh Dios, Tú transferiste a San Guntramno del cuidado de un reino terrenal a la gloria del Reino celestial. Por su intercesión concédenos que podamos buscar Tu Reino eterno en las tareas terrenales que hacemos. Amén.

SAN JOSE DE ARIMATEA

Marzo 29—*Patrono de los Directores de Funerarias*

JOSE de Arimatea era un hombre justo y devoto que buscaba el Reino de Dios. Aunque durante la vida pública de nuestro Señor temió mostrarse abiertamente como discípulo suyo, después de la crucifixión tuvo el valor de ir a ver a Pilatos y pedirle el Cuerpo de Jesús.

Ayudado por Nicodemo, tomó el Cuerpo del Salvador de la Cruz, lo envolvió en vendajes con aceite perfumado y lo depositó en su propio sepulcro nuevo que había excavado en una roca (Juan 19, 38-42).

ORACION Señor Dios, sólo Tú eres santo y nadie es bueno sino por Ti. Concédenos, por la intercesión de San José, que vivamos de tal manera que no nos veamos privados de compartir en Tu gloria. Amén.

SAN JUAN CLIMACO, Abad

Marzo 30

SAN Juan, llamado "Clímaco" por su libro titulado *La Escalera (Clímax) al Paraíso*, nació alrededor del año 525. Teniendo dieciséis años de edad renunció a los bienes mundanales para dedicarse a Dios en el estado religioso. Durante cuarenta años vivió solitario en su ermita al pie del Monte Sinaí. En el año 600 fue escogido como Abad del Monte Sinaí y superior general de todos los monjes y ermitaños en ese país. Tan extendida estaba su reputación que San Gregorio Magno, que entonces era Papa, le escribió encomendándose a sus oraciones y enviándole regalos para su hospital cerca del Monte Sinaí.

San Juan nunca buscó la gloria ni la fama; por el contrario, se esforzaba por ocultar los dones naturales y sobrenaturales con que estaba dotado, para practicar mejor la humildad.

Su famosa obra, el *Clímax*, la escribió solamente en deferencia a la voluntad de otro. Es un tratado espiritual que consiste de oraciones concisas y da varios ejemplos que ilustran la vida monástica de ese período. Gobernó el monasterio del Monte Sinaí por cuatro años, suspirando constantemente bajo el peso de su dignidad a la que renunció poco tiempo antes de morir. La contemplación celestial y el ejercicio continuo del amor y la alabanza divina eran su deleite y confort en su peregrinaje terrenal.

El 30 de Marzo del 605 la vida bendita de este gran Santo llegó a su fin en la ermita que había sido testigo de una comunicación ininterrumpida con Dios. Desde el momento en que tomó el estado monástico, San Juan se dedicó con esfuerzo a eliminar de su corazón toda complacencia de sí mismo en sus actos; practicaba el silencio como medio de adquirir humildad y se tomó como regla no contradecir ni discutir jamás con nadie. Tal parecía no tener voluntad propia tan grande era su sumisión.

ORACION Señor, entre las cosas de este mundo permítenos dedicarnos de todo corazón a las cosas celestiales imitando el ejemplo de perfección evangélica que Tú nos has dado en San Juan el Abad. Amén.

SAN BENJAMIN, Diácono y Mártir
Marzo 31

LOS Cristianos de Persia habían disfrutado de doce años de paz durante el reino de Isdegerd, hijo de Sapor III, cuando en 420 fueron molestados por el indiscreto celo de Abdás, un Obispo Cristiano que quemó el Templo del Fuego, el gran santuario de los persas. El Rey Isdegerd amenazó todas las iglesias de los Cristianos a menos que el Obispo reconstruyera el templo.

Cuando Abdás se negó a obedecer, la amenaza se cumplió; las iglesias fueron destruidas, el mismo Abdás fue condenado a muerte y comenzó una persecución general que duró cuarenta años. Isdegerd murió en 421, pero su hijo y sucesor, Varanes, prosiguió con la persecución aún con mayor ensañamiento. Los Cristianos fueron sometidos a las torturas más crueles.

Entre los que sufrieron estaba San Benjamín, un diácono, que había estado preso un año por su Fe. Al final de este período, un embajador del Emperador de Constantinopla obtuvo su libertad con la condición de que nunca volviera a hablar de religión a ninguno de los cortesanos.

Sin embargo, San Benjamín declaró que su deber era predicar a Cristo y que no podría guardar silencio. Aunque había sido puesto en libertad según el acuerdo entre el embajador y las autoridades persas, él se negaba a cumplirlo y no descuidó una sola oportunidad para predicar.

Después de indecibles sufrimientos y torturas, San Benjamín murió como mártir alrededor del año 424.

ORACION Todopoderoso y eterno Dios, Tú permitiste a San Benjamín luchar por la justicia hasta la muerte. Concédenos por su intercesión que podamos sobrellevar todas las adversidades y apresurarnos con todas nuestras fuerzas por llegar hasta Ti, Que eres el único dador de vida. Amén.

———————

SAN HUGO, Obispo de Grenoble
Abril 1

SAN Hugo nació en Chateauneuf, en el territorio de Valence en Dauphine en 1053, y desde su cuna pareció ser un niño bendito. Abrazó el estado eclesiástico y aceptó una canonjía en la catedral de Valence.

Sus virtudes lo hicieron adorno de esa iglesia. Hugo, Obispo de Die, más tarde Arzobispo de Lyón y Cardenal Legado de la Santa Sede, estaba tan impresionado con él que lo colocó en su propia casa y lo empleó en numerosos asuntos de importancia.

En el Concilio celebrado en Aviñón en 1080, se vio obligado a aceptar la Sede de Grenoble, que había caído en estado deplorable. Cuando el legado fue a Roma llevó consigo a San Hugo, donde recibió la consagración episcopal a manos del Papa Gregorio VII.

Al regresar al hogar, el Santo comenzó de inmediato la dura labor de reformar su diócesis y pronto tuvo la satisfacción de contemplar un maravilloso cambio de mejoramiento logrado con su celo.

Después de dos años, suponiendo que tendría permiso de la Santa Sede, renunció privadamente al Obispado y entró como novicio en la Orden Benedictina de Cluny, pero el Papa le ordenó que volviera a ocupar su cargo pastoral. Fue a San Hugo que San Bruno y sus seis compañeros se dirigieron en su empeño para olvidar el mundo y el santo Obispo los dirigió al desierto de Chartreuse, donde fundaron la Orden de los Cartujos. La larga y penitente vida de San Hugo terminó el 1ro de Abril de 1132, después de una larga enfermedad. Hugo fue canonizado en 1134 por el Papa Inocencio II.

ORACION   Oh Dios, Luz y Pastor de almas, Tú estableciste a San Hugo como Obispo de Tu Iglesia para alimentar Tu rebaño con su palabra y formarlo con su ejemplo. Ayúdanos, con su intercesión, a mantener la Fe que él enseñó con su palabra y a seguir el camino que nos mostró con su ejemplo. Amén.

SAN FRANCISCO DE PAULA, Ermitaño

Abril 2—*Patrono de los Marineros*

SAN Francisco nació alrededor del año 1416, en Paula, una pequeña ciudad de Calabria. Su padres eran muy pobres, pero virtuosos. Aprendió a leer en un convento franciscano en San Marco, un pueblo de la misma provincia.

Después de un año con los Franciscanos, fue a habitar en la soledad como a media milla de Paula, en 1432.

Antes de cumplir los veinte años, ya otros dos se le habían unido para participar en su ejercicios devotos. Los vecinos les construyeron tres celdas y una capilla, en la que un cura de una iglesia parroquial cercana decía Misa para ellos. Esto se considera como el comienzo de la Orden de los Mínimos, cuya fundación se da como en 1436.

La Orden fue confirmada en 1474 por una bula de Sixto IV, con San Francisco como General Superior. El primer monasterio había sido construido en 1454 y fue seguido por varios otros. En 1482, fue a Francia obedeciendo a Sixto IV, a petición de Luis XI, cuya total conversión logró antes de la muerte este último en 1483. San Francisco entonces estableció su Orden en Francia y Carlos VIII y Luis XII se convirtieron en sus principales benefactores.

Cuando su larga vida de penitencias llegaba a su fin, San Francisco pasó sus últimos tres meses en su celda preparándose para morir y la eternidad. Cayó enfermo el Domingo de Ramos en 1508 y murió poco después a los noventa y un años de edad. Fue canonizado en 1519 por el Papa León X.

ORACION Oh Dios, exaltación de los humildes, Tú elevaste a San Francisco a la gloria de Tus Santos. Por sus méritos y ejemplo concédenos que podamos obtener felizmente las recompensas prometidas a los humildes. Amén.

SAN RICARDO, Obispo

Abril 3

NACIDO en 1197 en el feudo de Wiche, cerca de Worcester, Inglaterra, San Ricardo, como tantos otros Santos, mostró una gran inclinación por la virtud desde su niñez, empleando su tiempo en ejercicios piadosos o estudiando, mientras se mostraba contrario a las diversiones acostumbradas a su edad. Su mayor placer era prestar servicios a los demás.

Fue a París a continuar sus estudios y junto con dos amigos escogidos llevaron una vida austera. A su regreso a Inglaterra obtuvo el diploma de Maestría en Artes en Oxford y partió hacia Bolonia, Italia, para dedicarse al estudio de la ley canónica. Finalmente, San Edmundo, Arzobispo de Canterbury, lo llamó para que lo acompañara a Francia cuando se exilió allí. En Francia, Ricardo se ordenó como sacerdote.

Elevado a la Sede Episcopal de Chichester, se sobrepuso a muchos obstáculos. Tan pronto como tuvo suficiente libertad de acción, se aplicó con todo el celo posible a gobernar su iglesia. Su firmeza por mantener la disciplina eclesiástica y su caridad hacia los pobres le obtuvieron gran admiración. Sufrió mucho durante dos años de parte del Rey Enrique III.

El Papa lo encargó de predicar una cruzada contra los sarracenos. Al cumplir con esa misión enfermó de una fiebre que fue la causa de su muerte en 1253. Fue canonizado en 1262 por el Papa Urbano IV.

ORACION Oh Dios, Tú hiciste de San Ricardo ejemplo sobresaliente del amor Divino y de la Fe que conquista al mundo y lo incluiste entre los santos Pastores. Concédenos que por su intercesión podamos perseverar en el amor y en la Fe y así compartir en su gloria. Amén.

———

SAN ISIDORO DE SEVILLA

Obispo y Doctor de la Iglesia

Abril 4

SAN Isidoro nació en Cartagena, España, siendo sus padres Severino y Teodora, ambos ilustres por sus virtudes. San Leandro y San Fulgencio, ambos Obispos, fueron sus hermanos, y su hermana, Florentina, también se encuentra entre los Santos. Desde su juventud se consagró al servicio de la Iglesia y se preparó para su sagrado ministerio por la virtud y el aprendizaje. Ayudó a su hermano San Leandro, Arzobispo de Sevilla, en la conversión de los visigodos de la herejía del arrianismo. Al morir su hermano, en el año 600, lo sucedió en la Sede de Sevilla.

Varios Concilios a los que asistió establecieron la disciplina de la Iglesia Española y fue en la de Sevilla que, en 619, convirtió a Gregorio, un obispo eutiquiano de Siria. Unos años antes, en 610, el Arzobispo de Toledo, en un Concilio celebrado en Toledo, había sido declarado Primado de toda España. A pesar de ello, el mérito personal de San Isidoro se tenía en tal estima que presidió el Cuarto Concilio de Toledo, celebrado en 633, aunque el Primado estaba presente. Este Concilio fue el más famoso de todos los Sínodos españoles. En aquel momento Toledo era la capital de España y la residencia de los reyes visigóticos.

San Isidoro también fue un escritor prolífero. Compuso una obra, llamada *Etimologías* que contenía todo el círculo de la ciencia, lo cual muestra su vasta erudición. Esta es una de las primeras enciclopedias conocidas. El Santo era versado en los idiomas latín, griego y hebreo. Gobernó su iglesia durante treinta y siete años, continuando sus arduas labores hasta una avanzada edad. Durante los últimos seis meses de su vida sus caridades fueron más abundantes que nunca. Presintiendo el final de su vida fue a la iglesia, recibió la Santa Comunión, perdonó todas las deudas que se le debían e hizo que todo su dinero se distribuyera entre los pobres. Luego regresó a su casa y expiró tranquilamente cuatro días después.

ORACION Señor nuestro, Tú despertaste en el Obispo San Isidoro una preocupación constante por predicar el Evangelio y fomentar el progreso cultural del mundo. Concédenos por su intercesión des-

cubrir en nuestra fe un estímulo y una ayuda para trabajar en la construccción de un mundo más humano. Amén.

SAN VICENTE FERRER,
Presbítero

Abril 5—*Patrono de los Constructores*

EN Valencia, España, fue que nació este ilustre hijo de Santo Domingo el 23 de Enero de 1357. En 1374 entró en la Orden de Santo Domingo en un monasterio cerca de su ciudad natal. Poco después de su profesión de Fe se le encargó dar conferencias sobre filosofía. Fue enviado a Barcelona donde continuó sus deberes escolásticos y al mismo tiempo se dedicaba a la predicación.

En Lérida, la famosa ciudad universitaria de Cataluña, recibió su doctorado. Después trabajó seis años en Valencia y durante este tiempo se perfeccionó a sí mismo en la vida Cristiana. En 1390 se vio obligado a acompañar al Cardenal Pedro de Luna a Francia, pero pronto regreso a su hogar. Cuando en 1394 el mismo Pedro de Luna fue hecho Papa en Aviñón, éste mandó a buscar a San Vicente y lo hizo maestro del palacio sagrado. En esta capacidad San Vicente hizo esfuerzos sin éxito para ponerle fin al gran cisma. Rehusó todas las dignidades eclesiásticas, aún la posición de cardenal y sólo deseaba ser nombrado como misionero apostólico. Entonces comenzó sus trabajos que lo hicieron famoso como misionero en el siglo XIV.

Evangelizó casi todas las provincias de España y predicó en Francia, Italia, Alemania, Flandes, Inglaterra, Escocia e Irlanda. Después de sus predicaciones siempre hubo numerosas conversiones, que Dios mismo ayudaba con el don de los milagros. Aunque la Iglesia estaba dividida por el gran cisma, el Santo fue honorablemente recibido en los distritos sujetos a las dos facciones que reclamaban la Sede Papal. Hasta fue invitado a la Granada de los mahometanos donde predicó el Evangelio con gran éxito. Vivió para ver el final del gran cisma y la elección del Papa Martín V. Finalmente, coronado con sus trabajos, murió el 5 de Abril de 1419 y fue canonizado en 1455.

ORACION   Oh Dios, Tú elevaste a San Vicente, Tu Presbítero, para un ministerio de predicación evangélica. Concédenos que podamos ver reinando

en el cielo a aquel que en la tierra proclamó el juicio
venidero. Amén.

SAN MARCELINO DE CARTAGO, Mártir
Abril 6

SAN Marcelino fue amigo de San Agustín
(quien le dedicó su gran obra *La Ciudad de
Dios*) y Secretario de Estado del Emperador Romano Honorio. En 409, Honorio concedió la libertad de adoración pública a los donatistas, un
grupo rígido y herético, que comenzaron a oprimir
a los Católicos, culminando en la apelación de
estos últimos al Emperador.

En 411, San Marcelino fue enviado a actuar
como juez y asesor y obtener la paz entre los dos
grupos. Después de pesar las evidencias, él dictó
que los donatistas debían ceder sus iglesias y
devolver la comunión a sus hermanos Católicos.
Este dictamen se puso en vigor de acuerdo con la
severidad de la ley romana, a pesar de la oposición de San Agustín que también había escrito
contra la herejía donatista.

Dos años más tarde los donatistas obtuvieron su
venganza acusando a Marcelino y a su hermano
Apringo (que había estado activo en el caso) de involucrarse en la rebelión de Heraclión. El General
Marico, que había sido encargado de suprimir la
rebelión y simpatizaba con los donatistas, arrestó
a los dos hermanos y los encarceló. A pesar de la
intervención de San Agustín en su favor con el
Juez Ceciliano, San Marcelino y su hermano
fueron ejecutados en 413.

ORACION *Todopoderoso y eterno Dios, Tú permitiste a San Marcelino luchar por la justicia hasta la muerte. Concédenos por su intercesión que podamos sobrellevar todas las adversidades y apresurarnos con todas nuestras fuerzas por llegar hasta Ti, que eres el único dador de vida. Amén.*

SAN JUAN BAUTISTA DE LA SALLE,
Presbítero

Abril 7

Patrono de los Maestros

FUNDADOR del Instituto de los Hermanos de las Escuelas Cristianas, a San Juan Bautista de la Salle se le llama el padre de la pedagogía moderna. Después de terminar su educación deseó entrar al sacerdocio. Fue ordenado en 1678 y recibió su doctorado en teología en 1680.

Viendo de qué manera se descuidaba de los pobres de su época en cuanto se relacionaba con la educación, este dedicado hombre de Dios fue el primero en crear colegios de adiestramiento para maestros que instruyeran a los pobres. Así comenzó el Instituto de los Hermanos de las Escuelas Cristianas, cuyo primer noviciado se fundó en Vangirard en 1691. San Juan exhortaba a sus miembros a sentir un amor paternal por sus pupilos, estar dispuestos a dedicarles todo su tiempo y energías e interesarse tanto por salvarlos de la maldad como a terminar con su ignorancia.

En 1695, trazó las Reglas para los Hermanos (que revisó más tarde en 1705) y también escribió *La Conducta de las Escuelas Cristianas*, donde expuso su sistema pedagógico y que se ha convertido en un clásico en el campo de la educación. Murió el 7 de Abril de 1719 y fue canonizado el 24 de Mayo de 1900 por el Papa León XIII.

ORACION   Dios, Padre nuestro, Tú escogiste a San Juan Bautista de la Salle como educador de la juventud Cristiana. Dale hoy a Tu Iglesia buenos maestros que se dediquen a sí mismos a instruir a los jóvenes en las disciplinas humanas y Cristianas. Amén.

SANTA JULIA BILLIART, Virgen
Abril 8

NACIDA en 1751 en Cuvilly, Francia, Santa Julia dio pruebas desde sus primeros años de rasgos excepcionales de inteligencia y devoción. Teniendo catorce años de edad ya había hecho votos de castidad y trabajaba para mantener a su familia que había perdido todos sus medios y se había empobrecido.

Repentinamente, en 1773, toda su vida cambió. Presenció el intento de asesinato de su padre y el choque dejó su pierna izquierda prácticamente paralizada. Sin darse por vencida, Santa Julia continuó su vida profundamente espiritual y luchó sin descanso contra el Reino del Terror iniciado por los jacobinos durante la Revolución Francesa. Cuando volvió la calma, esta santa mujer fundó el Instituto de las Hermanas de Notre Dame en colaboración con Frances Blin, Vizcondesa de Gezaincourt, y el Padre José Varin, de los "Padres de la Fe" (que representaba a la Sociedad de Jesús, que había sido suprimida). Su sociedad tenía como propósito la enseñanza y salvación de los hijos de los pobres.

En 1804, Santa Julia se curó repentinamente de su parálisis (que había sufrido durante veintidós años) al terminar una misión dada por el Padre Enfantin de los Padres de la Fe. Ahora ya podía ser capaz de consolidar y extender el nuevo Instituto así como prestar su ayuda personal a las misiones llevadas a cabo por los Padres de la Fe. Después de la partida del Padre Varin de Amiens, Santa Julia tuvo que luchar duro para conservar el carácter marcadamente moderno de su Instituto. Su éxito puede verse en la configuración moderna del Instituto que se ha extendido por todo el mundo. Después de agotarse al servicio de Dios, Santa Julia murió el 8 de Abril de 1816 y fue canonizada en 1970 por el Papa Pablo VI.

ORACION Señor, Dios nuestro, concede que Tu fiel esposa, Santa Julia, puede inflamarnos con el amor divino con que inflamó a otras vírgenes para gloria imperecedera de Tu Iglesia. Amén.

SAN GAUQUERIO, Abad
Abril 9

SAN Gauquerio nació en Meulan-sur-Seine, Francia, y recibió una buena educación Cristiana. A los dieciocho años de edad abandonó el mundo y se retiró a Aureil a llevar una vida solitaria. Poco a poco creció una comunidad a su alrededor a la que él dio la Regla de San Agustín.

Muchos hombres santos se adiestraron en esta comunidad; entre ellos, San Lamberto, Fauquerio y San Esteban de Grammont. San Gauquerio murió en 1140.

ORACION Señor, en medio de las cosas de este mundo, permítenos dedicarnos de corazón a las cosas del cielo imitando el ejemplo de perfección angelical que Tú nos has dado en San Gauquerio, Abad. Amén.

SAN FULBERTO, Obispo
Abril 10

NACIDO en Italia de padres humildes alrededor de 960, San Fulberto fue a la escuela en Rheims, Francia, y demostró ser tan brillante que cuando su profesor de matemáticas y filosofía, Gerberto, se convirtió en el Papa Silvestre II, obtuvo un puesto en Roma.

Más tarde regresó a Francia y fue nombrado canciller de Chartres, supervisando desde esta posición las escuelas catedralicias de la diócesis. San Fulberto trabajó diligentemente durante mucho tiempo y logró que estas escuelas llegaran a formar el mayor centro de educación en toda Francia, frecuentado por estudiantes de Alemania, Italia e Inglaterra. Se le consideraba como otro Sócrates y Platón, un defensor aguerrido contra la tendencia racionalista de su época.

Más tarde llegó a ser Obispo de Chartres, a pesar de sus protestas de indignidad. Su influencia fue grande desde ese puesto, puesto que se convirtió en el oráculo reconocido por los líderes de Francia, además de mantener su control sobre las escuelas catedralicias. Sin embargo, nunca permitió que los asuntos externos interfirieran con su tarea de cuidar su diócesis. Predicaba regularmente en la catedral y se esforzó por extender la instrucción en toda su diócesis.

Este Santo sentía una gran devoción por María y compuso varios himnos en su honor. También fue el autor del hermoso himno de Pascua Florida titulado *Ustedes, Coros de la Nueva Jerusalén*. Después de un episcopado de casi veintidós años, San Fulberto murió el 10 de Abril de 1029.

ORACION Oh Dios, Luz y Pastor de almas, Tú estableciste a San Fulberto como Obispo de Tu Iglesia para alimentar Tu rebaño con su palabra y formarlo con su ejemplo. Ayúdanos, con su intercesión, a mantener la Fe que él enseñó con su palabra y a seguir el camino que nos mostró con su ejemplo. Amén.

SAN ESTANISLAO, Obispo y Mártir
Abril 11—*Patrono de Polonia*

SAN Estanislao nació el 26 de Julio de 1030, en Sezepanow en la diócesis de Cracovia, Polonia. En su niñez se echaron los cimientos de su futura santidad.

Después de su primera enseñanza en las escuelas de su país natal y después en la universidad de Gnesna, fue a París, donde pasó siete años estudiando derecho canónico y teología. Por su gran humildad se negó a aceptar el diploma de doctor y regresó a su patria.

Al morir sus padres dio toda su gran fortuna a los pobres y recibió la orden del sacerdocio del Obispo de Cracovia, quien lo hizo canónigo de la catedral y poco después predicador y vicario general. Sus sermones produjeron una transformación maravillosa de las maneras. Después de la muerte del Obispo en 1072, fue escogido unánimemente para sucederlo.

Boleslao II, que entonces era Rey de Polonia, llevaba una vida de infamia. El Santo le reprochó privadamente las irregularidades de su conducta. Al principio el Rey pareció arrepentirse, pero pronto comenzó de nuevo con enormes excesos. El Santo se lo reprochó una vez más y lo amenazó con excomulgarlo, lo que enfurió al Rey.

Finalmente, en 1079, después de mucha paciencia, el Obispo pronunció sobre él la sentencia de excomunión. Esto le costó la vida, porque mientras estaba en una pequeña capilla de Cracovia el

Rey entró con sus guardias. Cuando los guardias se negaron a obedecer la malvada orden del Rey de matar al Obispo, este impío Rey lo mató con sus propias manos. Estanislao fue canonizado en 1253 por el Papa Inocencio IV.

ORACION Oh Dios, en Tu honor el santo Obispo Estanislao cayó ante las espadas de sus perseguidores. Concédenos que podamos ser fuertes en la Fe y perseverar hasta la muerte. Amén.

SANTA GEMMA GALGANI, Virgen
El Mismo Día, Abril 11
--Patrona de los Farmacéuticos

SANTA Gemma Galgani nació en Camigliano, cerca de Luca, Italia, el 12 de Marzo de 1878. Tenía casi veinte años de edad cuando fue atacada de tuberculosis de la médula espinal. Los doctores declararon que esta enfermedad era incurable. Después de incontables novenas a San Gabriel, se curó por completo el primer Viernes de Marzo de 1899.

En este momento, aparentemente curada de su reciente enfermedad, buscó satisfacer su deseo de toda la vida de una vocación religiosa con las monjas Pasionistas, pero su solicitud, al igual que la anterior, fue rechazada.

A partir de 1899, esta joven tranquila y pacífica, dotada de una extraordinaria y ferviente disposición religiosa pasó por muchas experiencias religiosas extraordinarias—todas las cuales fueron investigadas cuidadosamente por su confesor y consejero espiritual, el Padre Germano. Las marcas de la crucifixión de Cristo *(las estigmas)* aparecieron en sus manos y pies en forma intermitente por más de dieciocho meses y tenía frecuentes éxtasis y visiones.

En 1902, volvió a sufrir de una enfermedad que se pensó que era tuberculosis y se durmió en el Señor en 1903. La fama de su santidad se extendió rápidamente por todo el mundo. Fue beatificada por Pío XI el 4 de Marzo de 1933 y canonizada por Pío XII en el Día de la Ascensión en 1940.

ORACION Señor Dios, Tú derramaste Tus dones celestiales sobre la Virgen Santa Gemma. Ayúdanos a imitar sus virtudes durante nuestra vida terrenal y así disfrutar con ella de la felicidad eterna en el cielo. Amén.

SAN JULIO I, Papa
Abril 12

UN romano, San Julio fue elegido como Papa en 337 y desempeñó un papel importante en la defensa de la Fe ortodoxa contra la herejía arriana. Acudió en ayuda de Marcelo de Ancyra y de San Atanasio cuando éstos fueron depuestos por los arrianos, haciendo que un Concilio de cincuenta obispos celebrado en Roma en el año 340 anulara las deposiciones.

En 343, el Concilio de Sardica (que se considera como un apéndice o continuación del Concilio de Nicea) unió la Iglesia Occidental en favor de San Atanasio y respaldó la opinión del Papa de que todo obispo depuesto por un sínodo de su propia provincia tenía el derecho de apelar a Roma. En 346, el Papa envió a San Atanasio una elocuente carta de felicitación a la Iglesia de Alejandría en volver a recibir a su valeroso pastor.

San Julio ocupó la Silla de San Pedro hasta su muerte en 352. Durante esos 15 años reorganizó la cancillería papal siguiendo las normas del modelo imperial y erigió dos basílicas en Roma y tres iglesias fuera de las murallas.

ORACION Oh Dios, Luz y Pastor de almas, Tú estableciste a San Julio como Papa de Tu Iglesia para alimentar Tu rebaño con su palabra y formarlo con su ejemplo. Ayúdanos, con su intercesión, a mantener la Fe que él enseñó con su palabra y a seguir el camino que nos mostró con su ejemplo. Amén.

SAN MARTIN I, Papa y Mártir
Abril 13

TAN pronto como San Martín fue elegido como Papa en 649 tuvo que empezar a defender la Fe

Católica respecto a las dos voluntades de Cristo (la Divina y la humana), a lo que se oponía el Emperador Constancio II. El Santo lo hizo en forma tan enérgica que provocó la ira del emperador. Se le acusó de complicidad en un confabulación política, fue arrestado y transferido a Constantinopla en 653.

Durante el viaje y después en la prisión, el santo Pontífice padeció incontables sufrimientos. Después de ser condenado a muerte, fue degradado públicamente en presencia de Constancio, quien no tuvo el valor de hacer cumplir la condena. En su lugar, el Papa fue exiliado al Quersoneso en la Crimea.

En sus sufrimientos en el exilio, el dolor de Martín fue aún mayor porque la Iglesia de Roma lo había abandonado eligiendo a nuevo Papa; pero oró constantemente por su sucesor Eugenio I. Murió en el Quersoneso en 655, siendo el último Papa en ser venerado como mártir.

ORACION Dios todopoderoso, ayúdanos a soportar las adversidades del mundo con un espíritu inconquistable. Pues Tú no dejaste que San Martín Tu Papa y Mártir se atemorizara por las amenazas ni se doblegara por las penas. Amén.

SAN HERMENEGILDO, Mártir

El Mismo Día, Abril 13—Patrono de los Conversos

HERMENEGILDO fue hijo de Leovigildo, un rey visigodo arriano de España en el siglo VI. Leovigildo crió sus hijos dentro de la herejía arriana. Sin embargo, cuando Hermenegildo se casó con Indegunda, la hija del Rey Sigeberto de Austrasia, renunció al arrianismo y volvió al Catolicismo Ortodoxo, por lo que su padre Leovigildo lo desheredó.

Entonces Hermenegildo encabezó una revuelta contra su padre; pensando que podría obtener la ayuda de los romanos o del emperador oriental en su revuelta, pero no fue así.

Como resultado, el Rey Leovigildo derrotó a Hermenegildo en Sevilla, pero hubo una reconciliación y Hermenegildo recobró sus antiguos privilegios en la corte.

Sin embargo, cuando Leovigildo le pidió a su hijo a que regresara al arrianismo, Hermenegildo se negó y fue enviado a la prisión. Estando encarcelado se vistió con una túnica de penitente y practicó grandes mortificaciones para no ceder a las tentaciones de su padre para que abandonara la Fe.

En la Pascua Florida de 585, al negarse a recibir la Comunión de parte de un obispo arriano, provocó la ira de Leovigildo quien envió a sus soldados a la prisión para que mataran a Hermenegildo con un hacha.

ORACION Oh Dios, Tú suscitaste en Tu Iglesia a San Hermenegildo, Mártir, como intrépido defensor de la Fe. Concédenos a cuantos veneramos hoy la memoria de su martirio, la unidad en la confesión de Tu nombre y la perseverancia en Tu amor. Amén.

———

SAN PEDRO GONZALEZ, Presbítero
Abril 14—*Patrono de los Marineros*

PEDRO González nació de una noble familia castellana en Astorga, España, en 1190. Fue educado por su tío, el Obispo de Astorga, y entró en la Orden de los Dominicos.

Su talento como predicador lo dio a conocer a San Fernando, Rey de Castilla, quien lo hizo su confesor y capellán de la corte. Pedro se esforzó por reformar la corte. También hizo mucho por fomentar la Cruzada contra los moros y por obtener un trato amable para los moros cautivos después de la captura de Córdoba y Sevilla.

Abandonando la corte el Santo trabajó en la evangelización de los pobres, especialmente los marineros. Murió en Compostela en 1246. También se le conoce como Telmo o Elmo, especialmente por los marineros.

ORACION Oh Dios, Tú enalteciste a San Pedro González para ayudar a los que enfrentan peligros en el mar. Permite que con su ayuda la luz de Tu gracia brille siempre en los peligros de esta vida y nos ayude a llegar al puerto de la salvación eterna. Amén.

SAN PATERNO, Obispo
Abril 15

SAN Paterno nació en Poitiers alrededor del año 482. Su padre terminó sus días en soledad en Irlanda. San Paterno imitó su ejemplo y abrazó la vida monástica en la diócesis de Poitiers.

Más tarde fue a Gales, donde fundó un monasterio llamado Llanpaternvaur. Después de visitar a su padre en Irlanda, regresó a su monasterio en Poitiers, o más bien Ansion, en esa diócesis; pero poco después, junto con un monje de esa casa, abrazó la vida de ermitaño en el bosque de Seicy. Allí convirtió cierto número de idólatras a la Fe y extendió sus trabajos apostólicos hasta Bayeuse, con varios sacerdotes como compañeros de trabajos.

Siendo ya de avanzada edad fue consagrado como Obispo de Avranches por Germano de Rouen. Gobernó su diócesis durante trece años y murió alrededor del año 550.

ORACION Oh Dios, Tú hiciste de San Paterno ejemplo sobresaliente del amor Divino y de la Fe que conquista al mundo y lo incluiste entre los santos Pastores. Concédenos que por su intercesión podamos perseverar en el amor y en la Fe y así compartir en su gloria. Amén.

SAN FRUCTUOSO DE BRAGA, Obispo
Abril 16

NACIDO en el seno de una familia española de militares en el siglo VII, Fructuoso de Braga determinó a temprana edad dedicar su vida al servicio de Dios. Sus padres murieron siendo él aún muy joven, así que se vio libre para seguir su vocación. Dio gran parte de su herencia a los pobres y libertó a los esclavos y después fundó varios monasterios.

Más tarde se retiró a la soledad de los bosques y llevó una vida austera como ermitaño. Muchas personas acudieron a él, inclusive familias enteras, y erigió conventos para hombres y mujeres, adoptando generalmente la Regla Benedictina.

Después, en su deseo de buscar la soledad, Fructuoso planeó ir a Egipto para vivir como ermitaño, pero el Rey se lo prohibió y poco después lo hicieron Obispo de Dumium. En 656, fue hecho Arzobispo de Braga en Portugal. Allí tuvo varias oposisiones pero eventualmente venció sobre los que se oponían a su administración. Murió en el año 665.

ORACION Oh Dios, Luz y Pastor de almas, Tú estableciste a San Fructuoso como Obispo de Tu Iglesia para alimentar Tu rebaño con su palabra y formarlo con su ejemplo. Ayúdanos, con su intercesión, a mantener la Fe que él enseñó con su palabra y a seguir el camino que nos mostró con su ejemplo. Amén.

SAN TORIBIO DE ASTORGA, Obispo

El Mismo Día—Abril 16

SAN Toribio fue Obispo de Astorga en el siglo V, cuando los errores del priscilianismo, una forma del maniqueísmo, se extendían rápidamente. El recién nombrado obispo expuso y denunció sus doctrinas heréticas y se opuso fuertemente a sus líderes.

También obtuvo la ayuda del Papa San León I el Grande, quien le dirigió una larga carta en la que condenaba las enseñanzas del priscilianismo. La herejía fue controlada y Toribio pudo concentrarse en cuidar su clerecía y pueblo. Murió alrededor del año 450.

ORACION   Oh Dios, Tú hiciste de San Toribio un sobresaliente ministro de Tu Iglesia por sus oraciones y celo pastoral. Por medio de sus oraciones concede que Tu fiel rebaño siempre pueda encontrar pastores que los lleve hasta Tu corazón y pastos salutíferos. Amén.

BEATA MARIA ANA DE JESUS NAVARRO,
Virgen
Abril 17

MARIA Ana de Jesús Navarro nació el 17 de Enero de 1565 en Madrid, España. Se sabe que desde sus primeros años llevó una vida virtuosa. Teniendo veintitrés años de edad rechazó una proposición de matrimonio y se dedicó completamente a Dios bajo la dirección de los Padres Mercedarios.

En 1614, habiendo tomado el hábito de la Tercera Orden de la Merced, María Ana profesó sus votos. El resto de su vida lo pasó en obras de caridad.

María Ana sentía una profunda devoción hacia la Sagrada Eucaristía y su vida de oración, humildad y mortificación fue una inspiración para muchos. Como resultado se le ordenó, bajo obediencia a escribir su biografía. Murió el 17 de Abril de 1624, en Madrid, donde se conserva su cuerpo incorrupto.

ORACION   Oh Dios, Tú te complaciste en permitir que María Ana floreciera como un lirio entre las espinas por su pureza virginal y penitencia constante. Concédenos que por su intercesión podamos alejarnos de los vicios y buscar la mayor perfección. Amén.

SAN APOLONIO, Mártir

Abril 18

EN el año 180, al morir el Emperador Marco Aurelio, lo sucedió en el trono su hijo Cómodo, un príncipe cruel. Sin embargo no fue cruel con los Cristianos y se suavizaron las leyes. Entre el número de personas que se unieron a las filas de los Cristianos durante el reinado de Cómodo, comenzando en 180, se encontraba San Apolonio, un hombre de importancia y sapiencia.

Severo, uno de sus esclavos, lo acusó de ser Cristiano y fue condenado a muerte bajo una oscura ley de Marco Aurelio, quien, aunque poniendo en vigor el castigo a los Cristianos convictos, había decretado que sus acusadores fueran condenados a muerte. Después de la ejecución del esclavo, el juez envió una orden a San Apolonio ordenándole que renunciara a su religión. San Apolonio se negó a obedecer y fue sometido al juicio del Senado Romano.

Entonces compuso su apología de la Religión Cristiana, que pronunció ante el ilustre cuerpo. Este elocuente discurso estaba lleno de conocimientos sagrados y profanos y concluía con las palabras: "Nos hemos apresurado a honrarlo porque hemos aprendido grandes mandamientos de El. . . . Sin embargo, si fuera un engaño (como vosotros afirmáis) que nos dice que el alma es inmortal y que hay un juicio después de la muerte y una recompensa por la virtud en la resurrección, y que Dios es el Juez, alegremente nos dejaríamos llevar por mentiras como esas que nos ha enseñado a llevar buenas vidas con la esperanza de un futuro mejor aún sufriendo adversidades."

Sin embargo, este magnífico discurso cayó en oídos sordos y San Apolonio fue condenado por un decreto del Senado por rehusar abjurar de su Fe. Fue decapitado en el año sexto del reinado de Cómodo, alrededor de 186.

ORACION Dios de poder y misericordia, con Tu ayuda San Apolonio pudo vencer las torturas de su pasión. Ayúdanos a conmemorar su triunfo permaneciendo victoriosos sobre los engaños de nuestros enemigos. Amén.

SAN ELFIGIO, Obispo y Mártir
Abril 19

NACIDO de padres nobles y virtuosos, San Elfigio, abandonó el mundo a temprana edad y entró en el monasterio de Derherste en Gloucestershire. Después de algunos años comenzó a llevar la vida de un recluso en una celda en la vecindad de la Abadía de Bath, de la que fue nombrado Abad hasta 984, cuando, por obra de San Dunsten, fue elegido Obispo de Winchester. En 1006 fue nombrado Arzobispo de Canterbury.

Este período de la historia inglesa se vio grandemente perturbado por las incursiones de los daneses, quienes saquearon y robaron el país que era gobernado entonces por el débil Rey Ethelred. El Arzobispo acudió a los campos de sangre y se esforzó por dirigir hacia sí mismo la crueldad de los paganos con su pueblo.

Como resultado de ello quemaron su catedral, lo sometieron a grandes torturas y estuvo en prisión varios meses. Negándose a usar los bienes de su iglesia como pago de su rescate fue asesinado mientras rezaba por sus enemigos. Su martirió ocurrió el 19 de Abril de 1012.

ORACION Oh Dios, Tú te dignaste en dar esplendor a Tu Iglesia concediéndole a San Elfigio la victoria del martirio. Concéde que, como él imitió la Pasión del Señor, así nosotros podamos seguir sus pasos y alcanzar alegrías eternas. Amén.

SAN MARCELINO, Obispo
Abril 20

SAN Marcelino nació en Africa de padres nobles. Viajó a la Galia con Vincente y Dómino y predicó el Evangelio con gran éxito en el área de los Alpes. Entonces fijó su residencia en Embrun, donde construyó un oratorio en donde pasaba sus noches en oración después de consagrar todo el día a las obras de su ministerio.

Su ejemplo y discursos convirtieron gran número de idólatras entre los que vivía. Cuando toda la ciudad se hubo convertido al Cristianismo, San Eusebio de Verceil consagró su oratorio a petición suya.

El mismo San Marcelino recibió la consagración episcopal y trabajó con todas sus fuerzas para extender el Reino de Dios. El encargó a Vicent y Dómino a predicar en varios lugares que no podía visitar en persona. El cielo confirmó sus labores apostólicas con milagros. Murió en Embrun en 374.

ORACION   Oh Dios, Luz y Pastor de almas, Tú estableciste a San Marcelino como Obispo de Tu Iglesia para alimentar Tu rebaño con su palabra y formarlo con su ejemplo. Ayúdanos, con su intercesión, a mantener la Fe que él enseñó con su palabra y a seguir el camino que nos mostró con su ejemplo. Amén.

SAN ANSELMO,
Obispo y Doctor de la Iglesia
Abril 21

SAN Anselmo nació en el seno de una familia noble en Piedmont alrededor del año 1033. Teniendo veintisiete años de edad San Anselmo tomó el estado monástico en el monasterio de Bec, estudió bajo Lanfranc, fue hecho Prior en 1063 y Abad en 1078.

Varios viajes a Inglaterra por asuntos de su Abadía le hicieron conocer ese país y en 1093 sucedió a su antiguo maestro, Lanfranc, como Arzobispo de Canterbury. Su oposición a las injustas medidas del Rey Guillermo Rufus le atrajo la ira de este monarca. Entre 1097-1098 hizo un viaje a Roma y pasó algún tiempo en un monasterio de Calabria, donde compuso una obra sobre la Encarnación. Ese mismo año asistió al Concilio de Bari y por sus oraciones impidió que el Papa excomulgara al Rey de Inglaterra.

Durante sus viajes compuso varias obras metafísicas y no regresó a su Sede hasta después de la muerte del Rey Guillermo Rufus en 1100. Sus diferencias con el nuevo rey le hicieron emprender un segundo viaje a Roma en 1103 y Pascual II respaldó su autoridad como Arzobispo, al igual que lo había hecho su predecesor, Urbano II. Regresó a Inglaterra en 1106 y murió en 1109.

San Anselmo se caracterizó por su espíritu de recogimiento, que conservaba aún en medio de las ocupaciones más distrayentes y por la inclinación metafísica de su mente. Sus obras escritas han influenciado profundamente la filosofía y la teología Católicas. En este campo se le conoce mejor por su argumento ontológico de la existencia de Dios. También fue un esforzado defensor de los derechos de la Iglesia contra la usurpación de los reyes.

ORACION *Señor Dios, Tú dotaste a San Anselmo con la doctrina celestial. Permite que por su ayuda*

*podamos conservar fielmente esa enseñanza y pro-
fesarla en nuestra conducta. Amén.*

SANTOS EPIPODIO Y ALEJANDRO,

Mártires

Abril 22—(San Epipodio) Patrono de los Solteros

SANTOS Epipodio y Alejandro fueron dos
jóvenes Cristianos que vivieron en Lyón, Francia—solteros y de buena posición. Durante la violenta persecución de Marco Aurelio en esa ciudad
(178), fueron arrestados, arrojados en prisión y,
finalmente, presentados antes el gobernador. Su
rápida declaración de ser Cristianos asombró al
gobernador que conocía muy bien las crueles
torturas y ejecuciones que se imponían a los Cristianos.

Sin embargo, el gobernador no se detuvo en
cumplir con su trabajo. Primero los separó y trató
de convencer a Epipodio (el más joven de los dos)
de abandonar su Fe; pero el joven permaneció
firme y continuó profesando su Fe aún cuando fue
puesto en el potro del martirio y abrieron los
costados de su cuerpo con ganchos de hierro. Finalmente fue decapitado.

Dos días más tarde le tocó su turno a Alejandro.
En vez de atemorizarse por la suerte de su compañero, dio gracias a Dios por su ejemplo y expresó su deseo de unírsele. Fue flagelado sin
piedad pero siguió firme en su Fe. Finalmente, fue
sentenciado a morir crucificado y en el mismo mo-

mento en que su cuerpo lacerado era amarrado a
la cruz pasó a su recompensa eterna.

*ORACION   Que las oraciones de Santos Epipodio y
Alejandro te sean agradables, oh Señor, y nos fortalezcan para profesar Tu Fe. Amén.*

SAN JORGE,
Mártir

Abril 23—
Patrono de
Inglaterra

LA devoción a este santo mártir puede verse
hasta en el siglo V y se puede probar que la
más antigua de las iglesias dedicadas en su honor
en Constantinopla fue construida por Constantino
el Grande, que por tanto se remonta a una fecha
muy anterior. Se sabe muy poco de este Santo, ya
que ciertos Hechos plagiados por antiguos heréti-
cos han contribuido a oscurecer su vida. Se

supone que sufrió el martirio en la persecución durante el reino de Diocleciano en Nicomedia, a principios del siglo IV.

San Jorge es llamado por los griegos como "el gran Mártir," y su fiesta se observa como un Día de Precepto. Su intercesión se imploraba especialmente en las batallas, porque se dice que fue soldado. Fue proclamado como Santo Patrón de Inglaterra por los primeros reyes normandos y Eduardo III instituyó una orden de caballero en su honor.

Hay algunos que suponen que fue San Jorge quien destruyó los edictos imperiales de la persecución cuando se publicaron por primera vez en Nicomedia. Se le representa generalmente luchando con un dragón. Murió alrededor del año 303.

ORACION Señor, aclamamos Tu poder y te oramos humildemente. Al igual que San Jorge imitió la Pasión del Señor permite que él venga ahora en ayuda de nuestras flaquezas. Amén.

SAN FIDEL DE SIGMARINGEN,
Mártir
Abril 24

SAN Fidel nació en 1577 en Sigmaringen, una ciudad del principado de Hohenzollern. En 1612 recibió las Sagradas Ordenes y pronto después entró en la Orden de los Capuchinos en Fribourg, cambiando su nombre de pila, que era Marco, a Fidel.

A petición de la Congregación "De Propaganda Fide" se hizo cargo, con ocho Padres de su Orden, de la misión entre los calvinistas en el cantón de los Grisones en Suiza, aunque su vida estaba amenazada. A pesar de la oposición hizo muchas conversiones. Pasaba mucho tiempo al pie del altar o delante de un crucifijo, preparándose para el martirio del cual tenía una premonición.

El 24 de Abril de 1622, hizo su confesión, dijo Misa y predicó en Gruch. Al terminar su sermón pareció estar en éxtasis y predijo su muerte a varias personas. Desde Gruch fue a Seewis, donde un calvinista le disparó, pero sin herirlo.

A su regreso a Gruch se encontró con veinte soldados calvinistas capitaneados por un ministro. Lo llamaron profeta falso y exhortaron a abrazar el calvinismo, a lo cual les replicó: "La Religión Católica es la Fe para todas las edades; no tengo miedo a morir." Recibió un golpe en la cabeza, pero se levantó de rodillas y oró por sus perseguidores y, teniendo en sus labios el nombre de Jesús y María, recibió el golpe de muerte. Fue canonizado en 1746 por el Papa Benedicto XIV.

ORACION Oh Dios, Tú te complaciste en adornar a San Fidel con un ardiente amor hacia Ti y con la palma del martirio en la propagación de la Fe. Concédenos que, por su intercesión, podamos participar de ese amor y experimentar junto con él el poder de la Resurrección de Cristo. Amén.

SAN MARCOS,
Evangelista

Abril 25
*Patrono
de los
Notarios*

EL segundo Evangelio fue escrito por San Marcos, a quien en el Nuevo Testamento a veces se le llama Juan Marcos. Tanto él como su madre María eran muy estimados por la Iglesia primitiva y la casa de su madre en Jerusalén sirvió como lugar de reunión para los Cristianos de allí.

San Marcos estuvo asociado con San Pablo y San Bernabé (que era primo de Marcos) en viajes misioneros a través de la isla de Chipre. Más tarde acompañó a San Bernabé solamente. También sabemos que estuvo en Roma con San Pedro y San Pablo. La tradición le adjudica la fundación de la Iglesia en Alejandría.

San Marcos escribió el segundo Evangelio, probablemente en Roma en algún momento antes del año 60 D.C., escribiéndolo en griego para los gentiles convertidos al Cristianismo. La tradición nos cuenta que los romanos pidieron a San Marcos que escribiera las enseñanzas de San Pedro. Ello parece confirmado por la posición que tiene San Pedro en este Evangelio. De esta forma el segundo Evangelio es un recuento de la vida de Jesús vista a través de los ojos del Príncipe de los Apóstoles.

ORACION Dios y Padre nuestro, Tú ayudaste a San Marcos el Evangelista con Tu gracia para que pudiera predicar las Buenas Nuevas de Cristo. Ayúdanos a conocerte bien para que podamos vivir fielmente nuestras vidas como seguidores de Cristo. Amén.

BEATA ALDA O ALDOBRANDESCA, Viuda

Abril 26

BEATA Alda enviudó a los siete años de haberse casado y sin haber tenido hijos. Se retiró a una pequeña choza en las afueras de Siena y se dedicó a repartir limosnas y a hacer penitencia. Se vió favorecida con muchas visiones de la vida terrenal de Nuestro Señor. Poco a poco dio todas sus posesiones y por último comenzó a usar una calabaza para tomar agua, porque no tenía otra cosa.

Por fin se vio obligada a abandonar su soledad para poder dedicarse al cuidado de los enfermos pobres. Se fue a vivir a un hospital donde sus estados estáticos se convirtieron en el hazmerreír de algunos de los miembros del personal del hospital, quienes para probar que estaba mintiendo llegaron a atravesarla con instrumentos agudos y le aplicaban velas encendidas en sus manos.

Por su caridad y humildad, esta gran contemplativa los conquistó a todos y produjo muchas curaciones con sus cuidados a los pobres. Murió en 1309.

ORACION   Oh Dios, Tú inspiraste a la Beata Alda a esforzarse en la caridad perfecta y así alcanzar Tu Reino al terminar su peregrinaje terrenal. Fortalécenos con su intercesión para que podamos avanzar regocijándonos en el camino de Tu amor. Amén.

SANTA ZITA, Virgen
Abril 27—*Patrona de los Trabajadores Domésticos*

SANTA Zita nació en una familia de Cristianos pobres, pero muy devotos. Su hermana mayor fue monja cisterciana y su tío Graciano fue un ermitaño, considerado localmente como un Santo. Teniendo doce años de edad entró al servicio doméstico de una familia en Luca—y realizó ese servicio durante los cuarenta y ocho años restantes de su vida.

Su trabajo era parte de la vida de la Santa. Todos los días encontraba el tiempo necesario para ir a Misa, decir sus numerosas oraciones y hacer sus quehaceres cotidianos. Siempre estaba dispuesta a dar sus alimentos y ropas a los pobres—y a veces hasta las de la familia a quien servía.

Al principio ésto les molestó pero ella los conquistó con su paciencia y bondad y con el tiempo llegó a ser un amigo confidencial de la familia. El conocimiento de sus buenas obras y sabiduría espiritual se extendió rápidamente y, hasta los más prominentes buscaban sus consejos. Cuando murió en 1278 el pueblo la aclamó como Santa. Fue canonizada en 1696 por el Papa Inocencio XII.

ORACION   Señor Dios, Tú derramaste dones celestiales sobre Santa Zita, Virgen. Ayúdanos a imitar sus virtudes en nuestra vida terrenal y disfrutar de felicidad eterna con ella en el cielo. Amén.

SAN PEDRO ARMENGOL, Religioso y Mártir
El Mismo Día—Abril 27

PEDRO Armengol nació alrededor del año 1238 en Guardial dels Prats, España. Vivió su juventud sin ocuparse de Dios; pero por la gracia de Dios se convirtió y comenzó a llevar una vida de penitencia.

En 1258, entró en la Orden de Nuestra Señora de la Merced y se dedicó a rescatar a los cautivos. En la redención de 1266 él se ofreció como rehén para darle libertad a dieciocho niños Cristianos.

En esa ocasión Pedro sufrió crueles torturas, incluyendo ser colgado. Pero salvó su vida por la milagrosa protección de Nuestra Señora—de aquí que se le considere como mártir. Murió alrededor de 1304 y su culto fue aprobado en 1686.

ORACION   Dios misericordioso, Tú elevaste a San Pedro Armengol a la perfección de amor. Llena nuestros corazones con ese mismo Espíritu que lo movió a ofrecerse a sí mismo a Ti como víctima agradable para la defensa de la Fe Cristiana y la redención de los cautivos. Amén.

SAN PEDRO CHANEL, Presbítero y Mártir
Abril 28

EL protomártir de los Mares del Sur, San Pedro Chanel nació en 1803 en Clet, en la diócesis de Belley, Francia, y vivió una vida a plenitud antes de su muerte prematura en 1841. Fue ordenado como sacerdote y se vio trabajando en parroquia campestre empobrecida, la cual revitalizó por completo en los tres años que estuvo allí.

Sin embargo, su anhelo era trabajar como misionero; así fue que en 1831 se unió a la recién fundada Sociedad de María, que se concentraba en la labor misionera doméstica y en el extranjero. Para sorpresa suya fue nombrado al Seminario de Belley y allí permaneció por los próximos cinco años, cumpliendo diligentemente con sus labores.

En 1836, se le dio a la Sociedad el área de las Nuevas Hébridas, en el Pacífico, como campo para la evangelización y San Pedro, lleno de júbilo, fue nombrado superior de un pequeño grupo de misioneros enviado a la isla de Futuna. El Santo padeció mucho trabajando para el Señor pero nunca se desalentó y volvía a ganar fuerzas cada mañana después de la celebración de la Misa.

Cuando el mismo hijo del rey de Futuna pidió convertirse, este hecho desató la ira de su padre sobre el Santo. El 28 de Abril de 1841, tres años después de su llegada, San Pedro fue hecho prisionero y apaleado hasta morir por los mismos que había venido a salvar. Pero con su muerte logró terminar su obra—cinco meses después toda la isla se había convertido al Cristianismo. Pedro fue canonizado en 1954 por el Papa Pío XII.

ORACION Dios, para extender Tu Iglesia Tú coronaste a San Pedro con el martirio. Concédenos que en estas alegrías pascuales podamos frecuentar tanto los misterios de la Muerte y Resurrección de Cristo que podamos dar testimonio de una nueva vida. Amén.

―――――――

SAN PRUDENCIO, Obispo
El Mismo Día—Abril 28

NACIDO en el siglo VII en Armentia, en la provincia de Alava, España, Prudencio fue ermitaño durante varios años. Algo más tarde se ordenó como sacerdote y llegó a ser Obispo de Tarazona (no Tarragona).

Se le considera como uno de los obispos más grandes de la época visigótica y también como Patrono de la diócesis de Tarazona.

ORACION Oh Dios, dador de paz, Tú concediste a San Prudencio, Tu Obispo, la gracia admirable de reunir a los enemigos. Concédenos que por sus méritos e intercesión podamos cumplir constantemente Tu voluntad. Amén.

―――――――

SANTA CATALINA DE SIENA,
Virgen y
Doctora de la Iglesia

Abril 29—

*Patrona de la
Prevención de
Incendios*

EL año 1347 presenció el nacimiento de Santa Catalina, la mujer más extraordinaria de su época. Siendo niña aún consagró su virginidad a Dios; sin embargo sus padres, deseando casarla, comenzaron a obstaculizar sus devotas inclinaciones. Finalmente la sometieron a persecuciones en su propio hogar; pero ella padeció sus tribulaciones con resignación y júbilo, perseverando en su decisión de entregarse completamente al servicio divino. Al cabo sus padres aceptaron y quedó libre para seguir sus inclinaciones piadosas.

En 1365, teniendo dieciocho años de edad, recibió el hábito de terciaria dominica. En 1374, durante la gran peste, se dedicó heroicamente al cuidado de los enfermos. Mientras tanto, se le consideraba como un poder para el bien, ya que miles se convirtieron por sus exhoratacciones.

Dos años más tarde fue a Aviñón a interceder con el Papa por los florentinos, sobre los que pesaba un interdicto por haberse unido a una conspiración contra las posesiones temporales de la Santa Sede en Italia. A través de su influencia Gregorio XI regresó a Roma y ella lo exhortó para que contribuyera, por todos los medios posibles, a la paz de Italia.

Durante su vida vio el comienzo del gran cisma y le escribió a los cardenales que lo causaron y a varios príncipes, para evitar ese terrible mal. La vida de la Santa que había sido glorificada por Dios con dones maravillosos y milagros terminó el 29 de Abril de 1380, teniendo treinta y tres años de edad. Fue canonizada en 1461 por el Papa Pío II.

Santa Catalina ha sido considerada por largo tiempo como una de las mentes teológicas más brillantes de la Iglesia—como lo muestra su extraordinaria obra *Diálogo*—y en 1970 el Papa Pablo VI la declaró como Doctora de la Iglesia.

ORACION Oh Dios, Tú quisiste que Santa Catalina brillara con Divino amor en la contemplación de la Pasión de Nuestro Señor y en el servicio de Tu Iglesia. Con su ayuda, concede que Tu pueblo, asociado en el misterio de Cristo, pueda exultarse siempre en la revelación de Su gloria. Amén.

SAN PIO V, Papa
Abril 30

MIGUEL Ghislieri nació en Italia en 1504. Toda su vida estuvo guiada siempre por las máximas más perfectas de la piedad Cristiana. A los quince años de edad recibió el hábito de los Dominicos e inmediatamente se convirtió en modelo de perfección religiosa. En 1528 se ordenó como sacerdote y después enseñó filosofía y teología durante dieciséis años. También ocupó otros cargos importantes dentro de su Orden.

En 1556 el Papa Pablo IV lo unió a los Obispados unidos de Nepi y Sutri en los estados papales, y en 1557 ese mismo Papa lo elevó al rango de cardenal, pero su humildad y otras virtudes sólo se hicieron notar aún más en esa elevada posición. Pío IV, quien sucedió a Pablo IV en 1559, lo envió a la diócesis de Mondori en el Piedmont. En el cónclave celebrado al morir Pío IV, San Carlos Borromeo unió los votos en favor del Cardenal Alejandrino, como se le decía a Ghislieri, y se convirtió en Papa con el nombre de Pío V en 1566.

Su vida como Soberano Pontífice fue ejemplar, como lo había sido siendo un simple fraile dominicano. Fue durante su pontificado que se ganó la célebre victoria de Lepanto sobre los turcos bajo Don Juan de Austria. A consecuencia de esta victoria él ordenó que la festividad del Santo Rosario se celebrara el primer Domingo de Octubre. Murió el año después de esta victoria, el 1ro de Mayo de 1572 y fue canonizado en 1712 por el Papa Clemente XI.

ORACION Oh Dios, en Tu providencia Tu trajiste a San Pío V a Tu Iglesia para la defensa de la Fe y una adoración más apropiada. Por su intercesión ayúdanos a participar en Tus misterios con una Fe más viva y un amor más fructífero. Amén.

SAN JOSE OBRERO
Esposo de la Santísima Virgen María
Mayo 1

EL primero de Mayo de 1955, el Papa Pío XII, al hablarle a la Asociación Católica de Trabajadores Italianos, proclamó el 1ro de Mayo como la fiesta de San José Obrero.

De esta manera concedió un significado religioso especial a una celebración que hasta entonces había sido estrictamente secular—la fiesta del trabajo en todo el mundo—y que los enemigos de la Iglesia habían usado para favorecer sus malvadas intenciones.

Desde entonces, el primero de Mayo debía ser "un día de regocijo por los triunfos concretos y progresivos de los ideales Cristianos de la gran familia de trabajadores.

"Aclamado de esta forma por los trabajadores Cristianos y habiendo recibido por decirlo así un Bautismo Cristiano, el primero de Mayo, lejos de ser un estímulo para la discordia, el odio y la violencia, es y será una invitación continua a la sociedad moderna para alcanzar lo que aún le falta para la paz social."

Es así que el humilde carpintero de Nazaret, encargado de mantener y cuidar al Niño Divino y a Su Madre Virgen en la tierra, ahora es honrado sobre todos los hombres de la tierra como la personificación de la dignidad del trabajador manual y el guardián proveedor de la familia del trabajador.

ORACION Señor Dios, Tú has creado todas las cosas e impuesto al hombre la necesidad de trabajar. Concédenos que, siguiendo el ejemplo de San José y bajo su protección, podamos hacer los trabajos que Tú nos das y obtener la recompensa que Tú prometes. Amén.

SAN ATANASIO,

Obispo y Doctor de la Iglesia

Mayo 2

SAN Atanasio, el gran defensor de la Fe, nació en Alejandría, alrededor del año 296, de padres Cristianos. Educado al cuidado de Alejandro, quien más tarde fuera Obispo de su ciudad natal, hizo grandes progresos en el conocimiento y la virtud.

En 313, Alejandro sucedió a Aquiles en la Sede Patriarcal y dos años más tarde se fue para el desierto para pasar algún tiempo en retiro con San Antonio.

En 319, se convirtió en diácono y aún en esta posición se le llamó a tomar parte activa en contra de la naciente herejía de Arrio, un ambicioso sacerdote de la Iglesia Alejandrina que negaba la Divinidad de Cristo. Esta sería en lo adelante la lucha de San Atanasio durante toda su vida.

En 325, ayudó a su Obispo en el Concilio de Nicea, donde su influencia comenzó a sentirse. Alejandro murió cinco meses más tarde y en su lecho de muerte recomendó a Atanasio como su sucesor. En consecuencia Atanasio fue elegido unánimemente como Patriarca en 326.

Su negación a aceptar la herejía arriana fue causa de muchas pruebas y persecuciones para San Atanasio. Pasó en el exilio diecisiete de sus cuarenta y seis años de episcopado.

Después de una vida de virtud y sufrimientos este intrépido defensor de la Fe Católica, el hombre más grande de su tiempo, murió en paz el 2 de Mayo de 373.

ORACION Padre, Tú nos diste a San Atanasio, Tu Obispo, para defender la Divinidad de Tu Hijo. Concédenos que podamos disfrutar de sus enseñanzas y protección y crecer continuamente en nuestro conocimiento y amor hacia Ti. Amén.

SANTOS FELIPE Y SANTIAGO, Apóstoles
Mayo 3

(Santiago) Patrono de los Sombrereros

A SAN Felipe, nativo de Betsaida en Galilea, lo llamó Nuestro Señor al día siguiente de llamar a San Pedro y San Andrés. Sabemos por la tradición que era casado y que tenía varias hijas, tres de las cuales alcanzaron una eminente santidad. Al igual que los otros Apóstoles, San Felipe dejó todo lo que tenía por seguir a Cristo. Su nombre se menciona frecuentemente en los Sagrados Evangelios.

Después de la Ascensión del Divino Maestro, San Felipe predicó el Evangelio en la parte de Asia Menor llamada Frigia, que entonces era una provincia del Imperio Romano. Su supone que fue enterrado en Hierápolis en Frigia.

SANTIAGO el Menor, autor de la primera Epístola Católica, era hijo de Alfeo de Cleofás. Su madre María era hermana o familiar cercano de la Santísima Virgen María y, por esa razón, de acuerdo con la costumbre judía, a veces se le llama "hermano" del Señor. Este Apóstol tuvo una posición distinguida en la comunidad Cristiana primitiva de Jerusalén. San Pablo nos dice que presenció la Resurrección de Cristo; también se le llama "pilar" de la Iglesia, a quien San Pablo consultó sobre el Evangelio.

Según la tradición, fue el primer Obispo de Jerusalén y estuvo en el Concilio de Jerusalén alrededor del año 50. Los historiadores Eusebio y Hegesipo cuentan que Santiago fue martirizado por la Fe por los judíos en la primavera del año 62, aunque estimaban mucho su persona y le había dado el apodo de "Santiago el Justo."

La tradición siempre lo ha reconocido como autor de la Epístola que lleva su nombre. Las evidencias internas basadas en el lenguaje, estilo y enseñanza de la Epístola nos revelan que su autor es un judío familiarizado con el Antiguo Testamento y un Cristiano conocedor profundo de las enseñanzas del Evangelio. Las evidencias externas de los primeros Padres y Concilios de la Iglesia confirman su autenticidad y canonicidad.

La fecha en que fue escrita no puede determinarse con exactitud. De acuerdo con algunos eruditos fue escrita alrededor del año 49 D.C. Sin embargo, otros declaran que fue escrita después de la Epístola de San Pablo a los Romanos (escrita en el invierno del 57 al 58 D.C.). Probablemente fue escrita entre los años 60 y 62 D.C.

Santiago se dirige a "las doce tribus de la dispersión," es decir, a los Cristianos fuera de Palestina; pero nada en la Epístola indica que está pensando sólo en los Cristianos judíos. Santiago comprende bien las tentaciones y dificultades que encuentran en medio del paganismo y, como su padre espiritual, se esfuerza por guiarlos y dirigirlos en la fe. Por lo tanto el tema central de su discurso es una exhortación a llevar una vida Cristiana práctica.

ORACION Señor Dios, hoy disfrutamos la celebración de la fiesta anual de Tus Santos Apóstoles Felipe y Santiago. A través de sus plegarias permítenos participar en la Pasión y Resurrección de Tu Hijo y ayúdanos a merecer Tu presencia eterna. Amén.

SAN GOTARDO (GODEHARDO), Obispo
Mayo 4

NACIDO en la aldea de Reichersdorf, en Bavaria, alrededor del 960, Gotardo fue educado por los Cánones de esa área y demostró prometer tanto que atrajo la atención del Arzobispo Federico de Salzburgo. Se hizo sacerdote y en 990, cuando la Regla Benedictina se restableció en la Abadía de Nieder-Altaich, recibió el hábito monástico. Llegó a ser Prior y más tarde Abad de la Abadía.

La disciplina religiosa era tan buena bajo San Gotardo que el Emperador, San Enrique II, le encomendó la reforma de los otros monasterios. En el transcurso de veinticinco años formó nueve abades para varias casas y al morir San Bernward en 1022, San Gotardo fue nombrado Obispo de Hildesheim en su lugar, a pesar de sus ruegos de ser anciano y de no tener las cualidades necesarias para esa posición.

En su forma típica, este fiel sirviente de Dios, se dedicó a reformar su diócesis con todo el vigor de un hombre joven. Erigió y restauró iglesias, fomentó la educación, especialmente en la escuela de la Catedral, estableció el orden en toda la diócesis y fundó un hospicio para los pobres y enfermos en las cercanías de Hildesheim. Murió en 1038.

El paso y el túnel del ferrocarril entre Suiza e Italia lleva el nombre de este Santo en cuyo honor se dedicaron los albergues cercanos para los viajeros y su capilla.

ORACIÓN Oh Dios, Tú hiciste de San Gotardo ejemplo sobresaliente del amor Divino y de la Fe que conquista al mundo y lo incluiste entre los santos Pastores. Concédenos que por su intercesión podamos perseverar en el amor y en la Fe y así compartir en su gloria. Amén.

SANTA JUTTA (JUDIT), Viuda
Mayo 5—*Patrona de Prusia*

SANTA Jutta (Judit) era nativa de Turingia, habiendo nacido en Sangerhausen, y emuló la vida de otra gran Santa de esa región y contemporánea suya, Santa Isabel de Hungría. Teniendo quince años de edad se casó con un noble y fue una admirable esposa y madre, ganándose su esposo a su clase de vida motivada espiritualmente. La muerte prematura de su esposo durante una peregrinación a Tierra Santa dejó desolada a Jutta y se vio obligada a criar sola a sus hijos.

Influenciados por el espléndido ejemplo de su madre cada uno de sus hijos entró en la vida religiosa al ser mayores, dejándola libre para seguir la vocación a la que había aspirado por tanto tiempo. Deshaciéndose de sus propiedades pasó los últimos años de su vida en retiro religioso y cuidando los enfermos. Se fue a vivir a un edificio dilapidado como a media milla de Kulmsee en el territorio de la orden militar de los Caballeros Teutónicos, cuyo Gran Maestre era pariente de ella. Aquí ella recibió y dispensó gracias maravillosas, ganando amplia fama como Santa.

Santa Jutta mantenía que había tres cosas que podían acercarlo a uno a Dios—una enfermedad dolorosa, el exilio del hogar en algún rincón remoto de un país extranjero y la pobreza voluntaria aceptada por amor a Dios. Después de toda una vida dando ejemplo de este modo de acercarse a Dios, Santa Jutta murió en 1260.

ORACION Oh Dios, Tú inspiraste a Santa Jutta a esforzarse en la caridad perfecta y así llegar a Tu Reino al final de su peregrinaje terrenal. Fortalécenos a través de su intercesión que podamos regocijándonos en la vía del amor. Amén.

BEATOS EDUARDO JONES Y ANTONIO MIDDLETON, Mártires

Mayo 6

EDUARDO Jones de Gales y Antonio Middleton de Yorkshire se educaron en el Colegio Douai en Reims. Se hicieron sacerdotes y fueron enviados a la misión inglesa en tiempos de Isabel II. Middleton fue el primero en llegar a Inglaterra en 1586 y se dedicó al ministerio por algún tiempo sin ser descubierto, ayudado considerablemente por su aspecto juvenil y pequeña estatura. Jones lo siguió en 1588 y pronto se dio a conocer entre los Católicos ingleses como un predicador devoto y elocuente.

Estos dos hombres de Dios se vieron perseguidos y capturados con la ayuda de espías que fingieron ser Católicos y fueron ahorcados delante de las mismas puertas de las casas en Fleet Street y Clerkenwell donde fueron arrestados. Se sabe que el juicio que se les siguió estuvo lleno de irregularidades; la razón para este ajusticiamiento sumario a que se les sometió fue escrita en grandes letras: "Por traición e invasión extranjera." Después de ofrecer sus muertes para el perdón de los pecados, la propagación de la Fe verdadera y la conversión de los herejes, murieron el 6 de Mayo de 1590.

ORACION Señor, conmemoramos devotamente los sufrimientos de los Beatos Eduardo y Antonio. Atiende nuestras oraciones de júbilo y concédenos la constancia en Tu Fe. Amén.

BEATA GISELA, Viuda
Mayo 7

GISELA fue dada en matrimonio a San Esteban de Hungría en 1008. Ella le dio un hijo que llegó a ser San Emerico y lo respaldó totalmente en su trabajo de evangelización. Al morir su esposo, Gisela se retiró a la Abadía Benedictina de Niederburgo y pasó el resto de su vida terrenal en oraciones y sacrificios.

ORACION Oh Dios, Tú inspiraste a la Beata Gisela a esforzarse en la caridad perfecta y así llegar a Tu Reino al final de su peregrinaje terrenal. Fortalécenos a través de su intercesión que podamos regocijándonos en la vía del amor. Amén.

SAN DESIDERATO, Obispo de Bourges
Mayo 8

SAN Desiderato fue hijo de Augino y Agia, una pareja noble de Soissons, Francia. La maravillosa influencia Cristiana de sus padres, que dedicaron todo su tiempo y posesiones a ayudar a los pobres, obró en Desiderato y sus dos hermanos, Desiderio y Deodato, a tal extremo que todos se haceron Santos.

Desiderato llegó a ser Secretario de Estado del Rey Clotario y su influencia para el bien sobre este último se hizo notar. Aunque rodeado de los esplendores mundanos de la corte real, este santo hombre de Dios vivió una vida de penitencia y oración. También se esforzó por eliminar la herejía y la simonía. Con frecuencia expresaba su deseo de retirarse a un monasterio, pero el Rey siempre le recordaba que debía anteponer el bienestar de los demás al suyo propio.

En 541, Desiderato fue nombrado Obispo de Bourges, posición que mantuvo durante nueve años; durante ese tiempo su fama como pacificador y hacedor de milagros se propagó por todas partes. Participó en el Quinto Concilio de Orléans y en el Segundo Concilio de Auvergne en donde se trató de los errores de Nestorio y Eutiquio. Murió el 8 de Mayo de 550.

ORACIÓN Oh Dios, Tú hiciste de San Desiderato ejemplo sobresaliente del amor Divino y de la Fe que conquista al mundo y lo incluiste entre los santos Pastores. Concédenos que por su intercesión podamos perseverar en el amor y en la Fe y así compartir en su gloria. Amén.

SAN PACOMIO, Abad

Mayo 9—*Fundador del Monasticismo Cristiano*

NACIDO alrededor del año 292 en la Tebaida del Norte en Egipto, San Pacomio fue reclutado en el ejército del emperador teniendo solamente veinte años de edad. La gran bondad de los

Cristianos de Tebas hacia los soldados se grabó en su mente y lo condujo a su conversión al salir del ejército. Después de ser bautizado, se hizo discípulo de un anacoreta, Palemón, y tomó los hábitos. Ambos llevaron una vida de extrema austeridad y dedicación total a Dios, combinando el trabajo manual con plegarias incesantes de día y de noche.

Más tarde, Pacomio se sintió llamado a erigir un monasterio en las orillas del Nilo en Tabennisi; así que en 318 Palemón lo ayudó a construir una celda y hasta permaneció con él durante un tiempo. En corto tiempo alrededor de cien monjes se le unieron y Palemón los organizó sobre los principios de una comunidad viviente. Tanto prevaleció el deseo de imitar la vida de Pacomio y sus monjes, que este santo varón se vio obligado a establecer otros diez monasterios para hombres y dos conventos para mujeres. Antes de su muerte en 346, había siete mil monjes en sus casas y su Orden duró en el Este hasta el Siglo XI.

San Pacomio fue el primer monje en organizar ermitaños en grupos y en escribir una Regla para ellos. Tanto San Basilio como San Benito se basaron en esta Regla para establecer las suyas propias más famosas. De aquí que, aunque generalmente se considera a San Antonio como el fundador del monasticismo, en realidad fue San Pacomio quien comenzó el monasticismo como lo conocemos hoy.

ORACIÓN *Señor, en medio de las cosas de este mundo, permítenos dedicarnos de corazón a las*

cosas del cielo imitando el ejemplo de perfección an-
gelical que Tú nos has dado en San Pacomio. Amén.

SAN JUAN DE AVILA, Presbítero
Mayo 10—*Apóstol de Andalucía*

JUAN nació de padres ricos en Almodóvar del
Campo en Castilla la Nueva, España, el 6 de
Enero de 1499. Teniendo catorce años de edad fue
mandado a la Universidad de Salamanca a estudiar leyes. Sin embargo, Juan se sentía atraído por
la vida religiosa y dejó la universidad para llevar
una vida de austeridad. Más tarde estudió en Alcalá y se ordenó como sacerdote.

Al morir sus padres Juan heredó una cuantiosa
fortuna, pero se la dio casi toda a los pobres.
Tenía reputación por sus dotes de predicador y
sirvió como misionero en Andalucía. Con frecuencia se le llama el Apóstol de Andalucía.

Juan se hizo de enemigos por su valiente denun-
cia del mal, aún en los más altos cargos. Esto condujo a su encarcelamiento por la Inquisición en
Sevilla por su prédica implacable de que los ricos
no alcanzarían el cielo. Cuando las acusaciones
fueron desechadas y se le dio la libertad, su popularidad aumentó aún más.

Eventualmente llegó a ser director espiritual de
Santa Teresa de Avila, San Juan de la Cruz, San
Francisco Borgia y San Pedro de Alcántara. Después de pasar los últimos años de su vida, desde
1552, en dolor constante que sufría con paciencia
y resignación, murió el 10 de Mayo de 1569.

Los escritos ascéticos de Juan, especialmente sus cartas, son clásicos españoles. Su obra espiritual de mayor importancia es *Escucha, Hija* (c.1530), una guía a la perfección Cristiana. Fue beatificado por el Papa León XIII en 1894 y canonizado por el Papa Pablo VI en 1970.

ORACION Oh Dios, Tú hiciste de San Juan un maestro ejemplar para Tu pueblo por la santidad de su vida y celo apostólico. Concédenos que aún en nuestros días la Iglesia pueda crecer en la santidad a través del celo de Tus ministros. Amén.

SAN FRANCISCO DE JERONIMO, Presbítero
Mayo 11—*Apóstol de Nápoles*

HABIENDO nacido en Taranto, Italia, en 1642, San Francisco tomó la condición de clérigo a los dieciséis años de edad en su ciudad natal y después fue a Nápoles para completar su educación en el sacerdocio.

Después de ordenarse enseñó en el Colegio Jesuita de los Nobles en Nápoles y era muy estimado por sus alumnos. Entró en la Sociedad de Jesús cuatro años más tarde y pasó los últimos cuarenta años de su vida como misionero rural trabajando en las afueras de Nápoles.

San Francisco fue un predicador potente y cautivante y decían de él que "era como un cordero al hablar pero como un león al predicar." Dirigió por lo menos 100 misiones en las provincias pero la gente de Nápoles nunca lo dejó alejarse por mucho tiempo.

Por dondequiera que iba la gente lo rodeaba; escuchaban cada una de sus palabras y todos acudían a su confesionario. Convirtió innumerables pecadores—se dice que por lo menos 400 pecadores avezados volvían a Dios cada año a través de sus esfuerzos.

San Francisco buscó los pecadores por todas partes—en las aldeas, junto a los caminos y en las esquinas de las calles; iba a las prisiones, a los bordelos y por todas las callejuelas en su infatigable búsqueda de pecadores. Hasta llegar a convertir cierto número de prisioneros moros y turcos.

Sin embargo, su conversión más espectacular fue la de Marie Alvira Cassier, una francesa que había matado a su padre y que se había unido al ejército español disfrazada de hombre.

San Francisco también estableció una organización de trabajadores para ayudar a los Jesuitas en sus labores, fundó un monte de piedad de caridad y rescató incontables niños de condiciones que los llevaban a la delincuencia. Además tenía reputación de hacer milagros lo que hizo que una gran multitud se congregara alrededor de su ataúd cuando murió en 1716. Fue canonizado en 1839 por el Papa Gregorio XVI.

ORACION Todopoderoso y eterno Dios, Tú dedicaste el júbilo de este día a la glorificación de San Francisco. Concédenos misericordioso que siempre podamos esforzarnos por conservar y terminar por nuestras labores la Fe que él proclamó continuamente con celo infatigable. Amén.

SANTOS NEREO, AQUILES Y PANCRACIO, Mártires

Mayo 12

SEGUN el Papa San Dámaso, Nereo y Aquiles fueron soldados romanos del siglo primero que se hicieron Cristianos y se negaron a continuar en el servicio. Fueron martirizados por la Fe y enterrados en el cementerio de Domitila en la Vía Ardeatina. El bajo relieve donde se representa el momento en que se da muerte a Aquiles es la representación más antigua que se conoce del martirio.

Los Hechos legendarios de estos mártires nos dicen por otra parte que fueron sirvientes de Flavia Domitila, sobrina de los Emperadores Tito y Domiciano, que se hizo Cristiana. También nos relatan que ésta fue exiliada a la isla de Pontia y que finalmente sufrió el martirio en Terracina, junto con Nereo y Aquiles.

San Pancracio fue un frigio de origen noble que fue bautizado a los catorce años de edad y procedió a dar todas sus posesiones a los pobres. Esto atrajo sobre él la atención de las autoridades y el hecho de que era Cristiano. Cuando se negó a renunciar a sus creencias Cristianas fue decapitado alrededor del año 304, siendo emperador Diocleciano.

ORACION Dios todopoderoso, hemos visto cómo Tus gloriosos Mártires Nereo, Aquiles y Pancracio permanecieron fieles a su profesión de Fe. Permite que también seamos dignos de su piedad en sus intercesiones por nosotros ante Ti. Amén.

SAN ANDRES HUBERTO FOURNET,
Presbítero
Mayo 13

NACIDO en una familia devota y rica cerca de
Poitiers, Francia, en 1752, San Andrés sintió
aburrimiento por la religión y por la vida en general durante sus primeros años. Indisciplinado y
frívolo siempre estaba involucrado en algún lío
siendo niño. Más tarde se escapó de la escuela y
más tarde aún pensó en hacerse soldado mientras
era un estudiante de leyes. Sin embargo, con la
ayuda de un tío que vivía en el campo y que era
sacerdote, Andrés pudo deshacerse de su yugo
como malhechor y descubrió que debajo de todo
ello había una vocación para el sacerdocio.

Después de ordenarse regresó a su aldea natal
como cura local, pero aún estaba infectado de una
mundanidad que era reconocida y de la cual se
burlaban sus parroquianos, quienes lo llamaban
"Señor de Thoiret." Una vez más intervino la
Divina Providencia a través de la crítica casual de
un pordiosero a quien Andrés se negó a dar
limosna. De repente, comprendió que su forma de
vida no estaba de acuerdo con el espíritu del
Evangelio. Vendió todas sus posesiones, dejó de
lado sus vanas pretensiones, y llevó una vida extremadamente sencilla—hasta su forma de hablar
se hizo sencilla.

Durante la Revolución Francesa se negó a jurar
lealtad al gobierno revolucionario y ministraba a
la gente en las calles. En 1792, tuvo que obedecer
las órdenes de su Obispo de trasladarse a España,

pero regresó cinco años después y atendía en secreto a las necesidades espirituales de sus feligreses. Con la llegada de Napoleón al poder, volvió la paz y Andrés regresó a su parroquia donde trató de avivar la fe del pueblo con sus misiones, prédicas y confesiones.

En 1806, con la ayuda de Santa Elizabeth Bichier, fundó la Congregación de las Hijas de la Cruz, cuya regla formuló. Dirigida directamente al cuidado de los enfermos y la educación de los jóvenes, esta Congregación desempeñó un papel importante en el resurgimiento de la religión en Francia después de la Revolución. Aunque se retiró de su parroquia en 1820, San Andrés continuó dirigiendo las hermanas hasta su muerte el 13 de Mayo de 1834. Más de una vez multiplicó milagrosamente los alimentos para las hermanas y aquellos a su cuidado. Fue canonizado en 1933 por el Papa Pío XI.

ORACION Oh Dios, Tú enseñaste a Tu Iglesia a cumplir los mandamientos celestiales por amor a Dios. Ayúdanos a practicar las obras de caridad imitando a Tu Presbítero, San Andrés, y merecer ser contados entre los benditos de Tu Reino. Amén.

――――――

SAN MATIAS, Apóstol

Mayo 14—*Patrono de los carpinteros*

SABEMOS por los Hechos de los Apóstoles que San Matías había sido uno de los compañeros de Nuestro Salvador desde el día en que fuera bautizado por San Juan; porque cuando surgió la cuestión de elegir un Apóstol para ocupar el lugar de Judas el traidor, San Pedro dijo: "Ahora, pues, conviene que de todos los varones que nos han acompañado todo el tiempo en que vivió entre nosotros el Señor Jesús, a partir del bautismo de Juan hasta el día en que fue arrebatado en alto de entre nosotros, uno de ellos sea testigo con nosotros de Su Resurrección" (Hechos 1,21).

Dos hombres fueron propuestos: Barsaba y Matías, y éste fue escogido habiendo echado suertes. Cerca de ciento veinte personas estuvieron presentes en esta elección. De acuerdo con la tradición antigua que nos ha llegado a través de Clemente de Alejandría y confirmada por Eusebio y San Jerónimo, Matías fue uno de los setenta y dos discípulos de Nuestro Señor. Fue después de este hecho que el Espíritu Santo descendió sobre los Apóstoles, entre los cuales se contaba San Matías.

Clemente de Alejandría escribe que San Matías se hizo notar por inculcar la necesidad de mortificar la carne con sus pasiones y deseos sin freno. De acuerdo con los griegos, San Matías padeció el martirio en Cólquida, hoy llamada Etiopía. Cólquida era un distrito de Asia Menor, situada en las costas del Mar Negro, al sur de las Montañas del Cáucaso.

ORACION Señor Dios, Tú elegiste a San Matías para ser el Apóstol que reemplazara a Judas. Que por su intervención podamos disfrutar de la recompensa de Tu amor y ser contados entre los elegidos. Amén.

SAN ISIDRO LABRADOR
Mayo 15—*Patrono de los Campesinos*

SAN Isidro nació en Madrid, España, en la segunda mitad del siglo XII. Durante la mayor parte de su vida fue empleado como labrador en una finca en las afueras de la ciudad. Muchos hechos maravillosos acompañaron el trabajo de toda su vida en los campos y continuaron por largo tiempo después de su santa muerte. Se vio favorecido con visiones celestiales y, se dice, que a veces los ángeles lo ayudaron en su labor en los campos.

San Isidro fue canonizado en 1622 por el Papa Gregorio XV. En 1947, fue proclamado como Patrono de la Conferencia Nacional de la Vida Rural en los Estados Unidos.

ORACION Oh Dios, por la intercesión de San Isidro Tu santo Labrador concédenos que podamos sobreponernos a todo sentimiento de orgullo. Que siempre podamos servirte con la humildad que te complace, a través de sus méritos y ejemplo. Amén.

SANTA DIMPNA,
Virgen y Mártir

*El Mismo Día—
Mayo 15*

*Patrona de los
Enfermos Mentales*

SANTA Dimpna nació en el siglo VII. Su padre, Damón, un caudillo de gran riqueza y poder, era pagano. Su madre fue una bella y devota Cristiana.

Dimpna tenía sólo catorce años de edad al morir su madre. Se dice que Damón se vio afectado de una enfermedad mental causada por su pena. Entonces envió mensajeros por todas sus tierras y por tierras ajenas en busca de una mujer de nacimiento noble, que se pareciera a su esposa, y que quisiera casarse con él.

Cuando no pudieron encontrar a ninguna, sus malvados consejeros le dijeron que se casara con su propia hija. Dimpna huyó del castillo junto con San Gerebrán, su confesor, y otros dos amigos.

Damón los encontró en Bélgica y ordenó que decapitaran al sacerdote. Después Damón trató de convencer a su hija para que regresara a Irlanda con él. Cuando se negó, sacó su espada y la decapitó. Ella contaba entonces solamente quince años de edad.

Dimpna recibió la corona del martirio en defensa de su pureza alrededor del año 620. Es la patrona de los que sufren enfermedades nerviosas y mentales.

En su santuario, construido en el lugar en que fuera enterrada en Gheel, Bélgica, han ocurrido muchos milagros.

ORACION Escúchanos, Oh Dios, nuestro Salvador, al honrar a Santa Dimpna, patrona de los afligidos con enfermedades mentales y emocionales. Ayúdanos a inspirarnos con su ejemplo y ser confortados por su ayuda misericordiosa. Amén.

SAN JUAN NEPOMUCENO

Presbítero y Mártir

Mayo 16
Patrono de los Confesores

SIENDO muy niño Juan Nepomuceno se curó de una enfermedad a través de las oraciones de sus buenos padres. Y éstos, en acción de gracias, lo consagraron al servicio de Dios.

Después de ordenarse fue enviado a una parroquia en la ciudad de Praga. Se convirtió en un gran predicador y miles de los que lo escucharon cambiaron sus formas de vivir.

El Padre Juan fue invitado a la corte de Wenceslao IV. Resolvió disputas e hizo muchas buenas obras por los necesitados de la ciudad. También llegó a ser el confesor de la reina. Cuando el rey era cruel con la reina, el Padre Juan la enseñó a llevar su cruz con paciencia.

Un día, alrededor de 1393, el rey le pidió que le dijera qué le había dicho la reina durante la confesión. Cuando el Padre Juan rehusó decirlo, fue enviado a la prisión.

Por segunda vez le pidieron que revelara la confesión de la reina. "Si no me lo dices," dijo el rey, "morirás. Pero si obedeces mis deseos, tendrás riquezas y honores." Una vez más el Padre Juan se negó a hablar. Entonces lo torturaron. Después el rey ordenó que lo arrojaran al río. En el lugar donde se ahogó apareció una extraña brillantez sobre el agua. Se conoce como el "Mártir del Confesionario."

ORACION Oh Dios, te alabamos por la gracia que concediste a San Juan de ofrecer su vida en defensa del secreto de confesión. Concédenos que, por sus oraciones, podamos usar frecuentemente el Sacramento de la Penitencia con grandes beneficios. Amén.

SAN PASCUAL BAILON, Religioso

Mayo 17—*Patrono de los Congresos Eucarísticos*

HABIENDO nacido en Torre Hermosa en el Reino de Aragón, en el año 1540, San Pascual Bailón pasó su primera niñez como pastor. Tan grande era su deseo de instruirse que mientras cuidaba de sus ovejas llevaba un libro consigo y le pedía a los que encontraba que le enseñaran el alfabeto. Así fue que, en corto tiempo, aprendió a leer.

Llevó la vida solitaria de un pastor hasta tener casi veinticuatro años. A través de la meditación, la oración y la lectura de obras piadosas, avanzó rápidamente en la perfección, así que cuando decidió abrazar el estado religioso y le pidió a los Franciscanos que lo admitieran en su Orden, ya había alcanzado un eminente grado de santidad. Cuando decidió hacerse un Religioso, evitó expresamente los monasterios ricos porque, decía él, "Nací pobre y estoy decidido a morir en la pobreza y la penitencia."

En 1564, entró en los Franciscanos Reformados en el Reino de Valencia e insistió en ser un simple hermano laico. Durante veintiocho años llevó una vida perfecta en la austera Orden que había elegido, una vida de extrema pobreza y de constante oración, que ni siquiera sus labores interrumpían.

El Santo se caracterizó por su intensa devoción a nuestro Señor en la Sagrada Eucaristía. Hacia el final de su vida pasaba frecuentemente gran parte de la noche en oración delante del altar. Dios lo favoreció frecuentemente con éxtasis y raptos, pero su humildad era tan grande que evitaba cuidadosamente todo lo que pudiera redundar en su honor o alabanza. San Pascual también sentía una devoción singular hacia la Santísima Virgen. Murió el 17 de Mayo de 1592 y fue canonizado en 1690 por el Papa Alejandro VIII.

ORACION Oh Dios, Tú llenaste a San Pascual con un maravilloso amor hacia los sagrados misterios de tu Cuerpo y Sangre. Haz que podamos obtener de este Divino Banquete las mismas riquezas espirituales que él recibió. Amén.

SAN JUAN I, Papa y Mártir
Mayo 18

NATIVO de Toscana, Italia, fue elegido como Papa siendo aún archidiácono al ocurrir la muerte del Papa Hormisdas en 523. En ese momento Teodorico, rey arriano de los ostrogodos, mandaba en Italia, el cual había tolerado y hasta favorecido sus súbditos Católicos durante la primera época de su reino. Sin embargo, en el momento en que San Juan ascendió al Papado, la política de Teodorico sufrió un cambio drástico debido a dos eventos: la traidora (desde el punto de vista del soberano) correspondencia entre los altos miembros del Senado Romano y Constantinopla y el severo edicto contra los herejes puesto en vigor por el emperador Justino I, que era el primer Católico en ocupar el trono bizantino en cincuenta años.

En respuesta a las apelaciones de los arrianos orientales, Teodorico amenazó con entrar en guerra contra Justino, pero finalmente decidió negociar con él a través de una delegación de cinco Obispos y cuatro Senadores. Como dirigente nombró al Papa Juan—muy en contra de los deseos de este último. Poco se sabe sobre la naturaleza del mensaje que el Papa llevaba consigo y la manera en que debía llevar a cabo su misión. Lo que sí se sabe es que logró persuadir al Emperador a mitigar su proceder con los arrianos y así evitar las represalias en contra de los Católicos en Italia. La visita del Papa también obtuvo la reconciliación de la Iglesia Occidental y la Iglesia Oriental que se habían visto separadas por un cisma desde el año 492 cuando se publicó el *Henoticón* de Zeno.

Sin embargo, las sospechas de Teodorico aumentaban día por día. Mientras esperaba el regreso de la delegación ordenó la ejecución del filósofo Boecio y de su suegro Símaco acusándolos de traición; y cuando supo de las relaciones amistosas entre el Papa y el Emperador, concluyó que estaban tramando en su contra. De aquí que cuando la delegación regresó a la ciudad capital de Rávena, el Papa Juan fue encarcelado por orden de Teodorico y murió poco tiempo después debido a los maltratos que sufriera allí.

ORACION Oh Dios, Premiador de quienes te son fieles, en este día Tú consagraste el martirio del Papa San Juan. Escucha las oraciones de Tu pueblo y concede que nosotros, que veneramos sus méritos, podamos imitar la constancia de su Fe. Amén.

SAN IVO, Presbítero y Abogado
Mayo 19—*Patrono de los Abogados*

HABIENDO nacido alrededor del año 1253 en Kermartin en Bretaña, San Ivo (Yves) Helory fue mandado a París por su padre, que era un rico terrateniente, para que recibiera una mejor educación; diez años después ya se había distinguido en filosofía, teología y derecho canónico como también en derecho civil.

A su regreso a Bretaña fue nombrado juez diocesano, primero con el Obispo de Rennes y más tarde con el Obispo de Treguier. En esa capacidad cumplió sus deberes con equidad, incorruptibilidad y preocupación por los pobres y necesitados.

Su fama se extendió rápidamente y se le conoció como "el abogado de los pobres." Intercedía por los pobres en los tribunales, llegando al punto de pagarles sus gastos y hasta visitarlos en las cárceles; su preocupación constante era que se hiciera justicia para todos.

De acuerdo con ello, el Santo trataba constantemente de reconciliar a las partes en disputa y hacer que llegaran a un acuerdo amistoso sin incurrir en los gastos de juicios innecesarios.

En 1284, Ivo se ordenó como sacerdote y, a partir de 1287, se dedicó al trabajo de su parroquia. Pero ponía sus conocimientos legales a la disposición de todos sus parroquianos que los necesitaran. Vivía frugalmente y sin pretensiones, instruyendo a la gente tanto en las cosas espirituales como temporales y predicaba la Palabra de Dios con gran poder.

El 19 de Mayo de 1303, este "abogado que era un hombre santo," compareció ante su Ultimo Juez para recibir su recompensa. Fue canonizado en 1347 por el Papa Clemente VI.

ORACION Oh Dios, Tú enseñaste a Tu Iglesia a observar los sagrados mandamientos en el amor de Dios. Ayúdanos a practicar las obras de caridad imitando Tu Sacerdote, San Ivo, y merecer ser contados entre los benditos de Tu Reino. Amén.

SAN BERNARDINO DE SIENA, Presbítero

Mayo 20—*Patrono de los Anunciantes*

LA República de Siena fue el país de origen de San Bernardino. Nació en Massa en dicho territorio en 1380. Habiendo quedado huérfano siendo aún muy niño fue educado por una tía devota, quien lo quería como si fuera su propio hijo. Aún sus primeros años se vieron iluminados por los adelantos en sus estudios.

Como miembro de la Confraternidad de Nuestra Señora atendió a los enfermos en los hospitales sin desistir de ello al declararse la gran peste de 1400. Llegó hasta persuadir a otros jóvenes para que compartieran estas arduas labores. Cuatro años más tarde entró entre los Padres del Cumplimiento Estricto de la Orden de San Francisco.

Al convertirse en sacerdote se dedicó al oficio de predicar. Durante catorce años sus trabajos se limitaron a su propio país, donde la devoción al Santísimo Nombre de Jesús, que él propagaba, se extendía cada vez más. Sin embargo, según su fama incrementaba se convirtió gradualmente en el Apóstol de Italia en el siglo XV. En 1427, rechazó el Obispado de Siena; en 1431, el de Ferrara; y de nuevo, en 1435, la diócesis de Urbino. Los resultados asombrosos de sus sermones eran famosos.

Aunque era colmado de honores y aplausos, en todos sus actos mostraba una sincera humildad y siempre trató de esconder los talentos con aquellos Dios le había dotado. En 1435, fue nombrado vicario general del Cumplimiento Estricto. Cinco años más tarde, el Santo obtenó su liberación de este oficio y en su vejez continuó el trabajo de predicar en Rumania, Ferrara y Lombardia. Murio en 1444 y fue canonizado en 1450 por el Papa Nicolás V.

ORACION Senor Dios, Tú otorgaste a Tu Presbítero San Bernardino un profundo amor por Tu Hijo y una especial devoción al Santo Nombre de Jesús. Concédenos, por sus méritos, actuar siempre en nuestra vida movidos por el amor a Jesucristo. Amén.

SAN GODERICO DE FINCHALE, Hermitaño
Mayo 21

ESTE Santo tuvo una larga y plena vida siguiendo una vocación secular hasta su mediana edad y otra estrictamente religiosa más tarde. Nacido alrededor del año 1065 en Walpole, Inglaterra, comenzó como buhonero, después se lanzó al mar y llegó a ser un próspero mercader. Hizo viajes a Escocia, Flandes y Escandinavia y hasta condujo el barco en momentos de peligro. Sin embargo, halló tiempo para hacer peregrinajes a San Andrés en Escocia, Jerusalén, Compostela y otras partes.

En 1102, ayudó al Rey Balduino I de Jerusalén a escapar después de la batalla de Ramleh y se ganó el apodo de "pirata" de parte de uno de sus contemporáneos. Después de servir brevemente como mayordomo de un terrateniente de Norfolk hizo dos peregrinajes más, a San Giles en la Provenza y a Roma en compañía de su madre, que caminó descalza todo el camino. Luego, ya en su mediana edad probó a aprender en los libros y vivió durante algún tiempo con un anciano recluso cerca del Obispo Auckland.

En 1110, Goderico se retiró a Finchale viviendo en una pequeña choza donde permaneció en soledad el resto de su vida. Allí practicó severas penitencias y daba saludables consejos espirituales a todos los que lo venía a ver. Llegó a tener poder sobre los animales salvajes considerado como un hecho sorprendente y se vio dotado de la capacidad de Santo Tomás Becket, a quien nunca había visto en persona.

También es altamente probable que este Santo fuera el primer poeta lírico conocido de Inglaterra, así como el autor de las primeras composiciones musicales con letra en inglés. Cuatro cantos sagrados tomados de sus propios labios han llegado hasta nosotros.

Lo más increíble de todo ello es el hecho de que no sabía nada de música y atribuía tanto las letras como las melodías de sus cantos a la Santísima Virgen y a su propia hermana difunta que se le apareció en una visión. Murió en 1170.

ORACION Señor Dios, sólo Tú eres santo y nadie es bueno sino por Ti. Concédenos, por la intercesión de San Goderico, que vivamos de tal manera que no nos veamos privados de compartir en Tu gloria. Amén.

SANTA RITA DE CASCIA, Viuda
Mayo 22—*Patrona de los Casos Imposibles*

SANTA Rita nació en Spoleto, Italia, en 1381. Desde su más temprana edad deseaba entrar en un convento, pero sus padres la dieron en matrimonio. Rita se convirtió en una buena esposa y madre, aunque su esposo de mal carácter la maltrataba frecuentemente y enseñó a sus propios hijos a seguir esta conducta.

Después de casi veinte años de matrimonio, su esposo fue apuñaleado por un enemigo pero, gracias a las oraciones de su esposa, pudo arrepentirse antes de morir. Poco después sus dos hijos también murieron y Rita pasaba sus días en oraciones, ayunos, penitencias y obras caritativas.

Más tarde se unió a las monjas agustinas de Cascia, en Umbría, y comenzó una vida de obediencia perfecta y gran caridad.

La Hermana Rita tenía una gran devoción por la Pasión de Cristo. Un día sufrió una profunda herida causada por las espinas de un crucifijo, que la hizo sufrir mucho durante el resto de su vida. Murió el 22 de Mayo de 1457 y fue canonizada en 1900 por el Papa León XIII.

ORACION Oh Dios, concede que a través de las oraciones de Santa Rita podamos aprender a llevar nuestras cruces en la vida con el mismo espíritu en que ella llevó las suyas. Amén.

SANTA JOAQUINA DE VEDRUNA, Religiosa
El Mismo Día—Mayo 22

JOAQUINA nació en Barcelona en 1783. En 1799 se casó con Teodoro de Mas, de quien tuvo nueve hijos. Después de la muerte de su esposo en 1816, fue inspirada por el Espíritu Santo para que fundara la Congregación de las Hermanas Carmelitas de la Caridad, que se extendió por toda Cataluña, manteniendo muchas casas para el cuidado de los enfermos y la educación de los niños.

Santa Joaquina amaba contemplar el misterio de la Santísima Trinidad y esta devoción caracterizó toda su vida de oraciones. Murió del cólera en 1854 después de toda una vida que se dice estuvo relacionada con visiones, éxtasis y el don de la levitación. Fue canonizada en 1959 por el Papa Juan XXIII.

ORACION Oh Dios, Tú diste Santa Joaquina a Tu Iglesia para la educación Cristiana de los jóvenes y el cuidado de los enfermos. Ayúdanos a seguir su ejemplo y dedicarnos amorosamente a servirte en nuestros hermanos y hermanas. Amén.

SAN JUAN BAUTISTA DEI ROSSI, Presbítero

Mayo 23

NACIDO en Voltaggio, Italia, en 1698, San Juan recibió una excelente educación y fue ordenado en 1721. Poco después se vio afligido de epilepsia y dedicó su ministerio a los pobres. Su celo extraordinario condujo muchos pecadores al arrepentimiento.

En 1735, aceptó la canonjía de Santa María en Cosmedin, pero daba todos sus ingresos a causas caritativas mientras él vivía frugalmente. Frecuentemente predicaba cinco y seis veces al día en iglesias, capillas, conventos, hospitales, barracas y prisiones.

Pero llegó el momento en que el Santo se enfermó y tuvo que retirarse a un hospital de la Trinidad donde había trabajado a menudo. Murió de una embolia el 23 de Mayo de 1764 y fue canonizado en 1881 por el Papa León XIII.

ORACION Todopoderoso y eterno Dios, Tú dedicaste el júbilo de este día a la glorificación de San Juan. Concédenos misericordioso que siempre podamos esforzarnos por conservar y terminar por

*nuestras labores la Fe que él proclamó continua-
mente con celo infatigable. Amén.*

SANTOS DONACIANO Y ROGACIANO,
Mártires
Mayo 24

EN el siglo III vivieron en Nantes, en Bretaña,
dos hermanos llamados Donaciano y Rogaciano. El primero se había convertido al Cristianismo y llevaba una vida tan edificante que su
ejemplo movió el corazón de Rogaciano para de-
sear el Sacramento del Bautismo.

Pero la persecución del Emperador Maximiano
estaba en pleno furor y el Obispo estaba escon-
dido, así que no había oportunidad de recibir el
Sacramento.

El emperador estaba en la Galia en 286 y es
probable que en ese momento tuvo lugar el martirio de los dos hermanos.

El prefecto, que probablemente era el cruel Ric-
tius Varus, acusó a Donaciano de ser Cristiano y
de haber alejado a otros, particularmente a su hermano, del culto a los dioses. Habiendo confesado
a Cristo fue puesto en prisión. San Rogaciano también fue hecho preso y se mostró igualmente constante en su Fe.

Ambos pasaron la noche en oración. Cuando los
presentaron ante el prefecto a la mañana siguiente, declararon que estaban dispuestos a
sufrirlo todo en Nombre de Jesús. Viéndolos in-
flexibles el juez ordenó que los llevaran al potro

del martirio y fueran decapitados (así San Rogaciano recibió el Bautismo de la sangre). Su martirio ocurrieró probablemente alrededor del año
287.

ORACION Señor, devotamente recordamos los
sufrimientos de Tus Santos Donaciano y Rogaciano.
Escucha nuestras jubilosas oraciones y concédenos
también constancia en nuestra Fe. Amén.

_____

SAN BEDA EL VENERABLE, Presbítero
y Doctor de la Iglesia
Mayo 25

S AN Beda nació en Yarrow, Inglaterra, en 673.
Se unió a los Benedictinos y se ordenó como
sacerdote en 702. Fue considerado en todas partes
como el mayor erudito de su época.

Sus obras escritas, cuya mayoría aún existe,
comprenden todas las ramas del conocimiento:
historia, retórica, cosmografía, ortografía, astronomía, música, gramática, filosofía, poesía,
exégesis y hagiografía.

La más conocida y de mayor autoridad de sus
obras históricas es su *Historia Eclesiástica del*
Pueblo Inglés, que es una historia completa hasta
el año 731. Murió en 735.

ORACION Oh Dios, Tú esclareciste a Tu Iglesia
con la erudición de Tu Presbítero, San Beda. Con-
cede a Tus siervos que siempre sigan el ejemplo de
su sabiduría y los ayuden sus méritos. Amén.

_____

SAN GREGORIO VII, Papa
El Mismo Día—Mayo 25

HILDEBRANDO nació en Toscana, Italia, y fue a Francia donde abrazó la vida monástica en la famosa Abadía de Cluny. Fue llamado desde Roma y pronto ganó reputación por sus conocimientos y santidad. Ayudó a efectuar las reformas de León IX y lo sucedió en 1073, tomando el nombre de Gregorio VII. Continuando las reformas de San León trabajó especialmente para erradicar la simonía y las inmoralidades de la clerecía y por librar la Iglesia de las influencias de los gobernantes temporales.

Enrique IV, emperador alemán, a quien él había excomulgado por negar abiertamente la autoridad de la Iglesia para investir obispos, vino hasta él en Canossa y se mantuvo descalzo en la nieve para pedir perdón al Papa, que éste le otorgó. Sin embargo, este famoso acto de arrepentimiento era un engaño, porque cuando Enrique se apoderó de Roma en 1084, nombró un antipapa y obligó a Gregorio a exiliarse a Salerno, donde murió el año siguiente—firme hasta el final. Las últimas palabras que se recuerdan de él fueron: "He amado la justicia y odiado la iniquidad . . . ; por tanto, muero en el exilio."

ORACION   Concede a Tu Iglesia, Oh Dios, el espíritu de fortaleza y celo por la justicia con que te complaciste en hacer resplandecer al Papa San Gregorio. Que, renunciando a la iniquidad, ella pueda con ferviente amor seguir adelante con todo lo que es justo. Amén.

SANTA MARIA MAGDALENA DE PAZZI, Virgen
El Mismo Día—Mayo 25

NACIDA en una noble familia florentina en 1566, María se hizo monja carmelita teniendo diecisiete años de edad. Dios la favoreció con dones maravillosos y vivió en esa misteriosa esfera en la que muchos Santos han existido, llamada el Sendero Extraordinario. También fue dotada del espíritu de profecía. Fundó su vocación en la oración y la penitencia para la reforma de todas las condiciones de vida en la Iglesia y la conversión de todos los pueblos.

Los últimos tres años de su vida se caracterizaron por intensos sufrimientos físicos y espirituales, sin embargo oraba por sufrir más aún, tan grande era su amor hacia Cristo Crucificado. Murió el 25 de Mayo de 1607, poco después del Papa León XI, cuya elevación al Papado y subsecuente muerte había predicho. Fue canonizada en 1669 por el Papa Clemente IX.

ORACION Oh Dios, Tú que amas la virginidad, has enriquecido con dones celestiales a Tu Virgen Santa María Magdalena que ardía en amor hacia Ti. Concede a cuantos celebramos hoy su fiesta imitar los ejemplos de su pureza y amor. Amén.

SAN FELIPE NERI, Presbítero
Mayo 26—*Patrono de Roma*

NACIDO en Florencia en 1515, Felipe es conocido como el Santo del Júbilo. El consideraba el júbilo tanto el fruto del Amor Divino como el camino que conduce al mismo. En 1533, deseando servir a Dios sin distracciones, fue a Roma y se hizo preceptor de los hijos de un noble florentino.

Aún durante este período de su vida obtuvo gran reputación por su santidad. Mientras enseñaba a los demás él se dedicaba a estudiar filosofía y teología. Su deseo de salvar almas lo llevó a establecer la Confraternidad de la Santísima Trinidad en 1548, con el objeto de servir a los peregrinos y los enfermos. En obediencia a su confesor se hizo sacerdote en Junio de 1551, teniendo casi treinta y seis años de edad.

Entonces comenzó a vivir en una pequeña comunidad cerca de la iglesia de San Jerónimo, continuando su vida de mortificaciones. Ese mismo año fundó la Congregación del Oratorio. En 1575 Gregorio XIII la aprobó y en 1583 concedió a San Felipe la nueva iglesia de La Vallicela, que aún la llaman La Chiesa Nuova—la Iglesia Nueva.

Aquí el Santo vivió, edificando a Roma con sus virtudes y trabajando celosamente por las almas en el ministerio del confesionario. Se vio favorecido por los Papas Pío IV y V, Gregorio XIII y XIV, y Clemente VIII, y mantuvo amistad con muchos hombres grandes, entre ellos San Carlos Borromeo. Después de una vida de penitencia y extraordinaria utilidad, San Felipe murió en 1595 y fue canonizado en 1622 por el Papa Gregorio XV.

ORACION Oh Dios, Tú nunca cesas de elevar a Tus siervos fieles a la gloria de la santidad. Concédenos que podamos ser inflamados por el fuego del Espíritu Santo que tan maravillosamente ardió en el corazón de San Felipe. Amén.

SANTA MARIANA DE QUITO, Virgen
El Mismo Día—Mayo 26

MARIANA nació en Quito, Ecuador, en 1618.
Sus padres pertenecían a la nobleza española, pero quedó huérfana siendo niña y se crió
bajo el cuidado de su hermana y su cuñado.

Desde muy niña Mariana se sintió atraída a la
religión y teniendo doce años de edad se convirtió
en reclusa en la misma casa de su hermana, bajo
la dirección de un jesuita. Nunca abandonó aquella casa por el resto de su vida, excepto para ir a la
iglesia. Comía muy poco, dormía sólo tres horas
cada noche, y tenía fama de tener dones de profecía y de hacer milagros.

En 1645, Quito se vio azotado por un terremoto y una epidemia. Mariana se ofreció públicamente como víctima por los pecados del pueblo. El terremoto terminó inmediatamente y, al comenzar a desaparecer la epidemia, la misma Mariana se enfermó y murió el 26 de Mayo de 1645, a los ventiséis años de edad. Conocida como el "Lirio de Quito," fue canonizada en 1950 por el Papa Pío XII.

ORACION Oh Dios, Tú quisiste que florecise Santa Mariana aún entre los placeres mundanos como una azucena entre espinas con virginal pureza y constante mortificación. Concédenos, te rogamos, que por sus méritos y mediación nos apartemos del vicio y sigamos la perfección. Amén.

SAN AGUSTIN DE CANTERBURY, Obispo
Mayo 27—*Apóstol de Inglaterra*

EL Papa San Gregorio Magno envió a San Agustín, un monje del monasterio benedictino de San Andrés en Roma, con 39 de sus hermanos, a Inglaterra. Al llegar a Inglaterra, San Agustín fue recibido por el mismo Rey de Kent, Etelberto, un pagano que se había casado con Berta, una Cristiana. Poco después, en 597, San Agustín bautizó a Etelberto el Domingo de Pentecostés junto con una gran multitud de sus súbditos. Después de ser consagrado como Obispo en Gales por el Arzobispo de Arles, San Agustín se convirtió en Obispo de Canterbury.

En pocos años, con su labor constante y esforzada este santo misionero fundó y dirigió la jerarquía inglesa, sembrando así la semilla que daría ricas cosechas de almas para Cristo en los siglos venideros. Murió el 27 de Mayo de 604 o 605.

ORACION Oh Dios, por la predicación de San Agustín, Tu Obispo, Tú llevaste al pueblo inglés al Evangelio. Concede que los frutos de esta labor puedan perdurar en Tu Iglesia con perenne fructificación. Amén.

SAN GERMAN, Obispo de París
Mayo 28

UNA de las glorias de Francia en el siglo VI, San Germán nació cerca de Autun alrededor de 496. Fue ordenado por San Agipino, como Obispo de la diócesis, y subsecuentemente elegido como Abad y administrador de San Sinforiano, en uno de los suburbios de Autun. Alrededor del año 566, el Rey Childeberto I lo nombró Obispo de París, pero él continuó su vida de austeridad. Su ejemplo y prédicas lograron la conversión de muchos pecadores y Cristianos descaminados, entre ellos el mismo Rey.

Durante todo su episcopado San Germán permaneció incansable y sin temor en sus esfuerzos por detener las luchas civiles, frenar el libertinaje de la nobleza y detener las crueldades de los reyes francos. Fundó un monasterio en París en cuya iglesia lo enterraron al ocurrir su muerte el 28 de Mayo de 576; la que llegó a ser muy conocida con el nombre de Saint-Germain-des-Prés.

ORACIÓN   Oh Dios, Luz y Pastor de almas, Tú estableciste a San Germán como Obispo de Tu Iglesia para alimentar Tu rebaño con su palabra y formarlo con su ejemplo. Ayúdanos, con su intercesión, a mantener la Fe que él enseñó con su palabra y a seguir el camino que nos mostró con su ejemplo. Amén.

SAN MAXIMINO DE TRIER, Obispo
Mayo 29

NATURAL de Poitiers, Francia, San Maximino se marchó a Trier siendo muy joven. Allí llegó a ser obispo en 325 y comenzó una lucha de toda su vida contra el Arrianismo.

Maximino consideró un honor tener a San Atanasio viviendo bajo su protección durante su primer exilio entre 335 y 337; y más tarde dio igual protección a San Pablo, Patriarca de Constantinopla, cuando fue expulsado por el mismo emperador, Constancio, quien por un tiempo cayó bajo la influencia arriana. San Atanasio celebró la nobleza, vigilancia y valor indómito de su anfitrión, quien también fue famoso por sus milagros.

San Maximino convocó el Sínodo de Colonia donde se declaró a Eúfratas como hereje y lo quitó de su Sede; también participó en el Concilio de Sardica en 347. Quizás su mejor momento cuando fue unió al gran Atanasio y anatemizado por los arrianos en su Concilio de Filipopolis. Ello proveyó una prueba irrefutable de su indudable oposición al Arrianismo y su marcado éxito en la misma. Desafortunadamente, aunque parece que escribió mucho, no poseemos ninguna de las obras de este intrépido defensor de la Fe verdadera, quien murió alrededor de 349.

ORACION Padre, Tú nos diste a San Maximino para defender la Divinidad de Tu Hijo. Concede que podamos disfrutar de sus enseñanzas y protección y crecer continuamente en el conocimiento y amor a Ti. Amén.

**SANTA JUANA
DE ARCO,**
Virgen

Mayo 30
*Patrona de
Francia*

JUANA de Arco nació el 6 de Enero de 1412 de padres piadosos de la clase campesina francesa en la oscura aldea de Domremy, cerca de la provincia de Lorena. Desde su más temprana edad escuchó voces; las de San Miguel, Santa Catalina y Santa Margarita.

En principio los mensajes eran personales y generales. Por fin vino la orden triunfal. En Mayo de 1428, sus voces le dijeron a Juana que fuera ante el Rey de Francia y lo ayudara a reconquistar su reino.

Venciendo la oposición de la clerecía y los cortesanos, se le dio un pequeño ejército con el que levantó el sitio de Orléans el 8 de Mayo de 1429. Mientras defendía a Compiegne cayó prisionera y vendida a los ingleses.

Fue juzgada en Rouen por un tribunal presidido por el infame Cauchon, Obispo de Beauvais. Aunque asombró a sus jueces con la rapidez de sus respuestas, fue condenada a muerte como hereje y quemada en la hoguera el 24 de Mayo de 1431, teniendo sólo diecinueve años de edad.

Treinta años después fue exonerada de toda culpa y por fin fue canonizada en 1920 por el Papa Benedicto XV, haciendo oficial lo que el pueblo había sabido durante siglos.

ORACION Oh Dios, de modo maravilloso Tu trajiste a Santa Juana, Tu Virgen, para defender la Fe y su país. Por su intercesión concede que la Iglesia pueda vencer las artimañas de sus enemigos y disfrutar de una paz imperecedera. Amén.

SAN FERNANDO III, Rey

El Mismo Día, Mayo 30—Patrono de los Ingenieros y los Terciarios

SAN Fernando, Rey de Castilla y León, España, fue llamado el Santo por su rara prudencia. Durante veintisiete años mantuvo una cruzada contra los moros, reconquistando Ubeda, Córdoba, Murcia, Jaén, Cádiz y Sevilla.

Este Santo reinó sabiamente, fue un excelente administrador y estableció la paz en su reino. También fundó la Universidad de Salamanca, reconstruyó la catedral de Burgos y convirtió la mezquita de Sevilla en una iglesia.

Fernando murió en 1252 y su cuerpo descansa incorrupto en la Catedral de Sevilla. Fue canonizado en 1671 por el Papa Clemente X.

ORACION Oh Dios, Tú elegiste al Rey San Fernando como defensor de Tu Iglesia en la tierra. Escucha las súplicas de Tu pueblo que te pide tenerlo como protector en el cielo. Amén.

LA VISITACION DE LA SANTISIMA VIRGEN MARIA
Mayo 31

ESTA fiesta conmemora la visita de la Santísima Virgen María a Santa Isabel en las montañas, cerca de seis millas al oeste de Jerusalén, después que el Angel Gabriel le dijera que su anciana prima esperaba un hijo.

Esta fiesta la instituyó Urbano VI en 1389 para obtener el fin del cisma de Occidente y se insertó en el Calendario Romano el 2 de Julio, fecha en que ya la habían celebrado los Franciscanos desde 1263. Ahora se ha situado el último día del mes de Mayo, entre la Solemnidad de la Anunciación de Nuestro Señor y el Nacimiento de San Juan, el

Bautista, para adaptarla más de cerca al relato del Evangelio.

"En aquellos días se puso María en camino y con presteza fue a la montaña, a una ciudad de Judá, y entró en casa de Zacarías y saludó a Isabel. Así que oyó Isabel el saludo de María, exultó el niño en su seno, e Isabel se llenó del Espíritu Santo y clamó con fuerte voz: '¡Bendita tú entre las mujeres y bendito el fruto de tu vientre! ¿De dónde a mí que la madre de mi Señor venga a mí? Porque así que sonó la voz de tu saludo en mis oídos, exultó de gozo el niño en mi seno. Dichosa la que ha creído que se cumplirá lo que se le ha dicho de parte del Señor.'

"Dijo María: 'Mi alma engrandece al Señor y exulta de júbilo mi espíritu en Dios, mi Salvador.' "

ORACION Padre, inspirada por Ti la Virgen María, esperando a Tu Hijo, visitó a Santa Isabel. Concédenos que podamos guiarnos por el Espíritu y alabarte eternamente con ella en el cielo. Amén.

SAN JUSTINO, Mártir

Junio 1—*Patrono de los Conferecistas*

SAN Justino nació en Flavia Neapolis (antigua Siquén), en Palestina, alrededor del año 100, en una familia pagana noble. A los treinta y tres años, después de estudiar varios sistemas de filosofía, se convirtió al Cristianismo a través del Platonismo. En lo adelante toda su vida se dedicó a la propagación y la defensa de la Fe en Asia Menor y en Roma. Aunque conservó el aire de filósofo, es el apologista Cristiano más importante del siglo II y el primero de quien poseemos obras escritas. Estas son dos *Apologías* (al Emperador Antonino y al Senado Romano) estableciendo los valores morales del Cristianismo y el *Diálogo* demostrando su verdad al judío Trifón. Todas son valiosísimas por la informacióm que contienen sobre la Fe Cristiana y su práctica en aquellos tiempos.

En 165, mientras daba testimonio de la Fe en Roma, fue denunciado como Cristiano, probablemente a instancias del filósofo cínico Crescencio, a quien había vencido en un debate público. Fue arrestado y se le ordenó que rindiera sacrificios a los dioses, pero él replicó: "Ningún hombre en su juicio abandona la verdad por la falsedad." Los otros seis de sus discípulos que se mantuvieron fieles con él también alcanzaron la palma del martirio.

ORACION　*Oh Dios, de manera maravillosa Tú enseñaste a San Justino, Mártir, la alta ciencia de Je-*

sucristo manifestada en la locura de la Cruz. Por su intercesión concédenos que nunca caigamos en el error sino que permanezcamos firmes en la Fe. Amén.

SANTOS MARCELINO Y PEDRO, Mártires
Junio 2

DURANTE la persecución de Diocleciano, en 304, un sacerdote romano y un exorcista, nombrados respectivamente Marcelino y Pedro, fueron arrestados y llevados a la prisión. Estando allí, celosamente fortalecieron a otros fieles y convirtieron a otros, entre ellos su carcelero Artemio junto con su esposa e hija. Todos fueron condenados a muerte; Marcelino y Pedro fueron llevados a un bosque llamado Silva Nigra, donde fueron decapitados en secreto para que no se supiera el lugar dónde estaban enterrados.

Por ironía de la Divina Providencia sus nombres, que estaban condenados al olvido, se han insertado en el Canon Romano (Plegaria Eucarística I) de la Misa donde se han perpetuado durante siglos. El Papa Dámaso compuso un epitafio para la tumba de estos dos mártires y expuso que supo de sus ejecuciones a través del mismo verdugo, quien más tarde se había hecho Cristiano.

ORACION Oh Dios, Tú nos rodeas y nos proteges con la gloriosa confesión de Tus santos Mártires, Marcelino y Pedro. Ayúdanos a beneficiarnos con su ejemplo y confortados por sus oraciones. Amén.

SANTOS CARLOS LUANGA Y COMPAÑEROS,
Mártires

Junio 3—*Protomártires del Africa Ecuatorial*

EL Rey Mtesa de Uganda, en el Africa Ecuatorial, había permitido que los Padres Blancos predicaran la Fe en su país con algunos buenos resultados. Sin embargo, cuando su sucesor, el Rey Muanga asumió el poder en 1885 inició una feroz persecución contra "todos los que rezan," es decir, todos los Católicos.

Entre las víctimas de esta persecución estuvo la elite de la juventud de Uganda—Carlos Luanga, el jefe de los pages reales y veintiún compañeros suyos. Como su líder, Carlos los exhortó con sus palabras y les dio un ejemplo con su muerte— puesto que fue el primero en morir quemado vivo. Doce otros lo siguieron ese mismo día, 3 de Junio de 1886; el resto fue ejecutado entre el 26 de Mayo de 1886 y el 27 de Enero de 1887.

Estos mártires de Cristo fueron beatificados en 1920 y canonizados en 1964 por Pablo VI, quien declaró: "Estos mártires africanos inauguran una nueva época. Africa se levanta libre y redimida, bañada en su sangre. El Cristianismo ha hallado una rápida respuesta en Africa y vemos esto como un misterioso plan de Dios, una vocación propia de Africa y una promesa de histórico significado. Africa es el nuevo país de Cristo. Un claro testigo de esto es la sencillez directa y fidelidad inquebrantable de estos jovenes Cristianos africanos."

ORACION Oh Dios, Tú hiciste que la sangre de los mártires fuera la semilla de los Cristianos. Permite que el campo de Tu Iglesia, regado por la sangre de Santos Carlos y sus Compañeros, produzca siempre ricas cosechas. Amén.

SAN FRANCISCO CARACCIOLO, Religioso
Junio 4

SAN Francisco, nacido en el Reino de Nápoles, se destacó por su piedad desde su niñez. En su juventud determinó consagrarse a sí mismo a Dios y entró en el sacerdocio en Nápoles, donde comenzó a ejercer su celo, especialmente ayudando a los condenados a muerte. Por disposición providencial se unió a Juan Agustino Adorno y Fabricio Caracciolo para fundar la Orden de los Clérigos Regulares Menores.

Hasta el momento de su profesión había tenido el nombre de Ascanio, que entonces cambió a Francisco, en honor de San Francisco de Asís. Dos años más tarde, al morir Adorno, se convirtió en superior de la Orden. Con el propósito de extender su Orden viajó tres veces a España, vestido de peregrino y pidiendo pan en el camino.

En estos viajes sufrió grandes penalidades, pero tuvo la satisfacción de fundar varias casas en España, ayudado por la liberalidad de Felipe II y de su hijo, Felipe III, quien lo sucediera en 1598. Tan grande era la caridad de este Santo que al regresar a Roma fue a habitar en un hospicio para los pobres y se asoció con un leproso. Exhaló su último suspiro en Agnone, en la casa de los Padres Oratorianos, el 4 de Junio de 1608.

ORACION   Oh Dios, Tú adornaste a San Francisco, el fundador de una nueva Orden, con el celo por la oración y amor por la penitencia. Ayuda a Tus siervos a progresar tanto imitándolo que orando incesantemente y manteniendo en sujeción sus cuerpos puedan ser dignos de alcanzar la gloria celestial. Amén.

SAN BONIFACIO,
Obispo y Mártir

Junio 5—*Apóstol de Alemania*

SAN Bonifacio, que fuera bautizado con el nombre de Winfrido, nació alrededor del año 680 en Devonshire, Inglaterra. Desde sus trece años de edad se educó en el monasterio benedictino de Exeter, donde más tarde se hizo monje.

Más tarde pasó al monasterio de Nursling en la diócesis de Winchester, donde gozó de gran fama por sus conocimientos. Después de un tiempo el Abad lo nombró como maestro y, teniendo treinta años, fue ordenado al sacerdocio.

Con el permiso de su Abad fue a Frisia en 716 a predicar a los idólatras. Su primer intento no tuvo éxito y se vio obligado a regresar a Inglaterra, donde fue elegido como Abad de su monasterio, dignidad a la que pronto renunció.

En 719, fue a Roma y se presentó ante el Papa Gregorio II, suplicándole autoridad para predicar a los idólatras. El Papa, que había visto las cartas de su Obispo, le concedió amplios poderes para predicar la Fe a los paganos en Alemania.

En 745, el Santo eligió Mainz como su Sede Episcopal, después de establecer un número de diócesis en Alemania. Terminó su fructífera carrera con un glorioso martirio en Frisia, donde había ido a predicar la Fe. Su muerte ocurrió el 5 de Junio de 755.

ORACION *Señor, permite que San Bonifacio inter- ceda por nosotros para que podamos adherirnos firmemente a la Fe que él enseñó y por la cual der- ramó su sangre y que la profesemos sin temor en nuestras obras. Amén.*

SAN NORBERTO, Obispo
Junio 6

NORBERTO nació en Xanten, pequeña ciudad de Renania, alrededor del año 1080. Durante sus primeros años se entregó al mundo y sus placeres. Hasta tomó el estado eclesiástico con un espíritu mundano. Fue ordenado como subdiácono, pero el temor a mayores limitaciones le impidieron recibir mayores órdenes.

Un accidente fue la causa de un maravilloso cambio en su corazón. Un relámpago amedrentó su caballo y él cayó al suelo perdiendo el sentido; al recobrar el conocimiento se convirtió en un sincero penitente. Abandonó la corte y se retiró a Xanten, donde comenzó una vida retirada y de penitencia.

Un retiro que hizo en el monasterio de San Siegburg, cerca de Colonia, completó su conversión y pasó dos años preparándose para el sacerdocio, el cual recibió en Colonia. Poco después renunció a sus beneficios eclesiásticos, vendió sus propiedades y dio a los pobres todo lo que le pagaron por ellas. Viajó a Languedoc, donde se encontraba el Papa Gelasio II en aquel tiempo.

Se dedicó a la predicación itinerante y finalmente se estableció en Premontre, donde fundó una nueva Orden llamada Premonstratense que llegó a ser muy numerosa, aún durante la vida de su santo fundador. Fue obligado a aceptar la dignidad de Arzobispo de Magdeburgo alrededor del año 1125, pero esta elevada posición la ocupó con la misma austeridad que le había sido familiar en el claustro.

Su celo logró una gran reforma en su diócesis aunque, como otros Santos, se hizo enemigo de aquellos que él reprochaba la forma en que vivían. Junto con San Bernardo trabajó mucho por suprimir los desórdenes causados por el cisma del antipapa, Anacleto. Al regresar de un viaje a Roma con el emperador Lotario, se enfermó y después de padecer durante cuatro meses, murió el 6 de Junio de 1134. Fue canonizado en 1582 por el Papa Gregorio XIII.

ORACION Oh Dios, Tú hiciste de San Norberto un sobresaliente ministro de Tu Iglesia por sus oraciones y celo pastoral. Por medio de sus oraciones concede que Tu fiel rebaño siempre pueda encontrar pastores que los lleve hasta Tu corazón y pastos salutíferos. Amén.

SAN ROBERTO DE NEWMINSTER, Abad

Junio 7

SAN Roberto nació en Gargrave, Inglaterra, a principios del siglo XII. Estudió en la Universidad de París, fue ordenado sacerdote y sirvió como cura párroco en Gargrave. Más tarde se unió a los Benedictinos en Whitby y después a los Cistercianos en Fountains. En 1138, fundó la Abadía de Newminster en Morpeth, Northumberland, que se convirtió en lugar de peregrinaje.

Como Abad, fundó otros varios monasterios y también dio un gran ejemplo conduciendo sus monjes a la santidad. Recitaba todo el Salterio de 150 Salmos diariamente y ayunaba siempre para mantener su penitencia. Este santo hombre también estuvo dotado con un poder especial sobre los malos espíritus y curó a muchos posesos; a veces se le representa como manteniendo al diablo en cadenas y domándolo portando un crucifijo en alto.

Roberto fue un amigo cercano del sencillo ermitaño Goderico y lo visitaba con frecuencia en su solitaria ermita en Finchale, donde conversaban sobre los misterios celestiales. En el momento de la muerte de Roberto, el 7 de Junio de 1159, su amigo vio su alma ascender al cielo como una esfera de fuego.

ORACION Señor, en medio de las cosas mundanales, permítenos dedicarnos completamente a las cosas celestiales imitando el ejemplo de perfección evangélica que Tú nos has dado en San Roberto Abad. Amén.

SAN MEDARDO, Obispo
Junio 8

SAN Medardo nació en Salency en la Picardía, alrededor del año 457. Bajo el cuidado de sus piadosos padres adelantó rápidamente en la virtud, mostrando en particular una gran caridad hacia los pobres.

Teniendo treinta y tres años de edad se ordenó como sacerdote y se convirtió en un brillante

adorno de ese santo estado, predicando al mundo
tanto con su palabra como con su ejemplo.

En 530, fue nombrado Obispo de Augusta Veru-
manduorum, siendo consagrado por San Remigio,
quien había bautizado al Rey Clodoveo en 496.
Aunque en ese momento ya tenía setenta y dos
años de edad, redobló sus labores, extendiendo su
celo dondequiera que el honor de Dios lo requiri-
era.

Padeció las persecuciones en silencio y con paciencia. Aunque tuvo que sufrir contemplando su
diócesis arrasada por los hunos y los vándalos,
esto le dio una nueva oportunidad de practicar la
caridad.

En 544, Radegunda, Reina de Francia, recibió el
velo religioso de sus manos y ella fue hecha diá-
cona con el consentimiento de su esposo, el Rey
Clotario, quien, haciendo penitencia por los pecados de su juventud, permitió ser guiado por los
consejos de San Medardo.

El Santo murió en 545 o en 561 y todo el reino
lamentó su pérdida. Sobre su tumba en Soissons
se construyó una famosa abadía benedictina.

ORACIÓN   Oh Dios, Luz y Pastor de almas, Tú es-
tableciste a San Medardo como Obispo de Tu Igle-
sia para alimentar Tu rebaño con su palabra y for-
marlo con su ejemplo. Ayúdanos, con su interce-
sión, a mantener la Fe que él enseñó con su palabra
y a seguir el camino que nos mostró con su ejemplo.
Amén.

SAN EFREN,
Diácono y Doctor de la Iglesia
Junio 9

NACIDO en Nísibe, una ciudad romana en Mesopotamia, San Efrén fue expulsado de su hogar por su propio padre, que era pagano, por sus inclinaciones Cristianas. Encontró refugio con Santiago, Obispo de Nísibe, bajo cuya dirección recibió una educación cuidadosa.

Bautizado a los dieciocho años de edad, el Santo tomó un puesto como maestro en la floreciente escuela de Nísibe. Después de la muerte de Santiago huyó a Edesa donde, después de entrar en la vida monástica, se ordenó como diácono.

San Efrén escribió muchas obras en defensa de la Iglesia Católica sobre los diferentes misterios de Nuestro Señor Jesucristo y en honor de la Virgen María. Poeta, exégeta y orador extraordinario, San Efrén fue llamado "El Profeta de los Sirios" y "La Lira del Espíritu Santo."

Murió en 373 y fue nombrado entre los Doctores de la Iglesia en 1920 por el Papa Benedicto XV.

ORACION Señor, dígnate infundir el Espíritu Santo en nuestros corazones. Con Su inspiración el Diácono San Efrén se regocijó alabando Tus misterios y por Su poder mereció estar sentado junto a Ti. Amén.

SAN LANDERICO (LANDRY),
Obispo de París
Junio 10

SAN Landerico (o Landry) fue un siervo de Dios sincero y dedicado quien, al igual que su Señor Jesucristo, sintió gran amor por los pobres y necesitados. Como Obispo de París, de 650 al 661, trabajó celosamente para mejorar sus condiciones.

Cuando el producto de la venta de sus posesiones no bastó para aliviar el hambre durante una época de escasez, llegó hasta vender algunos de los objetos y muebles de la iglesia.

San Landerico comprendía cada vez más que los enfermos pobres de su diócesis no recibían los cuidados que se acostumbraban en aquella época de albergarlos en pequeños hospedajes dependiendo de las limosnas casuales de personas caritativas. Esto lo condujo a fundar el primer hospital verdadero de la ciudad, dedicado a San Cristóbal, que con el tiempo llegó a ser el famoso "Hotel-Dieu."

Siempre al tanto para dar ayuda espiritual a su congregación, este santo Obispo dio la bienvenida a los Benedictinos a su diócesis y los alentó para que fundaran la Abadía de San Denis. En el año 653, acompañado de otros veintitrés obispos, firmó la carta de fundación concedida por el Rey Clodoveo a la Abadía.

Murió alrededor de 661, después de comisionar al monje Marculfo para compilar una colección de las Fórmulas Eclesiásticas.

ORACION Oh Dios, Tú hiciste de San Landerico ejemplo sobresaliente del amor Divino y de la Fe que conquista al mundo y lo incluiste entre los santos Pastores. Concédenos que por su intercesión podamos perseverar en el amor y en la Fe y así compartir en su gloria. Amén.

SAN BERNABE, Apóstol
Junio 11

AUNQUE no fue uno de los Doce, la Iglesia considera a San Bernabé como un Apóstol. Era un judío de la tribu de Leví, pero nacido en Chipre, donde se había establecido su familia.

Su éxito en la predicación hizo que los Apóstoles cambiaran su nombre, que era José, a Bernabé—que significa "hijo de la exhortación" o de "la consolación." También se hizo notar por su generosidad hacia la comunidad Cristiana primitiva de Jerusalén (Hechos 4, 36-37).

Fue San Bernabé quien dio su amistad al recientemente convertido y antiguo perseguidor de la Iglesia, Saúl de Tarso, y lo guió por el sendero para convertirse en el gran Apóstol Pablo, presentándolo a los demás Apóstoles (Hechos 9, 27).

Cuando San Bernabé fue a Antioquía a consolidar allí la naciente Iglesia, le pidió a San Pablo que compartiera sus labores. Después de trabajar un año en Antioquía los dos Apóstoles trajeron las ofrendas de la comunidad a los pobres asolados por el hambre en la comunidad de Judea (Hechos 11, 27-30).

Bernabé predicó la Fe en Chipre y en Asia central junto con San Pablo (Hechos 13—14) y asistió al Primer Concilio de Jerusalén (Hechos 15, 1-29). Pero al regresar a Antioquía se separaron cuando San Bernabé quiso que su sobrino Juan Marcos los acompañara en su segundo viaje misionero, mientras que San Pablo no lo deseaba (Hechos 15, 30-40); por tanto, San Bernabé regresó a Chipre con Juan Marcos (Hechos 15, 30-40).

Los siguientes hechos de la vida de San Bernabé no se conocen ciertamente, excepto que fue conocido por los corintios (1 Cor. 9, 6). Una tradición nos relata que murió en Salamis en Chipre, después de ser lapidado.

ORACION Oh Dios, Tú ordenaste que San Bernabé, lleno de Fe y del Espíritu Santo, fuera llamado para la labor de la conversión de los Gentiles. Concede que el Evangelio de Cristo que él predicó con gran ardor continúe siendo predicado fielmente por la palabra y los hechos. Amén.

SAN JUAN DE SAHAGUN,
Presbítero
Junio 12

SAN Juan nació en el seno de una distinguida familia de Sahagún (León, España), alrededor del año 1430. Siendo aún muy joven y antes de ser sacerdote, su padre, solamente por las ganancias materiales, le obtuvo una sinecura eclesiástica y el cuidado de las almas.

Para gran frustración de su familia, Juan renunció a la sinecura porque contempló tal situación como ajena a los verdaderos seguidores de Dios. Debido a sus grandes cualidades fue admitido en la casa de Alfonso de Cartago, Obispo de Burgos, quien lo ordenó como sacerdote.

Sin embargo, Juan no halló satisfacción en la curia episcopal y ni siquiera la promesa de un nombramiento como canónigo en la catedral fue suficiente para que se quedara en Burgos. Fue a Salamanca y allí se dedicó al estudio, la predicación y la dirección espiritual.

En 1463, Juan se unió a los Agustinos y eventualmente sirvió como maestro de novicios y prior en Salamanca. Fue un intrépido defensor de los derechos de los trabajadores y gran devoto del Santísimo Sacramento.

Se dice que hacía milagros y que podía discernir el estado de las almas. Como Juan luchaba contra la corrupción en las altas esferas se vio amenazado de muerte varias veces. Este santo presbítero murió en 1479, diciéndose que fue envenenado por la amante de un hombre que él había convencido para que la dejara. El Papa Alejandro VIII lo canonizó en 1690.

ORACION *Señor Dios, fuente de amor y dador de paz, Tú dotaste a San Juan de Sahagún con el don maravilloso de traer la unidad donde había discordia. Por su intercesión concede que nuestras vidas estén enraizadas en Tu amor para que siempre podamos revelarlo a los demás. Amén.*

————

SAN ANTONIO DE PADUA,
Presbítero y Doctor de la Iglesia
Junio 13—*Patrono de los Pobres*

SAN Antonio, llamado "San Antonio de Padua," ya que vivió largo tiempo en esa ciudad, era natural de Lisboa en Portugal, donde nació en 1195, recibiendo el nombre de Fernando al ser bautizado. A temprana edad sus padres lo pusieron en la comunidad de los Canónigos de la Catedral de Lisboa, por quienes fue educado. Teniendo quince años de edad entró en la Orden Regular de los Agustinos cerca de Lisboa. Después de dos años fue enviado al convento de la Santísima Cruz de la misma orden en Coimbra.

Llevaba viviendo ocho años en esa casa dedicado a sus estudios cuando trajeron a Portugal las reliquias de cinco mártires franciscanos desde Marruecos. Este hecho lo inspiró a seguir los pasos de estos héroes de la Fe. Cuando ello se supo sus hermanos se opusieron fuertemente, pero finalmente obtuvo el consentimiento del prior y se pasó a la Orden Franciscana.

Después de algún tiempo obtuvo permiso para ir a Africa a predicar a los moros, pero una grave enfermedad lo obligó a volver a España. Sin embargo, los fuertes vientos desviaron el barco hacia Sicilia y el deseo de ver a San Francisco lo condujo a Asís, donde se llevaba a cabo un capítulo general en la Orden. Al principio fue totalmente ignorado en la Orden y se mantuvo en la oscuridad a propósito; pero pronto la Providencia reveló a los Franciscanos el tesoro que habían adquirido y San Antonio fue nombrado profesor de teología, estudios que más tarde enseñó sucesivamente en Bolonia, Toulouse, Montpellier y Padua.

Abandonando la enseñanza para dedicarse a la labor de predicar, pues era un orador dotado, además de estar lleno de celo por las almas. En este trabajo viajó a través de Francia, España e Italia. Se le concedieron varios cargos importantes en su Orden y siempre se esforzó mucho por mantener la disciplina monástica. Intrépidamente denunció al General Elías, quien trataba de introducir relajamientos. Murió el 13 de Junio de 1231.

Aunque se le negó la gracia de morir como mártir, San Antonio fue un mártir de la Palabra, un mártir del camino y un mártir de las multitudes. Eran tantos los que venían a escucharle que no cabían en ninguna iglesia y con frecuencia el Santo se veía obligado a predicar al aire libre.

Aún estando con vida se le consideraba como un héroe legendario y se le atribuyen milagros asombrosos: su sermón a los peces en Forlí, la mula que se arrodilló delante del Santísimo Sacramento, el Salterio robado y devuelto (por cuyo motivo se convirtió en patrono de los que han perdido algo) y la historia de cómo su anfitrión lo vio sosteniendo al Niño Jesús en sus brazos cuando lo vio a través de una ventana.

ORACION Todopoderoso y sempiterno Dios, Tú diste a Tu pueblo el extraordinario predicador San Antonio y lo hiciste su intercesor en las dificultades. Concédenos con su ayuda que podamos vivir una vida verdaderamente Cristiana y obtener Tu ayuda en todas las adversidades. Amén.

SAN METODIO,
Patriarca de Constantinopla
Junio 14

SAN Metodio era el hijo de un rico y distinguido siciliano y recibió una excelente educación en su Siracusa natal. Viajó a Constantinopla para obtener un puesto en la corte, pero en vez de ello decidió ingresar en la vida religiosa. Construyó un monasterio en la isla de Quío y después fue llamado a Constantinopla por su Patriarca San Nicéforo.

Al desencadenarse la secunda persecución iconoclástica, bajo León el Armenio, defendió intrépidamente el culto a las imágenes sagradas. Sin embargo, después de la deposición y exilio de San Nicéforo se le ordenó a San Metodio de llevar al Papa Pascual I un relato del estado de las cosas en el Cercano Oriente. Así que partió hacia Roma donde permaneció hasta la muerte de León. En 821, regresó bajo el nuevo Emperador, Miguel el Gago, pero fue flagelado, deportado y exiliado a la isla de Antígone en el Propóntide (mar de Mármara) durante siete años.

Al morir el emperador en 842, su viuda Teodora se convirtió en Regente para su hijo pequeño, Miguel III, y ella nombró a San Metodio como Patriarca de Constantinopla. Este santo varón—convertido en su propia sombra por tantos sufrimientos y privaciones—convocó inmediatamente un Concilio en que se reafirmó la legalidad de venerar las imágenes sagradas. Para dar firmeza a este hecho se instituyó una Fiesta anual de la Ortodoxia, la cual se celebra aún el Primer Domingo de Cuaresma en todas las Iglesias Bizantinas.

Este heroico Patriarca, que fue a su recompensa eterna el 14 de Junio de 847, fue un escritor prolífico pero sólo poseemos algunos fragmentos de sus muchas obras poéticas, teológicas y controversiales y una *Vida de San Teófanes* completa.

ORACION Oh Dios, Luz y Pastor de almas, Tú estableciste a San Metodio como Obispo de Tu Iglesia para alimentar a Tu rebaño con su palabra y for-

marlo con su ejemplo. Ayúdanos, con su interce-
sión, a mantener la Fe que él enseñó con su palabra
y seguir el camino que nos mostró con su ejemplo.
Amén.

SANTA MARIA MICAELA DEL SANTISIMO SACRAMENTO, Virgen

Junio 15

MICAELA Dermasieres, vizcondesa de Sor-balán, nació en Madrid, España, en 1809, en el momento en que su padre luchaba valerosa-mente contra Napoleón en defensa del país. Aún siendo joven evitaba los pasatiempos frívolos, dedicándose a obras de piedad y misericordia.

Fue educada por las Hermanas Ursulinas y más tarde vivió con su familia en Guadalajara, donde comenzó su vida activa de caridades. Debido a su extraordinaria devoción por Cristo en la Eucaris-tía, recibió la Comunión diariamente durante toda su vida y se cambió el nombre a María Micaela del Santísimo Sacramento.

En 1848, inspirada por el Espíritu Santo, fundó el Instituto de las Siervas (Adoratrices) del San-tísimo Sacramento y de la Caridad, que fue aprobado en el 1859. Como lo indica su nombre sus miembros imploran la misericordia de Dios con la adoración perpetua del Santísimo Sacramento.

María fue víctima de su propia abnegación y caridad en 1865 cuando contrajo el cólera mien-tras cuidaba a los contagiados en Valencia. Se le da el apodo de "La Loca del Santísimo Sacramento" y fue canonizada en 1934 por el Papa Pío XI.

ORACION Oh Dios, Tú te complaciste en que floreciera una nueva familia en Tu Iglesia a través de Santa María Micaela. Concédenos que, al igual que ella, podamos venerar tanto el misterio del Cuerpo y de la Sangre de Tu Hijo Jesús que perseveremos en el amor hacia Ti y a nuestro prójimo. Amén.

SAN JUAN FRANCISCO REGIS, Presbítero
Junio 16—*Patrono de los Asistentes Sociales Médicos*

ESTE Santo era descendiente de la nobleza de Languedoc, Francia, donde había nacido en 1597. Se educó en el Colegio Jesuita de Beziers y al cumplir los diecinueve años entró en el noviciado jesuita en Toulouse, tomando sus votos dos años más tarde. Después de terminar su curso en filosofía en 1621, lo enviaron a enseñar los clásicos en varias universidades. Comenzó sus estudios de teología en Toulouse en 1628; en 1630 se ordenó de sacerdote y el año siguiente, habiendo terminado sus estudios hizo su Tercera Prueba. Ahora ya estaba preparado para la obra de su vida y entró en la carrera apostólica en el verano de 1631.

Dos años más tarde fue a la diócesis de Viviers invitado por el Obispo, dando misiones en toda la diócesis. Trabajó diligentemente, tanto para los sacerdotes como para el pueblo, resultando en muchas conversiones. Las cruces que seguían al Santo, como las sombras siguen al cuerpo, nunca le faltaron pero él se aprovechó de ellas para su beneficio espiritual.

El Santo deseaba ardientemente dedicarse a la conversión de los indios en Canadá, pero la Divina Providencia lo mantuvo en Francia hasta su muerte. Padeció penalidades increíbles durante sus viajes apostólicos por escarpadas montañas en pleno invierno, pero nada detenía su celo. Murió en 1640 y fue canonizado en 1737 por el Papa Clemente XII.

ORACION   Todopoderoso y eterno Dios, Tú dedicaste el júbilo de este día a la glorificación de San Juan. Concédenos misericordioso que podamos esforzarnos por mantener y terminar por nuestras obras la Fe que él proclamó continuamente con celo insaciable. Amén.

SAN HARVEY (HERVE), Abad
Junio 17—*Invocado contra las Enfermedades de los Ojos*

SAN Harvey es uno de los Santos más conocidos en Bretaña y forma parte considerable del folklore de esa región. Sin embargo, los verdaderos detalles acerca de su vida son muy escasos.

Una biografía que data de la Edad Media nos dice que fue hijo de un poeta británico; habiendo nacido en Bretaña durante el siglo VI, San Harvey era ciego de nacimiento. Su padre murió siendo el

Santo aún un niño y su madre se lo confió a la edad de siete años a un santo varón llamado Arziano mientras que ella se retiraba a un monasterio.

Después de aprender todo lo que Arziano podía enseñarle, San Harvey se reunió con su tío Urzelo que había fundado una escuela monástica en Plouvien, ayúdandolo con los estudiantes y la finca. Con el tiempo llegó a ser abad de la comunidad, la cual floreció bajo su dirección. Más tarde se estableció en Lanhorneau en Finistere y se hizo famoso en toda la región.

A San Harvey se le representa como un monje itinerante y trovador y se cuentan muchos cuentos populares sobre este personaje. Nunca se ordenó sacerdote, pero realizó algunos de sus milagros más extraordinarios como resultado de su orden de exorcista. También tomó parte en la condena del tirano Conover en 550. Se le invoca contra todo tipo de enfermedades de los ojos.

ORACIÓN Señor, en medio de las cosas de este mundo, permítenos dedicarnos de corazón a las cosas del cielo imitando el ejemplo de perfección angelical que Tú nos has dado en San Harvey Abad. Amén.

SAN GREGORIO BARBARIGO, Obispo
Junio 18

GREGORIO Barbarigo nació en 1625 en el seno de una antigua y distinguida familia veneciana. Fue un estudiante brillante y abrazó la carrera diplomática y acompañó al embajador veneciano Contarini al Congreso de Munster en 1648. Más tarde se ordenó como sacerdote y poco después fue consagrado como el primer Obispo de Bérgamo por el Papa Alejandro VII.

Más tarde fue elevado al rango de cardenal y también se le dio autoridad sobre la diócesis de Padua. Guió a sus fieles con sabiduría pastoral y profunda comprensión.

San Gregorio Barbarigo trabajó incesantemente para efectuar las reformas acordadas en el Concilio de Trento. A través de sus esfuerzos tanto los seminarios de Bérgamo como de Padua crecieron en forma significativa. En Padua también agregó una biblioteca y una imprenta. Murió en 1697 y fue canonizado en 1960 por el Papa Juan XXIII.

ORACION Oh Dios, Tú deseaste que San Gregorio, Tu Obispo, brillara por su solicitud pastoral y compasión hacia los pobres. Ayúdanos a quienes celebramos sus méritos a imitar el ejemplo de su caridad. Amén.

SAN ROMUALDO, Abad
Junio 19

SAN Romualdo nació en Rávena hacia el año 956. A pesar de un deseo innato por la virtud y santidad sus primeros años se malgastaron al servicio del mundo y sus placeres. Entonces un día, obligado por su padre Sergio a presenciar un duelo en que tomaba parte, pudo contemplar cómo su padre mataba a su adversario. Este crimen le causó tal impresión que determinó expiarlo durante cuarenta días como si hubiera sido él quien lo cometiera.

Con este propósito se retiró al monasterio benedictino de San Apolinar, cerca de Rávena, donde llegó a ser Abad (996-999). Después de fundar varios monasterios estableció las bases de la austera Orden Camaldulense en Toscana.

Como todos los Santos, luchó durante toda su vida contra los asaltos del diablo y de los hombres. Al comienzo de su vida espiritual se vio fuertemente atacado por numerosas tentaciones, que conquistó con la vigilancia y la oración.

Más de un atentado se hizo contra su vida, pero la Divina Providencia le permitió escapar del peligro. Como muchos siervos de Dios también fue víctima de la calumnia, que sobrellevó con paciencia y silencio. En su ancianidad aumentó sus austeridades en vez de disminuirlas.

Después de una larga vida de méritos murió en el monasterio de Castro, que él había fundado en Marquisate de Ancona, alrededor del año 1027. Fue canonizado en 1582 por el Papa Gregorio XIII.

ORACION *Señor, en medio de las cosas de este mundo, permítenos dedicarnos de corazón a las cosas del cielo imitando el ejemplo de perfección angelical que Tú nos has dado en San Romualdo Abad. Amén.*

SAN SILVERIO, Papa y Mártir
Junio 20

SAN Silverio fue Papa sólo por un corto tiempo— 536-537—pero fue suficiente para hacer de él un mártir de la verdad. Fue víctima inocente de los intentos de los ostrogodos y bizantinos por controlar a Roma y fue exiliado a Patara en Licia por negarse a la orden de la emperatriz Teodora de reinstalar al hereje Antimo en la sede de Constantinopla.

El Emperador Justiniano le ordenó que regresara a Roma. Sin embargo, en el viaje de regreso murió en la isla de Palmaria, cerca de Nápoles, y su cuerpo fue devuelto a Roma y enterrado en la Basílica del Vaticano.

ORACION Dios todopoderoso, ayúdanos a soportar las adversidades mundanales con un espíritu inconquistable. Pues Tú no permitiste que San Silverio, Tu Papa y Mártir, se sintiera aterrorizado o doblegado por las penas. Amén.

SANTA FLORENTINA, Abadesa
El Mismo Día—Junio 20

FLORENTINA era natural de Cartagena, España, y la única hermana de Santos Leandro, Fulgencio e Isidoro. Habiendo perdido a sus padres siendo niña fue criada por San Leandro.

Eventualmente la Santa entró en el convento del cual San Leandro había escrito la Regla. Con el paso del tiempo fue su Abadesa guiando las hermanas con sus palabras y ejemplo.

ORACION Oh Dios, Tú inspiraste a Santa Florentina a esforzarse en la caridad perfecta y así llegar a Tu Reino al final de su peregrinaje terrenal. Fortalécenos a través de su intercesión que podamos avanzar regocijándonos en la vía del amor. Amén.

SAN LUIS GONZAGA,
Religioso

Junio 21
*Patrono de la
Juventud
Católica*

ESTE joven descendiente de la ilustre casa de Gonzaga, hijo de Fernando, Marqués de Castiglione, nació en Castiglione en la diócesis de Brescia, el 9 de Marzo de 1568. Desde sus más tiernos años San Luis se dedicó en cuerpo y alma al servicio de su Creador. Su memoria nos ha llegado con la dulce fragancia de la pureza más inmaculada. Unió una inocencia perfectamente angélica a una penitencia verdaderamente heroica.

Teniendo catorce años de edad acompañó a su padre a España, adonde este último había acudido al servicio de la emperatriz María Teresa de Austria, esposa de Maximiliano II. Felipe II lo hizo page del Príncipe Diego, hermano mayor de Felipe II. Su inocencia siguió sin contaminarse en medio de las vanidades de la corte ni tampoco pudo el mundo sustraer su corazón del servicio a Dios.

Al regresar a Italia en 1584, expresó sus deseos de entrar en la Compañía de Jesús. A pesar de la oposición finalmente logró llevar a cabo sus intenciones y se hizo novicio en Roma en 1585, durante el pontificado del Papa Pío V. Hizo su profesión de Fe el 20 de Noviembre de 1587 y poco después recibió las órdenes menores.

San Luis fue un modelo de perfección desde el comienzo de su vida religiosa. Durante una epidemia en Roma en 1591, se destacó por su caridad hacia los enfermos en el hospital. Estas labores le hicieron contraer la enfermedad que causó su muerte. Sus últimos días fueron eco fiel de su corta vida que ya acababa. Pasó a la eternidad el 21 de Junio de 1591, teniendo veinticuatro años de edad. San Luis fue canonizado en 1726 por el Papa Benedicto XIII.

ORACION Oh Dios, autor de todos los dones celestiales, Tú concediste a San Luis una inocencia maravillosa en su vida y un profundo espíritu de penitencia. Por sus méritos concédenos que podamos imitar su penitencia. Amén.

SAN PAULINO DE NOLA, Obispo
Junio 22

NACIDO en Bordeaux, Galia, de una rica familia senatorial romana, San Paulino fue educado bajo el cuidado del poeta Ausonio y llegó a ser gobernador de la provincia de la Campania. Se casó con una dama Cristiana española llamada Teresia y durante quince años demostró sus talentos en posiciones honorables en la Galia, Italia y España. Sus conversaciones con San Ambrosio en Milán, San Martín, a quien había conocido en Viena, y San Delfín, Obispo de Bordeaux, causaron que fuera bautizado por este último en 390.

Después de morir su único hijo él y su esposa tomaron un voto de castidad, regalaron su cuantiosa fortuna y se retiraron a España donde abrazaron la vida religiosa. En 394, fue ordenado en Barcelona ante la insistencia de su pueblo y, junto con su esposa, se estableció en Nola, Italia, cerca de la tumba de San Félix, donde fundaron un hogar para monjes y los pobres y vivieron una vida austera. Debido a su reconocida reputación de santidad fue hecho Obispo de Nola en 409.

Su santidad puso a San Paulino en contacto con los Santos más eminentes de su época como, por ejemplo, San Agustín y los ya mencionados anteriormente. Sentía una intensa devoción hacia los Santos y gran respeto por sus reliquias. Sus obras poéticas, muchas de ellas en honor de San Félix, lo colocan junto a Prudencio, el poeta latino Cristiano de mayor importancia de la época patrística. Murió en 431.

ORACION   Oh Dios, Tú deseaste que San Paulino, Tu Obispo, brillara por su solicitud pastoral y compasión hacia los pobres. Ayúdanos a quienes celebramos sus méritos a imitar el ejemplo de su caridad. Amén.

_____

SANTOS JUAN FISHER, Obispo, Y TOMAS MORO, Mártires

El Mismo Día, Junio 22—(Santo Tomás) *Patrono de los Abogados*

SAN Juan Fisher nació en Beverly, Yorkshire, en 1459, y se educó en Cambridge donde recibió su Maestría en Artes en 1491. Ocupó la vicaría de Northallerton, 1491-1494; después fue superintendente de la Universidad de Cambridge. En 1497, fue nombrado confesor de Lady Margaret Beaufort, madre de Enrique VII, y estuvo relacionado estrechamente con sus dotaciones a Cambridge; creó becas, introdujo el griego y el hebreo en el currículo y trajo al mundialmente famoso Erasmo como profesor de Divinidad y Griego.

En 1504, fue nombrado Obispo de Rochester y Canciller de Cambridge, en cuya capacidad también sirvió de tutor al Príncipe Enrique quien llegaría a ser Enrique VIII. San Juan se dedicó al bienestar de su diócesis y de su universidad. Desde 1527 este humilde siervo de Dios se opuso decididamente a los trámites de divorcio establecidos por el Rey contra Catalina, su esposa ante Dios, y resistió denodadamente las ingerencias de Enrique en la Iglesia. A diferencia de otros obispos del reino San Juan se negó a tomar el juramento de sucesión que reconocía la cuestión de Enrique y Ana como herederos legítimos al trono, por lo que fue encarcelado en la Torre de Londres en 1534. El año siguiente fue hecho Cardenal por Pablo III y, en represalia, Enrique lo hizo decapitar el mes siguiente.

Media hora antes de su ejecución este dedicado escolar y hombre de la Iglesia abrió su Nuevo Testamento por última vez y sus ojos cayeron sobre las siguientes palabras del Evangelio Según San Juan: "Esta es la vida eterna: que te conozcan a Ti, único Dios verdadero, y Tu enviado, Jesucristo. Yo te he glorificado sobre la tierra llevando a cabo la obra que me encomendaste realizar. Ahora Tú, Padre, glorifícame cerca de Ti mismo" (Juan 17, 3-5). Cerrando el libro comentó: "Hay suficiente enseñanza en esto para que me dure el resto de mi vida." Fue canonizado en 1935 por el Papa Pío XI.

SANTO TOMAS MORO nació en Londres en 1478. Después de una excelente educación en religión y los clásicos entró en Oxford para estudiar leyes. Al dejar la universidad comenzó una carrera legal que lo llevó al Parlamento. En 1505, se casó con su amada Jane Colt, quien le dio cuatro hijos y cuando ésta murió siendo muy joven se volvió a casar con una viuda, Alice Middleton, quien sería una madre para sus hijos. Hombre inteligente y reformador, este sabio contaba obispos y eruditos entre sus amigos y en 1516 escribía su *Utopía,* obra mundialmente famosa.

Atrajo la atención de Enrique VIII quien lo nombró sucesivamente para altos cargos y misiones y finalmente lo hizo Canciller en 1529. Sin embargo, él renunció a este cargo en 1532, en el momento cumbre de su carrera, cuando Enrique VIII persistió en mantener sus propias opiniones respecto al matrimonio y a la supremacía del Papa.

El resto de su vida lo pasó mayormente escribiendo en defensa de la Iglesia. En 1534, junto con su gran amigo San Juan Fisher, se negó a rendir juramento al Rey como Cabeza de la Iglesia y fue encarcelado en la Torre de Londres. Quince meses más tarde, y nueve días después de la ejecución de San Juan Fisher, fue llevado a juicio y condenado por traición. El dijo al tribunal que no podía ir contra su propia conciencia y deseó a sus jueces que "aún es posible que algún día nos encontremos felizmente todos juntos en el cielo en la salvación eterna." Estando en el patíbulo dijo a la multitud de espectadores que moría como "un buen siervo del Rey—pero Dios es primero." Fue decapitado el 6 de Julio de 1535 y canonizado en 1935 por el Papa Pío XI.

ORACION Oh Dios, Tú consumaste el camino de la Fe verdadera en el martirio. Por la intercesión de los Santos Juan Fisher y Tomás Moro concédenos que podamos confirmar con el testimonio de nuestras vidas la Fe que profesamos con nuestros labios. Amén.

SANTA ETHELREDA (AUDRY), Virgen
Junio 23

ESTA santa virgen fue la tercera hija de Annas, el santo Rey de Anglia (antiguo nombre en

latín de Inglaterra) Oriental. Tres de sus hermanas, Sexburga, Ethelburga y Withburga, se cuentan entre los Santos. Vino al mundo en Exning,
una aldea en Suffolk. Obedeciendo los deseos de
sus padres se casó con el Príncipe Tonberto, pero
continuó siendo virgen, pues vivieron en continencia perpetua. Tres años más tarde su esposo murió
y ella se retiró a la isla de Ely, donde llevó una vida
apartada de contemplación durante cinco años.

Su fama llegó a oídos de Egfrido, el poderoso
Rey de Northumberland, quien le rogó que consin-
tiera en casarse con él y así, por segunda vez, se
vio comprometida para casarse. Vivió con su segundo esposo al igual que con el primero, más
como una hermana que como una esposa, dedicando su tiempo a ejercicios de devoción y obras
de caridad. Finalmente, después de doce años de
casada, siguiendo los consejos de San Wilfrido y
más o menos con el consentimiento de su esposo,
entró en la vida religiosa. Se retiró al monasterio
de Coldinghan, cerca de Berwick, donde vivió en
obediencia a la Abadesa, Santa Ebba.

En el año 672 regresó a la isla de Ely y fundó un
monasterio. A partir de entonces su vida fue de
gran austeridad y perfección. Se convirtió en modelo de virtudes para todas sus hermanas. Los
sufrimientos eran su delicia. Daba gracias a Dios
cuando durante su última enfermedad tenía que
sufrir mucho. Después de una larga enfermedad
murió en paz el 23 de Junio de 679.

*ORACION Señor Dios, Tú derramaste Tus dones
celestiales sobre Santa Ethelreda. Ayúdanos a imi-*

tar sus virtudes durante nuestra vida terrena y disfrutar con ella de felicidad eterna en el cielo. Amén.

LA NATIVIDAD DE SAN JUAN BAUTISTA
Patrono de Puerto Rico

Junio 24

LA fiesta de la Natividad, el cumpleaños, de San Juan Bautista, el precursor del Mesías y nacido seis meses antes que él, se celebra el 24 de Junio y es una de las festividades más antiguas en la liturgia de la Iglesia. Era hijo de Zacarías e Isabel, una prima de la Santísima Virgen María. La tradición sitúa el hogar y lugar del nacimiento del Bautista cerca de la aldea de Ain-Karim, a ocho kilómetros al oeste de Jerusalén, en el lugar donde hay hoy una iglesia franciscana. La iglesia se llama "San Juan de la Montaña."

Lo que sabemos de este Santo, el más grande de todos los profetas, desde su santificación antes de nacer hasta su martirio bajo el Rey Herodes, es a través de las Sagradas Escrituras. Siempre ha ocupado un lugar de importancia en la veneración dada por la Santa Iglesia a los heroicos siervos de Dios. Mientras que la festividad de otros Santos se conmemora el día de sus muertes, cuando alcanzaron la victoria final, la natividad de San Juan Bautista es el día de su fiesta, ya que nació libre del pecado original, siendo purificado en el seno al tiempo de la visitación de María a su madre Isabel (Lucas 1, 44). También tenemos la festividad de la Natividad de la Santísima Virgen María (Septiembre 8).

Treinta años después de nacer Jesús, Juan comenzó su misión en las orillas del Jordán. El fue el último profeta de la Antigua Alianza. Su labor era preparar la senda y anunciar la llegada del tan esperado Mesías, el Redentor, en quien todo hombre vería "la salvación de Dios."

Antes de nacer San Juan un ángel anunció que "mucho se regocijarían con su nacimiento," y por tanto Junio 24 se encuentra entre las fiestas jubilosas del año. En otros tiempos y otras tierras se celebraba con mucho mayor júbilo y regocijo y mayores demostraciones que en nuestros días. La víspera del día de San Juan se encendían "los fuegos de San Juan" en las colinas y montañas de muchos países y aún se encienden en algunos lugares. "Apenas los últimos rayos del sol poniente habían desaparecido cuando en todas partes se levantaban inmensas columnas de llamas desde cada montaña y en un instante todo pueblo y aldea se veían iluminados" (Dom. P.L.P Gueranger).

ORACION Oh Dios, Tú trajiste a San Juan Bautista para preparar una senda perfecta para Cristo. Llena a Tu pueblo con el regocijo de poseer Tu gracia y dirige las mentes de todos los fieles en la senda de la paz y la salvación. Amén.

SAN PROSPERO DE REGGIO, Obispo
Junio 25

ESTE Santo del siglo V está rodeado de oscuridad; desde el comienzo del siglo IX fue venerado en la provincia italiana de Emilia, aunque originalmente puede haber sido natural de España. Una tradición dudosa nos dice que San Próspero distribuyó todos sus bienes entre los pobres para cumplir con el mandamiento dado por el Señor al joven rico. Llegó a ser obispo y su benéfico episcopado duró por veintidós años.

El 25 de Junio de 466 alcanzó su recompensa celestial, rodeado de sus sacerdotes y diáconos y fue enterrado en la iglesia de San Apolinar, que él había erigido y consagrado, fuera de las murallas de Reggio. En 703, sus reliquias fueron transferidas a una nueva y gran iglesia construida en su honor por el Obispo Tomás de Reggio. Y, de acuerdo con ello, es el principal patrono de esa ciudad.

ORACIÓN Oh Dios, Tú hiciste de San Próspero ejemplo sobresaliente del amor Divino y de la Fe que conquista al mundo y lo incluiste entre los santos Pastores. Concédenos que por su intercesión podamos perseverar en el amor y en la Fe y así compartir en su gloria. Amén.

SAN ANTELMO, Obispo de Belley

Junio 26

S AN Antelmo, considerado con justicia el mayor eclesiástico de su época, nació en 1107 en Saboya en una noble familia que lo educó para la Iglesia. A los treinta años, siendo sacerdote, visitó por casualidad el monasterio cartujano de Portes y se impresionó tanto que renunció a su sinecura eclesiástica, abandonó el mundo y tomó el hábito de San Bruno.

En 1169, fue elegido prior de la casa madre de su orden, la Gran Cartuja y como resultado de sus esfuerzos fue que los cartujos llegaron a ser una nueva Orden. En 1173, se convirtió en Obispo de Belley, posición que tomó solamente por obediencia al Papa.

Aunque su corazón se sentía atraído a la vida monástica, el Santo se dedicó a su puesto en su manera característica. Demostró ser un administrador brillante, un dedicado reformador y un intrépido luchador por la verdad—amado por sus feligreses.

El Papa lo encargó para que fuera a Inglaterra a tratar de reconciliar al Rey Enrique II y Santo Tomás Becket; sin embargo, la muerte lo sorprendió antes de que pudiera ir, la cual ocurrió el 26 de Junio de 1178.

ORACION Oh Dios, Tú hiciste de Tu obispo San Antelmo un sobresaliente ministro de Tu Iglesia por sus oraciones y celo pastoral. Concédenos por sus súplicas que Tu rebaño fiel siempre encuentre pastores que lo guíen a Tu corazón y a pastos salutíferos. Amén.

SAN PELAYO, Mártir
El Mismo Día—Junio 26

PELAYO nació alrededor de 911 en Galicia. Siendo niño y en compañía de su tío, el Obispo de Tuy, fue capturado por los moros de Córdoba.

Durante tres años estuvo en la prisión y le ofrecieron la libertad y otras recompensas si renunciaba a la Fe Cristiana. Pero él se negaba continuamente a hacerlo.

El Santo también repudiaba todas las insinuaciones que le hacía el califa que se había sentido atraído por aquel niño de catorce años. San Pelayo puso el amor de Dios sobre todas las seducciones del mundo y conservó puro su corazón.

El 26 de Junio de 925 alcanzó el martirio y fue a su recompensa eterna.

ORACION Señor Dios, Tú prometiste a los limpios de corazón que verían Tu faz. Concede que, siguiendo el ejemplo de San Pelayo, podamos mantener nuestros corazones libres de todo pecado. Amén.

SAN CIRILO DE ALEJANDRIA,
Obispo y Doctor de la Iglesia
Junio 27

CIRILO nació en Alejandría, Egipto, cerca del año 374. Defendió incansablemente la Maternidad Divina de la Virgen María contra Nestorio, Obispo de Constantinopla, quien mantenía que Jesucristo había nacido como hombre de la Virgen María y que Su Divinidad la adquirió después de Su nacimiento debido a Sus grandes méritos.

San Cirilo presidió el Concilio General de Efeso en el que se condenó a Nestorio y sus doctrinas. Sin embargo, el Santo pagó caro por esta victoria en forma de los muchos sufrimientos causados por Nestorio y sus seguidores. Dejó muchos tratados exegéticos y una obra apologética contra Julián el Apóstata. Murio en 444.

ORACION Oh Dios, Tú hiciste de Tu Obispo San Cirilo el campeón invencible de la Maternidad Divina de la Santísima Virgen María. Concede que quienes creemos que ella es la verdadera Madre de Dios nos salvemos a través de la Encarnación de Cristo, Tu Hijo. Amén.

SAN IRENEO, Obispo y Mártir

Junio 28

SABEMOS muy poco sobre la vida de San Ireneo, uno de los teólogos más importantes del siglo II.

Nació alrededor de 130 en Asia Menor y fue puesto bajo el cuidado de San Policarpo, discípulo del Apóstol San Juan y Obispo de Esmirna. San Ireneo estudió en Roma y más tarde fue sacerdote en Lyón en la Galia. En 178, sucedió a San Potino como Obispo de Lyón.

A través de sus prédicas el Santo convirtió a muchos a la Fe y sus escritos hicieron mucho por combatir las herejías que abundaban, especialmente las de los gnósticos y valentinianos.

Sus obras principales son: *Contra las Herejías* y *Demostración de la Predicación Apostólica*. De acuerdo con ello se le considera como un lazo entre el Oriente y el Occidente.

San Ireneo murió como mártir en 202 durante la persecución de Septimio Severo.

ORACION Oh Dios, Tu capacitaste a San Ireneo, Tu obispo, para fortalecer la verdad de la Fe y la paz de la Iglesia. Por su intercesión permite que nos renovemos en la Fe y el amor y tratemos siempre de fomentar la unidad y la concordia. Amén.

SANTOS PEDRO Y PABLO, Apóstoles

Junio 29

San Pedro

Patrono de los Pescaderos y los Relojeros

S AN Pedro fue un pescador de Galilea, llamado Simón e hijo de Juan. Su hermano Andrés lo presentó a Cristo, de quien probablemente habían oído hablar a Juan el Bautista, y se convirtió en su discípulo abandonando su familia y posesiones para seguirlo. Cristo cambió su nombre a Pedro (Piedra) y lo hizo la Piedra sobre la que se erigiría Su Iglesia.

Después de Su Resurrección Jesús confirió la primacía a Pedro, quien se convirtió en Vicario de Cristo y cabeza de los Apóstoles, el primer Papa.

Los Evangelios hablan de Pedro más que de ningún otro Apóstol. Fue honrado en muchas ocasiones y se le atribuyen varios milagros; Cristo se quedó en su hogar, predicó desde su bote, le envió el primer mensaje de la Resurrección y se le apareció personalmente. Con frecuencia Pedro habló por los otros Apóstoles. Finalmente se mencionan sus defectos: su ira, fe imperfecta, impetuosidad y triple negación de Cristo.

Después de la Ascensión Pedro comenzó su trabajo como jefe de la Iglesia. Presidió la elección de Matías, dijo el primer sermón apostólico en público, curó a un paralítico de nacimiento y recibió el encargo Divino de recibir a los Gentiles en la Iglesia. Después de la ejecución de Santiago, hermano de Juan, por Herodes Agripa, Pedro fue rescatado milagrosamente de la prisión. Presidió el Concilio Apostólico de Jerusalén en el año 50, cuando se declaró oficialmente que los Gentiles convertidos a la Fe no tenían que someterse a la ley de la circuncisión. Más tarde fue a Antioquía donde se decidió que ni aún los mismos judíos estaban obligados a observar la Ley Mosaica.

San Pedro vivió en Roma intermitentemente por 25 años como fundador y primer Obispo de la Iglesia de allí. Finalmente, en el último año del reinado de Nerón, 67, fue crucificado con la cabeza hacia abajo, a petición propia, ya que no se estimaba digno de morir igual que su Divino Maestro. Se le atribuyen dos Epístolas del Nuevo Testamento y el Evangelio de San Marcos, que fue su discípulo, ha sido llamado "El Evangelio de Pedro."

San Pablo

Patrono de las Relaciones Públicas

SAN Pablo, el infatigable Apóstol de los Gentiles, se convirtió del judaísmo en el camino a Damasco (ver pág. 45).

Permaneció algunos días en Damasco después de su Bautismo y luego fue a Arabia, posiblemente por un año o dos, para prepararse para sus futuras actividades misioneras. Habiendo regresado a Damasco, permaneció allí por algún tiempo, predicando en las sinagogas que Jesús es el Cristo, el Hijo de Dios. Por ello incurrió en el odio de los judíos y tuvo que escapar de la ciudad. Después fue a Jerusalén para ver a Pedro y rendir homenaje al cabeza de la Iglesia.

Más tarde Pablo regresó a Tarso, de donde era nativo (Hechos 9, 30) y comenzó a evangelizar en su propia provincia hasta que Bernabé lo llamó a Antioquía. Después de un año, con ocasión de una gran escasez, Bernabé y Pablo fueron enviados con limosnas para la comunidad Cristiana pobre en Jerusalén. Habiendo cumplido su misión regresaron a Antioquía.

Poco después de esto Pablo y Bernabé hicieron su primer viaje misionero (44/45-49/50), visitando la isla de Chipre y después Panfilia, Pisidia, Iconio, Listra y Derbe.

Después del Concilio Apostólico de Jerusalén, Pablo, acompañado por Silas y más tarde también por Timoteo y Lucas, hizo su segundo viaje misionero (50-52/53), primero revisitando las iglesias establecidas previamente por él en Asia Menor y luego pasando a través de Galacia.

En Tróade Pablo tuvo una visión de Macedonia, la que lo impresionó como un llamado de Dios para evangelizar a Macedonia. Por tanto se embarcó para Europa y predicó el Evangelio en Filipos, Tesalónica, Berea, Atenas y Corinto. Después regresó a Antioquía pasando por Efeso y Jerusalén.

En su tercer viaje misionero (53/54-58) Pablo visitó casi las mismas regiones que en el segundo, pero hizo de Efeso, donde permaneció casi tres años, el centro de su actividad misionera. Hizo planes aún para otro viaje misionero con la intención de dejar a Jerusalén e ir a Roma y España.

Pero las persecuciones de los judíos le impidieron lograr su propósito. Después de dos años encarcelado en Cesárea finalmente llegó a Roma donde lo mantuvieron otros dos años en cadenas.

Los Hechos de los Apóstoles no nos dan más información sobre la vida del Apóstol. Sin embargo, podamos deducir las siguientes hipótesis, de las Epístolas Pastorales y por la tradición.

Al terminar esos dos años Pablo fue puesto en libertad de su encarcelamiento en Roma. Luego viajó a España, más tarde volvió al Oriente y aún después volvió a Roma, donde fue encarcelado por segunda vez y decapitado en el año 67.

El incansable interés y el afecto paternal de San Pablo por las iglesias que había establecido lo llevaron a escribir catorce Epístolas canónicas. Sin embargo, es casi seguro que escribió otras cartas que no han llegado a nuestros días.

En sus Epístolas San Pablo demuestra ser un profundo pensador religioso y tuvo una influencia formativa duradera en el desarrollo de la Cristiandad. El paso de los siglos sólo ha hecho más evidente su grandeza de mente y espíritu.

ORACION   Oh Dios, Tú nos concedes un santo júbilo al conmemorar la solemnidad de Tus Santos Apóstoles Pedro y Pablo. Concede que Tu Iglesia pueda seguir sus enseñanzas y ejemplos en todas las cosas porque es a través de ellos que la Cristiandad comenzó su desarrollo. Amén.

LOS PRIMEROS SANTOS MARTIRES
DE LA IGLESIA ROMANA
Junio 30

POR razones válidas y diversas el nuevo Calendario litúrgico reformado de la Iglesia ha suprimido los nombres de muchos mártires antiguos. A cambio de ello se ha insertado esta festividad en el Calendario, al día siguiente de la solemnidad de los Apóstoles Pedro y Pablo, en honor de los primeros mártires de la Iglesia de Roma que fueron llevados a la muerte en el Circo Vaticano en el tiempo de la persecución bajo Nerón (en el año 64).

Cualquiera que fuera la causa real de la conflagración que eruptó dentro de los confines del Palatino y el Celio y que arrasó la ciudad durante seis días y siete noches, este malvado Emperador escogió hacer que los Cristianos fueran los responsables—la mayoría de ellos esclavos, manumitidos o extranjeros. La crueldad e injusticia de la represión que siguió, en la que las víctimas eran hechas pedazos por las fieras salvajes o quemados como antorchas vivas, eventualmente provocó la indignación de los paganos como, por ejemplo, Tácito. La solemnidad de estos mártires Cristianos se ha celebrado en Roma el 27 de Junio a partir de 1923.

ORACION Oh Dios, Tú consagraste los copiosos primeros frutos de la Iglesia Romana con la sangre de los Mártires. Concédenos que podamos fortalecernos en la virtud por la agonía de tal lucha y regocijarnos siempre en su victoria. Amén.

BEATO JUNIPERO SERRA, Presbítero

Julio 1

MIGUEL José Serra nació en la isla de Mallorca el 24 de Noviembre de 1713, y tomó el nombre de Junípero en 1730 al ingresar en la Orden Franciscana. Ordenado en 1737, enseñó filosofía y teología en la Universidad de Padua hasta 1749.

Cuando tenía 37 años de edad, llegó a Ciudad México el 1ro de Enero de 1750, y pasó el resto de su vida trabajando para la conversión de los pueblos del Nuevo Mundo.

En 1768, el Padre Serra se encargó de las misiones de los Jesuitas (que habían sido expulsados injustamente por el gobierno) en la provincia mexicana de Baja California y Alta California (la California moderna). Trabajador incansable, Serra fue responsable en gran parte del establecimiento y de la propagación de la Iglesia en la costa oeste de los Estados Unidos cuando todavía era territorio de misiones.

Fundó 21 misiones y convirtió a miles de Indios, enseñándoles a los conversos métodos provechosos de agricultura, crianza de ganado y artesanía.

Junípero era un religioso y misionero consagrado. Estaba imbuido del espíritu de penitencia y practicaba austeridad en el sueño, la comida y otras actividades.

El 28 de Agosto de 1874, agotado por sus labores apostólicas, el Padre Serra fue llamado a su descanso eterno. Fue beatificado por el Papa Juan Pablo II el 25 de Septiembre de 1988. Su estatua, representando el Estado de California, está en el Salón Nacional de Estatuaria.

ORACION Padre todopoderoso, Dios eterno, Tú dedicaste el júbilo de este día a la glorificación del Beato Junípero. Permite misericordiosamente que podamos esforzarnos para guardar y completar, por nuestras obras, la Fe que el proclamó constantemente con un fervor insaciable. Amén.

SAN BERNARDINO REALINO, Presbítero
Julio 2

SAN Bernardino Realino nació en una familia noble de Capri, Italia, en 1530. Después de haber recibido una educación Cristiana completa y devota por parte de su madre, siguió estudiando medicina en la Universidad de Bolonia, pero después de tres años cambió para las leyes y recibió su doctorado en 1536.

La fama de su sabiduría, dedicación y brillantez legal se divulgó rápidamente, y en 1564 lo llamaron a Nápoles para hacerse cargo de la posición de auditor y teniente general.

Poco después, este joven ejemplar comprendió que tenia vocación religiosa y, ayudado por la aparición de Nuestra Señora, entró en la Sociedad de Jesús, y fue ordenado en 1567. Durante tres años trabajó generosamente en Nápoles, dedicándose con todo corazón al servicio de los pobres y de los jóvenes, y más tarde lo enviaron a Lecce donde permaneció durante los últimos cuarenta y dos años de su vida.

San Bernardino se ganó un reconocimiento amplio por sus constantes labores apostólicas. Fue un confesor modelo, un predicador poderoso, un maestro diligente de la Fe con los jóvenes, un pastor de almas dedicado, así como Rector del Colegio Jesuita de Lecce y superior de la comunidad allí.

Su caridad hacia los pobres y los enfermos no tenía límites y su gentileza terminó con las vendetas y escándalos públicos que surgían de vez en cuando.

Este Santo fue tan amado y apreciado por su gente que en 1616, cuando yacía en su lecho de muerte, los magistrados de la ciudad pidieron formalmente que debería tomar la ciudad bajo su protección. Incapaz de hablar, San Bernardino inclinó la cabeza.

Murió con los nombres de Jesús y María en sus labios. Fue canonizado en 1947 por el Papa Pío XII.

ORACION Oh Dios, Tú enseñaste a Tu Iglesia a observar todos los mandamientos celestiales en el amor de Dios y del prójimo. Ayúdanos a practicar obras de caridad en imitación de Tu Presbítero, San Bernardino, y merecer ser contados entre los beatos en Tu Reino. Amén.

SANTO TOMAS, Apóstol

Julio 3—*Patrono de los Arquitectos*

SANTO Tomás era judío, llamado a ser uno de los doce apóstoles. Era un dedicado, pero impetuoso seguidor de Cristo. Cuando Jesús dijo que El iba a volver a Judea para visitar Su amigo enfermo Lázaro, Tomás inmediatamente exhortó a los otros Apóstoles a que le acompañaran en el viaje que tenía cierto peligro y posiblemente la muerte a causa de la hostilidad creciente por parte de las autoridades. En la Ultima Cena, cuando Cristo dijo a Sus discípulos que El iba a preparar un lugar para ellos, donde podían también venir porque conocían el lugar así como el camino, Tomás le suplicó que no lo entendían y recibió la bella afirmación de que Cristo es el Camino, la Verdad, y la Vida.

Pero a Santo Tomás se le conoce mejor por su papel en comprobar la Resurrección de su Maestro. La renuencia de Tomás en creer que los demás Apóstoles habían visto a su Señor Resucitado el primer domingo de Pascua le mereció el título de "Tomás el incrédulo." Ocho días mas tarde, en la segunda aparición de Cristo, Tomás fue gentilmente reprobado por su escepticismo y recibió la evidencia que había pedido—al ver en las manos de Cristo la punta de los clavos y al poner sus dedos en el lugar de los clavos y la mano en su costado. Con esto, Santo Tomás se convenció de la verdad de la Resurrección y exclamó: "Mi Señor y mi Dios," haciendo así una Profesión de Fe pública en la Divinidad de Jesús.

Santo Tomás también es mencionado como estando presente en otra aparición de Jesús Resucitado—en el lago Tiberíades cuando ocurrió una pesca milagrosa. Esto es todo lo que se sabe de Santo Tomás en el Nuevo Testamento.

La tradición dice que al ocurrir la dispersión de los Apóstoles después de Pentecostés, este Santo fue mandado a evangelizar a los partos, los medas y los persas; por último llegó hasta la India, llevando la Fe a la costa de Malabar, donde todavía existe una población grande a la que llaman "Cristianos de Santo Tomás." Terminó su vida dando la sangre por su Maestro—murió atravesado por una lanza en un lugar llamado Calamine.

ORACION   Dios Poderoso, permítenos regocijarnos con orgullo al celebrar la fiesta de Santo Tomás el Apóstol. Que podamos ser ayudados por su protección y, creyendo, tener vida en el Nombre de Jesús Cristo Tu Hijo a Quien reconoció como Señor. Amén.

SANTA ISABEL DE PORTUGAL
Julio 4—*Patrona de la Tercera Orden de San Francisco*

EL padre de San Isabel fue Pedro III, Rey de Aragón. Vino al mundo en el palacio real de Zaragoza en 1271 y fue llamada Isabel como su tía, San Isabel de Hungría, quien pocos años antes había sido canonizada por el Papa Gregorio IX.

Su abuelo, Santiago I, que entonces ocupaba el trono de Aragón, se encargó de su educación, pero él murió antes de que ella cumpliera los seis años de edad.

Sus primeros años los pasó en la piedad más extraordinaria y teniendo doce años de edad fue dada en matrimonio a Dionisio, Rey de Portugal. Sin embargo, su esposo la dejó libre para que practicara sus devociones y ella vivió en el trono con la virtud y regularidad de una religiosa.

Eventualmente su paciencia y gentileza lograron convertir al Rey, que había llevado una vida licenciosa. La caridad para los pobres fue una de sus virtudes características y sus obras por el bien de sus prójimos no tenían límites.

Su virtud tuvo que pasar también por el crisol del sufrimiento. Una de las penas más profundas que sufrió fue la revuelta de su hijo, Alfonso, en contra de su propio padre y el injusto trato recibido de éste último, quien sospechaba que ella favorecía a su hijo. Sin embargo, pronto el Rey se dio cuenta de su error y se enmendó y esta santa mujer logró por fin la reconciliación entre padre e hijo.

Después de la muerte de su esposo tomó el hábito de la Tercera Orden de San Francisco y se retiró a un convento de las Clarisas Pobres, cerca del cual vivió en una casa que ella había construido. Oyendo que su hijo, Alfonso IV, Rey de Portugal, había entrado en guerra con su nieto, Alfonso XI, Rey de Castilla, efectuó un viaje para reconciliarlos teniendo éxito en ello.

Esta fue su última obra de caridad, porque se enfermó al llegar a Estremoz, en las fronteras de Castilla donde se encontraba su hijo. Después de recibir los Ultimos Sacramentos murió el 4 de Julio de 1336. Fue canonizada en 1625 por el Papa Urbano VIII.

ORACION Oh Dios, Autor y Amante de la caridad, Tú dotaste a Santa Isabel con la gracia maravillosa de reconciliar a los disidentes. Por su intercesión permítenos practicar obras de paz para que seamos llamados hijos de Dios. Amén.

SAN ANTONIO MARIA ZACARIA, Presbítero
Julio 5

NACIDO en Cremona, Italia, en 1502, de padres nobles, San Antonio perdió a su padre siendo muy joven. Pero su madre supo compensar esta pérdida y se ocupó de que tuviera una sólida educación, inculcándole la compasión por los pobres y afligidos. Estudió medicina en la Universidad de Padua y regresó a su hogar a los veintidós años convertido en todo un médico. Pero pronto comprendió que su vocación estaba tanto en curar las almas como los cuerpos.

De acuerdo con ello, este devoto joven estudió teología pero continuó practicando la medicina. Al mismo tiempo, ayudaba a los que morían espiritualmente, enseñaba el catecismo a los jóvenes y se ponía completamente a sí mismo al servicio de todos. Después de ordenarse, en 1528, se le alentó a que fuera a Milán donde había mayores oportunidades de servir a sus prójimos. Se unió a la Confraternidad de la Eterna Sabiduría cuyo propósito era llevar a cabo varias obras de misericordia; entonces con la ayuda de Luigina Torelli, Condesa de Guastella, fundó la comunidad llamada los Angélicos, con el propósito de rescatar a las mujeres y hijas caídas y a aquellos en peligro de caer en el pecado.

En 1530, San Antonio y dos otros sacerdotes celosos fundaron una congregación de sacerdotes para ayudar a regenerar y revivir el amor al servicio Divino y una forma de Vida Cristiana apropiada por la predicación frecuente y una fiel administración de los Sacramentos. Esa fue la Orden de los Clérigos Regulares de San Pablo, y sus primeros miembros se unieron a San Antonio para administrar día y noche a la gente de Milán, quienes se veían asolados por las guerras, la plaga y el descuido de la clerecía. Murió en 1539 a los treinta y siete años de edad, agotado por sus duras labores. Fue canonizado en 1897 por el Papa León XIII.

ORACION Señor, concédenos, en el espíritu de San Pablo el Apóstol, aprender el conocimiento de Jesucristo, que sobrepasa toda comprensión. Enseñado por este conocimiento San Antonio predicó continuamente la palabra de salvación en Tu Iglesia. Amén.

SAN ATANASIO EL ATONITA, Abad
El mismo Día—Julio 5

EN las palabras de su biógrafo, "Trebizonde presenció su nacimiento (alrededor de 920), Bizancio le permitió crecer espiritualmente y Kiminas y Atos lo hicieron agradable a Dios." En 963, fundó los célebres monasterios en el Monte Atos donde todavía se albergan comunidades monásticas—pero sólo después de vencer la oposición de los ermitaños que estaban allí antes. Murió en 1003 al caer la cúpola de su iglesia.

ORACION Señor, en medio de las cosas de este mundo, permítenos dedicarnos de corazón a las cosas del cielo imitando el ejemplo de perfección angelical que Tú nos has dado en San Atanasio Abad. Amén.

SANTA MARIA GORETTI

Virgen
y Martir

Julio 6

*Patrona de
la Juventud*

MARIA Goretti, llamada por el Papa Pío XII, "la santa Inés del siglo XX," nació en una pequeña finca cerca de Ancona, Italia, en 1890. La tercera de siete hermanos, ella era, en las palabras de su madre, "feliz, buena, franca, sin caprichos, pero con un sentido de la seriedad más allá de sus años y nunca desobediente." Su padre murió teniendo ella nueve años de edad y María ayudaba con los hermanos más pequeños en las tareas de la casa mientras su madre se ocupaba de la finca. Recibió la Primera Comunión a los once años de edad y trataba con todas sus fuerzas por ser mejor cada día.

Seis meses más tarde esta heroica virgen sufrió una dura prueba por su Fe. La familia Goretti compartía su hogar con el socio de su padre y su hijo, Alejandro, un joven de mente malvada que comenzó a hacerle proposiciones deshonestas a María. Ella lo rechazó inmediatamente, pero no le dijo nada de esto, porque él amenazó con matarla a ella y a su madre si lo hacía. Finalmente, el deseo llevó al trágico Alejandro a un ataque directo, pero la Santa se resistió de nuevo con todas sus fuerzas, gritando repetidas veces: "¡No, es un pecado! ¡Dios no lo quiere!" Entonces su atacante, impulsado por el miedo y la ira, comenzó a apuñalearla ciegamente con una daga y atravesó varias veces su cuerpo a puñaladas.

Santa María fue llevada inmediatamente al hospital en Neptuno y los cirujanos trabajaron febrilmente para salvarle la vida, pero pronto se hizo evidente que todo era imposible. A la mañana siguiente recibió la Comunión, pero antes se le preguntó acerca de su actitud hacia Alejandro. Ella respondió claramente que lo perdonaba, que rogaría por su arrepentimiento y que deseaba verlo en el cielo. El 6 de Julio de 1902, murió esta santa doncella y fue a reunirse con su Esposo celestial por cuyo amor había estado dispuesta a dar la vida.

El 25 de Julio de 1950, fue elevada a la santidad, en presencia de su madre, hermanos y hermanas, en un evento único en la historia de la Iglesia. Para ese tiempo sus oraciones por su asesino hacía largo tiempo que habían sido escuchadas y respondidas. Después de servir ocho años de prisión sin arrepentirse, Alejandro tuvo un cambio total en su corazón; libertado por buena conducta después de veintisiete años de cárcel, se apresuró a pedir perdón a la madre de la Santa y se hizo hermano lego capuchino, prestando evidencia en la encuesta canónica sobre la Beata María y llegando a vivir para verla canonizada.

ORACION   Dios, Autor de la inocencia y Amante de la castidad, Tú conferiste a Tu sierva Santa María la gracia del martirio a una temprana edad. Por su intercesión concédenos la constancia en Tus mandamientos, Tú que diste la corona a una virgen que luchó por Ti. Amén.

BEATOS RAFAEL MILNER Y ROGERIO DICKENSON, Mártires
Julio 7

RAFAEL Milner y Rogerio Dickenson vivieron en una época en la historia de Inglaterra cuando los Católicos de ese país arriesgaban la cárcel y la muerte por practicar y extender la Fe. Rafael Milner era un anciano campesino y sin instrucción del distrito de Flacsted en Hampshire quien se crió como Protestante. Influenciado por las buenas vidas que veía en sus vecinos Católicos, recibió instrucciones en la Fe y fue recibido en la Iglesia.

El mismo día de su Primera Comunión, este devoto converso fue hecho prisionero y enviado a la cárcel. Aunque permaneció en la prisión durante varios años, con frecuencia se le otorgó la libertad condicional; en estas ocasiones pedía limosnas y daba ayuda espiritual para sus compañeros de prisión y empleando sus conocimientos generales de las zonas campestres ayudaba a los sacerdotes misioneros a que fueran de una a otra parte más fácilmente. Fue de esta manera que conoció y ayudó a un sacerdote seglar nombrado Rogerio Dickenson.

Rogerio Dickenson era nativo de Lincoln y sacerdote del Colegio de Reims quien fuera enviado como misionero en 1583. Había sido ya arrestado una vez, pero había podido escapar cuando sus guardias se emborracharon. La segunda vez fue arrestado con Rafael Milner y ambos fueron enjuiciados por su Fe. El juez se compadeció especialmente de Milner que era viejo y tenía ocho hijos; buscando un pretexto para ponerlo en libertad, urgió a este santo campesino a visitar una iglesia parroquial cercana como cuestión de forma y sería puesto en libertad ya que ello equivaldría a una reconciliación con la Iglesia de Inglaterra.

Sin embargo, el santo mártir, ayudado con la gracia de Dios, se mantuvo firme y rehusó hacer el más mínimo gesto de engaño, prefiriendo compartir el destino de su amigo el Padre Dickenson. Por consiguiente, ambos siervos de Dios fueron ejecutados en Winchester el 7 de Julio de 1591. Fueron beatificados en 1929 por el Papa Pío XI.

ORACION Oh Dios, Tú nos rodeas y proteges con la gloriosa confesión de Tus bienaventurados Mártires, Rafael y Rogerio. Ayúdanos a beneficiarnos con sus ejemplos y ser apoyados con sus oraciones. Amén.

SAN GRIMBALDO, Abad de Newminster
Julio 8

SAN Grimbaldo nació en Flanders en el siglo IX y se hizo monje en San Bertin. El Rey Alfredo lo conoció cuando pasaba por las cercanías mientras se dirigía a Roma, siendo aún joven. Una vez que ascendió al trono, el Rey llamó al Santo a Inglaterra, así como a otros eruditos extranjeros, para promover el conocimiento entre sus súbditos.

Grimbaldo se destacó especialmente por su conocimiento de las Escrituras y su capacidad musical, y cuando llegó en 885 lo enviaron directamente a Oxford para dirigir la escuela que se acababa de fundar. Sin embargo, pronto se vio obligado a abandonar a Oxford por los celos y la oposición de los maestros que ya estaban allí. Se retiró a Winchester, donde continuó teniendo la estimación y la reverencia del Rey.

Aconsejado por Grimbaldo, el Rey Alfredo planificó la fundación del New Minster en esa ciudad, un proyecto que terminó su hijo Eduardo. San Grimbaldo fue nombrado como cabeza del nuevo establecimiento, con el título de Abad, aunque a petición propia los canónigos seculares servían la iglesia.

Después de pasar dieciocho años en Inglaterra y siendo ya anciano, este santo Abad se enfermó gravemente. Después de recibir devotamente el Viático, pasó tres días en comunión cercana con su Señor. Al cuarto día, el 8 de Julio de 903, la comunidad se congregó a su alrededor en oración y San Grimbaldo exhaló su último suspiro.

ORACION Señor, en medio de las cosas de este mundo, permítenos dedicarnos de corazón a las cosas del cielo imitando el ejemplo de perfección angelical que Tú nos has dado en San Grimbaldo Abad. Amén.

SANTA VERONICA GIULIANI, Virgen
Julio 9

SANTA Verónica nació en Mercatello en Urbino, Italia, en 1660, de una familia acomodada. Aunque por naturaleza era una persona religiosa, su padre insistió en casarla cuando llegó a la mayoría de edad y le presentó una serie de pretendientes.

Esto preocupó tanto a la joven que se enfermó; sólo entonces su padre comprendió el verdadero carácter de su vocación y le permitió entrar en el convento capuchino de las Clarisas Pobres en Cittá di Castello en Umbría, a los diecisiete años de edad. Allí permanecería el resto de su vida.

Después de su profesión tuvo una visión de Cristo llevando Su Cruz, y comenzó a sentir un fuerte dolor en su pecho. En 1693, tuvo otra visión, en la que se le ofrecía el cáliz de los sufrimientos de Cristo; cuando lo aceptó, después de una terrible lucha, su cuerpo y su alma llevaron para siempre las señales de los sufrimientos del Señor. El año siguiente, aparecieron en su frente las huellas de la corona de espinas y el Viernes Santo,

1697, las impresiones de las cinco llagas sagradas.

Como resultado de estas experiencias místicas se convirtió en objeto de una estrecha vigilancia por parte de sus superiores y de las autoridades religiosas competentes. Esto, aunque le causó muchas angustias y sufrimientos, también aseguró que sus experiencias místicas estaban bien comprobadas, haciendo de ella un extraordinario caso en la historia de los fenómenos místicos. Su humilde obediencia convenció a todos de la verdad de estas experiencias místicas.

Santa Verónica también estaba dotada de un gran sentido común y de un admirable grado de eficiencia. Fue directora de novicias en su convento durante treinta y cuatro años y dirigió diligentemente la fundación de las Hermanas a su cargo para progresar en humildad, obediencia y caridad. Llegó a ser Abadesa once años antes de su muerte y trabajó por mejorar el convento aún en su apariencia física.

Murió el 9 de Julio de 1727, dejando detrás un catálogo de sus experiencias religiosas titulado *Diario de la Pasión*, escrito a petición de su confesor. Fue canonizada en 1839 por el Papa Gregorio XVI.

ORACION Señor Jesús, en forma maravillosa imprimiste las huellas de Tu Pasión en Santa Verónica, Virgen. Permítenos crucificar nuestra carne y así disfrutar del júbilo eterno del cielo. Amén.

SAN ULRICO, Obispo de Augsburgo
Julio 10

ULRICO fue el hijo del Conde Hucbaldo de Suavia y nació en Augsburgo en 890, siendo educado en la Abadía de San Gall desde que cumplió los siete años de edad. A los dieciséis años fue entregado al cuidado del Obispo Adalbero de Augsburgo quien lo hizo su chambelán y más tarde lo ordenó. Este joven era muy inteligente en las cosas de Dios y llevaba a cabo sus deberes con la mayor reverencia y prudencia. Era celoso en la oración, diligente en el estudio y magnánimo hacia los pobres. Conociendo la fragilidad de la castidad rechazaba todo peligro, diciendo: "Llévense lejos el combustible y se llevarán el fuego."

En 923, el Rey Enrique el Pajarero designó a San Ulrico como Obispo de Augsburgo. Como los magiares habían saqueado a Alemania, robado la ciudad y destruido la catedral, la primera tarea de este santo varón fue levantar el espíritu del pueblo. Construyó una pequeña iglesia temporal y proveyó para la instrucción, el alivio y el confort de su rebaño—trabajando largas horas y orando incesantemente. Hacía una visita anual de toda su diócesis y celebró sínodos semianuales de la clerecía.

En 955, los magiares volvieron a atacar a Augsburgo; sin embargo, esta vez los detuvieron y rechazaron; el pueblo atribuyó este triunfo a las oraciones de su santo Obispo que había continuado en oración por su congregación, como Moisés en la montaña. En sus últimos años, San Ulrico se retiró a San Gall y murió allí en 973. Los milagros que sucedieron en su tumba influenciaron al Papa Juan XV a canonizarlo en 993—la primera canonización por un Papa que se conserva en los registros.

ORACION   Oh Dios, Tú quisiste que San Ulrico, Tu Obispo, brillara por su cuidado y compasión pastorales por los pobres. Ayúdanos a los que conmemoramos sus méritos a imitar su caridad. Amén.

SAN BENITO,
Abad

Julio 11

*Patrono
de los
Envenenados*

E L Patriarca del Monasticismo Occidental nació en Nursia, Italia central, alrededor del 480. En su juventud, viendo la corrupción del mundo, abandonó su hogar para vivir una vida de ermitaño de penitencia y oración en una cueva en la montaña de Subiaco, cerca de Roma, donde fue instruido en el ascetismo Cristiano por San Romano, un Solitario de la vecindad.

Su reputación de santidad reunió un gran número de discípulos a su alrededor, para los que erigió monasterios en los que vivían una vida en comunidad bajo una regla prescrita. En el año 529 dejó a Subiaco por el Monte Casino y allí fundó la gran Abadía que se convirtió en el centro de la vida religiosa en Europa.

Los principios de la Regla escrita por San Benito llegaron a ser las bases de la vida religiosa en todas las órdenes religiosas y congregaciones occidentales después de su época. Esta Regla muestra el camino hacia la perfección religiosa por la práctica del dominio de sí mismo, la mortificación, la humildad, la obediencia, el silencio, el retiro y el destacamento del mundo y sus cuidados.

Santa Escolástica, la hermana de San Benito, fue la primera monja benedictina. Ella dirigió un monasterio para monjas cerca de Monte Casino. San Benito murió el 21 de Marzo del 543, mientras estaba de pie frente al altar de Monte Casino inmediatamente después de recibir la Comunión.

ORACION Oh Dios, Tú estableciste a San Benito el Abad como maestro admirable en la escuela del servicio Divino. Enséñanos a no preferir nunca nada más que Tu amor y seguir siempre el sendero de Tus mandamientos con la más generosa de las disposiciones. Amén.

SAN JUAN GUALBERTO, Abad
Julio 12

JUAN nació en Florencia en la familia de los nobles de Visdomini y su joven corazón se sintió atraído por las vanidades del mundo. Sin embargo, un Viernes Santo perdonó al asesino de su hermano en vez de matarlo y renunció a su antigua forma de vivir.

Entonces entró en la Orden de San Benito, en la que hizo tantos progresos en la virtud que al morir el Abad los monjes quisieron darle esta dignidad, pero el Santo se negó por completo a aceptarla. Algún tiempo después dejó el monasterio con un acompañante en busca de mayor soledad.

Habiendo visitado la ermita de Camaldoli, finalmente se estableció en el Valle Ombrosa en la Toscana. Junto con dos ermitaños que encontró allí, él y sus compañeros erigieron un pequeño monasterio, observando la regla primitiva de San Benito. Así se llevó a cabo la fundación de la Orden de Vallombrosa.

La humildad de este Santo era tal que nunca quiso ser promovido, ni siquiera a las Ordenes Menores. Su caridad hacia los pobres hizo que hiciera una regla por la que ningún indigente debía partir de allí sin habérsele dado una limosna.

Fundó varios monasterios, reformó otros y logró erradicar la simonía en la parte del país donde vivía. Murió el 12 de Julio de 1073, y fue canonizado en 1193 por el Papa Celestino III.

ORACION Señor, en medio de las cosas de este mundo, permítenos dedicarnos de corazón a las cosas del cielo imitando el ejemplo de perfección angelical que Tú nos has dado en San Juan Abad. Amén.

SAN ENRIQUE II, Emperador
Julio 13—*Patrono de los Desventajados*

ENRIQUE, conocido como el Bueno, nació en Baviera en 973 y fue educado por San Wolfgango, Obispo de Ratisbona. Siendo Duque de Baviera ascendió al trono imperial en 1002 y finalmente fue coronado como Santo Emperador Romano por el Papa Benedicto VIII en 1014.

Enraizado firmemente en las grandes verdades eternas, que la práctica de la meditación conservaba vivas en su corazón, no se glorió de esa dignidad y buscaba en todo la mayor gloria de Dios. Era un cuidadoso vigilante del bienestar de la Iglesia y ejerció gran celo por mantener la disciplina eclesiástica usando a los obispos como instrumentos de ello.

Varias veces las circunstancias condujeron al santo Emperador a tener guerras, de las cuales siempre salió victorioso. Condujo un ejército al sur de Italia contra los sarracenos y sus aliados, los griegos, y los expulsó del país.

La humildad y el espíritu de justicia del Santo igualaban su celo religioso. Deseaba abdicar y retirarse a un monasterio, pero cedió ante el consejo del Abad de Verdún y retuvo su dignidad.

Tanto él como su esposa, Santa Cunegunda, vivieron en castidad perpetua, la cual se habían jurado mutuamente. El Santo fundó numerosas instituciones de piedad, dio generosamente a las instituciones piadosas y erigió la catedral de Bamberg. Su santa muerte ocurrió en el palacio imperial de Grona, cerca de Halberstad, en 1024. Fue canonizado en 1146 por el Papa Eugenio III.

ORACION   Oh Dios, Tú llenaste a San Enrique con la abundancia de Tu gracia para gobernar dignamente su imperio terrenal y lo llamaste a compartir Tu gloria en el cielo. Por su intercesión ayúdanos a despreciar las atracciones del mundo y llegar a Ti con mentes puras. Amén.

SAN CAMILO DE LELIS, Presbítero
Julio 14—*Patrono de los Hospitales y Enfermos*

CAMILO nació el año 1550 en el Reino de Nápoles. En su juventud fue soldado y llevó una vida licenciosa. Pero pronto comprendió el mal que había en su conducta y resolvió cambiar. Trató de unirse a la Orden de los Capuchinos, pero tuvo que dejarla debido a una enfermedad en una pierna, que se consideraba incurable.

En su camino hacia Roma, ingresó en el Hospital de los Incurables donde eventualmente se le nombró como administrador. A los treinta y dos años emprendó a estudiar, comenzando con los primeros elementos de gramática con los niños. Habiendo sido ordenado como sacerdote, estable-

ció la fundación de la Congregación de los Clérigos Regulares para cuidar de los enfermos.

A partir de entonces dedicó enteramente su vida a los enfermos y moribundos y después de su muerte esta obra la continuó la Orden que había fundado. El Santo tenía como confesor a otro Santo, a saber, Felipe Neri, fundador del Oratorio, quien lo precedió en la tumba.

San Camilo fue dotado por Dios del espíritu de profecía y otros dones sobrenaturales. Murió el 14 de Julio de 1614 y fue canonizado en 1746 por el Papa Benedicto XIV.

ORACION Oh Dios, Tú adornaste a San Camilo, Tu Presbítero, con la gracia singular de la caridad hacia los enfermos. Por sus méritos, derrama sobre nosotros el espíritu de Tu amor para que sirviéndote en nuestros hermanos en la tierra podamos llegar seguramente hasta Ti en la hora de nuestra muerte. Amén.

BEATA KATERI TEKAKWITHA, Virgen
El Mismo Día—Julio 14

KATERI nació cerca del poblado de Auriesville, Nueva York, en el año 1656, siendo hija de un guerrero mohawk. Tenía sólo cuatro años cuando su madre murió de la viruela. La enfermedad también atacó a Kateri y desfiguró su rostro. Fue adoptada por sus dos tías y un tío.

Kateri se convirtió siendo una adolescente. Se bautizó a los veinte años incurriendo en una gran hostilidad por parte de su tribu. Aunque tuvo que sufrir mucho por la Fe, ella permaneció firme en ella. Kateri fue a una nueva colonia de indios Cristianos en Canadá. Allí llevó una vida dedicada a la oración, a prácticas de penitencias y al cuidado de los enfermos y ancianos.

Todas las mañanas, aún en los inviernos más crudos, esperaba que abrieran la puerta de la capilla a las cuatro de la madrugada y permanecía en ella hasta la última Misa. Era devota de la Eucaristía y del Cristo Crucificado. Murió el 7 de Abril de 1680 a los veinticuatro años de edad y fue beatificada en 1980 por el Papa Juan Pablo II. Se le conoce como el "Lirio de los mohawks."

ORACION Dios, Tú llamaste a la Virgen, la Beata Kateri, a brillar entre el pueblo indio como un ejemplo de pureza de vida. Concédenos, por su intercesión, que todas las gentes de todas las tribus, lenguas y naciones puedan reunirse en Tu Iglesia y proclamar Tu grandeza en un himno de alabanza. Amén.

SAN FRANCISCO SOLANO, Presbítero

El Mismo Día, Julio 14—
Apóstol de América del Sur

NACIDO en Montilla (Córdoba), España, en 1549, San Francisco se unió a los Franciscanos Observantes en 1569 y se ordenó en 1576. Se dio a conocer por sus prédicas y conversiones, pero después de veinte años pidió ir al Nuevo Mundo.

Llegando allí en 1589 trabajó por el bienestar de los indios y de los colonizadores españoles en América del Sur por el resto de su vida y se le llegó a conocer como el "Trabajador Milagroso del Nuevo Mundo." Una sola palabra de sus labios hacía retirar un ejército de atacantes. Cuando sus compañeros tenían hambre un mandato pronunciado por él traía peces del mar. Un simple movimiento de su mano causaba que un toro rugiente se acostara tranquilamente a sus pies.

Alrededor de 1600, San Francisco regresó al Perú donde enseñó el catecismo a los indios y predicó la penitencia a los españoles hasta su muerte en Lima en 1610. Fue canonizado en 1726 por el Papa Benedicto XIII.

ORACION Oh Dios, Tú condujiste a muchas gentes de América al seno de Tu Iglesia por medio de San Francisco. Por sus méritos y preces aparta Tu indignación por nuestros pecados e infunde benévolo el temor de Tu Nombre en las gentes que no te han conocido. Amén.

SAN BUENAVENTURA

Julio 15

Obispo y Doctor de la Iglesia

SAN Buenaventura, conocido como "El Doctor Seráfico," nació en Bagnorea en la Toscana, en 1221 y se le llamó Juan. Recibió el nombre de Buenaventura a causa de una exclamación de San Francisco de Asís quien, respondiendo a las súplicas de la madre del niño, al rezar por la recuperación del pequeño Juan de una grave enfermedad y viendo la futura grandeza del niño, exclamó, "O buona ventura"—¡Qué buena suerte!

A la edad de veintidós años San Buenaventura entró en la Orden Franciscana. Habiendo hecho sus votos fue enviado a París a terminar sus estudios bajo el célebre Alejandro de Hales, un franciscano inglés. Cuando éste murió continuó sus estudios con su sucesor, Juan de Rochelle. En París se hizo amigo íntimo de Santo Tomás de Aquino.

Recibió el grado de Doctor, junto con Santo Tomás de Aquino, cediendo a su amigo, contra la voluntad de este último, el honor de que se le confiriera primero. Al igual que Santo Tomás de Aquino disfrutó de la amistad del santo Rey, San Luis.

A los treinta y cinco años de edad fue elegido General de su Orden y restableció una perfecta calma donde la paz se había alterado por disensiones internas. Trabajó mucho por su Orden y escribió la vida de San Francisco. También asistió al traslado de las reliquias de San Antonio de Padua.

Fue nombrado Arzobispo de York por el Papa Clemente IV, pero le rogó que no lo obligara a aceptar esta dignidad. Gregorio X lo obligó a aceptar otra dignidad mayor, la de Cardenal y Obispo de Albano, una de las seis sedes sufragáneas de Roma. Antes de su muerte abdicó su cargo como General de la Orden Franciscana.

Murió mientras asistía al Segundo Concilio de Lyón, el 15 de Julio de 1274. Fue canonizado en 1482 por el Papa Sixto IV.

ORACION Dios todopoderoso, hoy conmemoramos el nacimiento celestial de San Buenaventura, Tu Obispo. Permítenos beneficiarnos con sus en-

señanzas maravillosas e inspirarnos siempre por su ardiente caridad. Amén.

NUESTRA SEÑORA DEL CARMEN
Julio 16

ESTA es la fiesta patronal de los Carmelitas. La Orden de los Carmelitas toma su nombre del Monte Carmelo, que fue el primer lugar dedicado a la Santísima Virgen y donde se construyó una capilla en su honor antes de su Asunción al cielo.

Julio 16 es también la fiesta del "Escapulario del Monte Carmelo." En ese día de 1251, cuenta una tradición piadosa, la Virgen se le apareció a San Simón Stock, General de los Carmelitas de Cambridge, Inglaterra, y le entregó el escapulario dándole la promesa de favores sobrenaturales y su protección especial a la Orden y a todas las personas que usaran el escapulario.

Para obtener las indulgencias y otros beneficios prometidos a los que usen el escapulario, la persona debe ser investida por un sacerdote que tenga las facultades requeridas y debe llevar una constante vida Cristiana.

ORACION Señor, permite que la plegaria maternal de la gloriosa Virgen María venga en nuestra ayuda. Con su respaldo ayúdanos a alcanzar el monte verdadero que es Cristo. Amén.

LAS BEATAS MARTIRES DE COMPIEGNE
Julio 17

EN Octubre de 1789, durante el primer fervor de la Revolución Francesa, la Asamblea Nacional suspendió todos los votos monásticos y, en Febrero de 1790, declaró que dichos votos no estaban reconocidos bajo la ley. Dos meses más tarde instruyó a las asambleas locales a hacer un inventario de todos los bienes monásticos. El oficial a cargo de ello en Compiegne fue un antiguo monje de Cluny y en Agosto de ese mismo año hizo un inventario del Carmelo situado allí.

El Carmelo estaba formado por quince hermanas del coro y tres hermanas laicas. Dos de ellas eran jubiladas con más de cincuenta años como religiosas y otra se preparaba para hacer su profesión en el momento en que se impuso la prohibición. La Priora era la Madre Teresa de San Agustín y todas estaban al cuidado de la familia real de Francia. Estas santas mujeres vieron de inmediato a través de las protestas de liberación expresadas por los servidores públicos y rechazaron la oportunidad que les presentaron de entrar en un nuevo mundo de esclarecimiento.

Al principio se les permitió recibir pensiones estatales equivalentes a su propiedad monástica, pero en Septiembre de 1792, fueron expulsadas de su convento y obligadas a vivir como ciudadanos privados. Pero las monjas permanecieron firmes en su deseo de seguir llevando la vida religiosa. Dividiéndose en cuatro grupos, continuaron observando su Regla. La continuación de sus vidas monásticas, unida a su previa renuncia al juramento de alianza a la nueva constitución, hizo que el 22 de Junio de 1794 las arrestaran y las llevaran a la prisión.

El 17 de Julio, después de sufrir brutalidades e indignidades mientras las transferían a París, las dieciséis monjas fueron presentadas ante un tribunal revolucionario. Allí se comportaron con increíble valor y sabiduría, demostrando claramente que las condenaban por la Fe Católica.

Al encaminarse al lugar de su ejecución estas santas mujeres comenzaron a cantar el *Salve Regina* y el *Veni Creator* y la santidad de sus comportamientos redujo al silencio a la muchedumbre asombrada. Al subir al cadalso renovaron los votos de su Bautismo y profesión religiosa.

Luego, al subir de una en una a dar sus vidas por su Divino Esposo continuaron cantando "Alaben al Señor, todas las naciones" en un coro que iba disminuyendo. De esta forma dieron testimonio colectivo a Cristo, ¡con un júbilo que ningún hombre podía arrebatarles! Fueron beatificades en 1906 por el Papa San Pío X.

ORACION   Oh Dios, Tú nos rodeas y proteges con la gloriosa confesión de Tus bienaventuradas Mártires. Ayúdanos a beneficiarnos con sus ejemplos y ser apoyadas con sus oraciones. Amén.

SAN FEDERICO, Obispo y Mártir
Julio 18

FEDERICO, miembro de una ilustre familia de los frisios, fue educado por los clérigos de la iglesia de Utrecht. Lleno de piedad y sabio en cosas espirituales, fue ordenado por el Obispo Ricfried y se le dio la tarea de instruir a los catecúmenos. En 820, Federico sucedió a este mismo prelado como Obispo de Utrecht.

Fue consagrado en presencia del Emperador, Luis el Bonachón, quien le aconsejó que borrara los últimos vestigios de idolatría en Frieslandia. Federico escuchó el consejo y envió al norte a trabajadores celosos para extirpar el paganismo que aún quedaba allí. Se reservó para sí mismo el territorio más problemático, Walcheren, una isla que pertenecía a los Países Bajos, en donde eran comunes los matrimonios incestuosos contraídos dentro de grados prohibidos.

El Santo trabajó incansablemente por erradicar este mal entre el pueblo, mediante asiduas exhortaciones, súplicas, vigilancias, oraciones y ayunos. Convocó una asamblea de los principales personajes del lugar y estableció las formas y medios para eliminar esa abominación de una vez por todas. De esta manera puso punto final a muchos de estos matrimonios y trajo a Dios a innumerables personas verdaderamente arrepentidas.

Al mismo tiempo, habiendo oído sobre algunas de las numerosas inmoralidades atribuidas a la segunda esposa del Emperador, este santo Obispo se dirigió a la corte a la que tenía libre acceso y valientemente se le enfrentó. Aunque lo hizo con toda libertad apostólica y verdadera caridad, pensando solamente en su bien, San Federico incurrió la ira y resentimiento de su esposo.

Así que no causó sorpresa cuando, el 18 de Julio de 838, mientras San Federico descendía del altar después de decir Misa y se encaminaba a una capilla lateral para dar gracias, fue asaltado por dos asesinos que lo mataron a puñaladas. Murió con las palabras del Salmo 116 en sus labios: "Alabaré al Señor en la tierra de los vivientes." La reputación de su santidad se extendió rápidamente por todas partes.

ORACION Oh Dios, Tú diste esplendor a Tu Iglesia concediendo a San Federico la victoria del martirio. Permite que, imitando la Pasión del Señor, podamos seguir sus huellas y alcanzar los júbilos eternos. Amén.

SAN ARSENIO, Diácono y Monje
Julio 19

ES probable que San Arsenio naciera en Roma alrededor del año 354, se hizo diácono y más tarde fue tutor de los hijos del Emperador Teodosio I de Constantinopla. Vivió con todo esplendor—llevando ropas lujosas, viviendo en residencias fastuosas y servido por innumerables sirvientes. Sin embargo, diez años después de llevar esta clase de vida se hartó de todo ello y se marchó de Constantinopla yendo a Alejandría.

Lo que sí es cierto es que (alrededor del año 400) se unió a los monjes del desierto en el Wadi Natrun (Escete) y después en Canopo y Tróade. Según antes había vivido en el lujo ahora vivía en la mayor pobreza—usando harapos como ropas, practicando severas penitencias y dedicándose a oraciones incesantes. Se apartaba de la presencia de sus compañeros pero estaba lleno de compasión hacia ellos.

Hasta nosotros han llegado cuarenta y cuatro máximas y anécdotas morales que él nos dejó— todas demostrando claramente la agudeza de los padres del desierto sobre la naturaleza humana. Un ejemplo es el siguiente: "Muchas veces he lamentado haber hablado, pero nunca haberme mordido la lengua." También tuvo el don de las lágrimas a un punto sorprendente. Murió alrededor del año 449 teniendo noventa y cinco años de edad.

ORACION Oh Dios, Tú llamaste a San Arsenio a buscar Tu Reino en este mundo tratando de alcanzar una caridad perfecta. Concédenos que nos veamos fortalecidos por su intercesión y adelantemos en la vía del amor con corazones jubilosos. Amén.

SAN ANSEGISO, Abad
Julio 20

ANSEGISO nació alrededor del año 770 en Lyonnais, Francia, y teniendo dieciocho años de edad entró en la Abadía de Fontanelle donde uno de sus parientes, San Gerwoldo, era Abad. Allí demostró tanta santidad y esclarecimiento que Carlomagno lo nombró para administrar y reformar las Abadías de San Sixto en Reims y San Mengo cerca de Chalens. Después de terminar su tarea con éxito, fue nombrado Abad de San Germer en Flay, que literalmente se estaba desmoronando.

Llegó a ser asesor del Emperador y desempeñó varias misiones políticas para él. Cuando Luis el Bonachón se hizo Emperador, Ansegiso fue transferido a la Abadía de Luxeuil. Durante cinco años trabajó día y noche para reparar los daños de la destrucción causados allí por los vándalos, restablecer la disciplina y la prosperidad. Una vez más, después de lograrlo, a este santo hombre se le encomendó otra difícil tarea. En 823, fue enviado de nuevo a la Abadía de Fontanelle.

Bajo su régimen esta Abadía floreció; su biblioteca y su *scriptorium* (la habitación donde los escribas y copistas trabajaban) ganaron amplia fama. Además llegó a reconocerse la Abadía por la labor del mismo San Ansegiso, quien recogió una colección de ordenanzas (leyes o edictos promulgados por los reyes francos) que quedaron como libro oficial de leyes en el Imperio.

San Ansegiso fue un monje virtuoso y dedicado, un escolar diligente y un notable reformador y administrador. Infundó nueva vida a cinco casas de Dios que estaban en vías de desaparecer por el malgasto y la negligencia. Al mismo tiempo, siempre fue humilde y conocedor de que su última morada no estaba en la tierra y el 20 de Julio de 833, la cambió por su hogar eterno en el cielo.

ORACION Señor, en medio de las cosas de este mundo, permítenos dedicarnos de corazón a las cosas del cielo imitando el ejemplo de perfección angelical que Tú nos has dado en San Ansegiso Abad. Amén.

SAN LORENZO DE BRINDISI,

Presbítero y Doctor de la Iglesia

Julio 21

LORENZO nació en Brindisi, Italia, y a los dieciséis años entró en la Orden de Menores Capuchinos de San Francisco en Verona. En la Universidad de Padua progresó rápidamente en sus estudios de filosofía y teología y mostró una admirable facilidad para los idiomas. Aprendió griego, latín, hebreo, francés, español, alemán y bohemio y adquirió un gran conocimiento de las Escrituras. Después de ordenarse trabajó como misionero doméstico y fue llamado a Roma por Clemente VIII para trabajar en la conversión de los judíos.

En 1598, fue enviado con otros once capuchinos a establecer comunidades de capuchinos en toda Alemania y Austria, que se veían amenazadas por el luteranismo en aquella época. Mientras estaba en los dominios imperiales, la fama de su santidad, sabiduría y capacidad administrativa llevó al Emperador, Rodolfo III, a nombrarlo para organizar a los príncipes Católicos contra los invasores turcos. En la Batalla de Stuhlweissenburg, aunque los Cristianos se enfrentaban a cuatro veces el número de turcos, San Lorenzo elevó la baja moral de los soldados con una potente oración, montó a caballo y marchó frente al ejército teniendo el crucifijo en alto. Los turcos fueron rechazados y Europa se salvó.

Al terminar exitosamente sus otros proyectos alemanes, el Santo regreso a Italia en busca de soledad, sólo para encontrarse con que se le había nombrado Superior General de la Orden. Murió en Lisboa, Portugal, en 1619, mientras se hallaba en una misión para presentar las quejas del pueblo de Nápoles a su soberano, el Rey Felipe II de España. Aunque era una persona muy activa, San Lorenzo también era un hombre de oración como también de grandes conocimientos. Fue canonizado en 1881 por el Papa León XIII y en 1960 fue hecho Doctor de la Iglesia.

ORACION Oh Dios, por la gloria de Tu nombre y la salvación de las almas, Tú favoreciste a San Lorenzo, Tu Presbítero, con el espíritu de sabiduría y entereza. Concédenos que con ese mismo espíritu podamos reconocer nuestras obligaciones y con su ayuda las cumplamos. Amén.

SANTA MARIA MAGDALENA
Julio 22

Santa María, a quien Jesús convirtiera, y que presenció Sus últimos momentos con María, Su Madre, y San Juan, fue llamada Magdalena por

ser del pueblo de Magdala en Galilea. Por lo menos Clemente de Alejandría y otros la identifican como la mujer que lavó los pies de Jesús con sus lágrimas. Otros la ven como María, la hermana de Marta y Lázaro.

Ella siguió a Jesús con las otras mujeres devotas durante Su Vida Pública. Después de Su Resurrección, Jesús se le apareció primero a María Magdalena y después a Sus Apóstoles.

Es una antigua tradición en la Provenza, Francia, que Santa María Magdalena o María, la hermana de Lázaro, junto con Lázaro, Marta y algunos otros discípulos del Señor, habiendo sido expulsados por los judíos, se lanzaron al mar y llegaron a Marsella; y que ese mismo Lázaro fue el primer Obispo de Marsella.

La fiesta de Santa María Magdalena la celebran los griegos, como también los latinos, en esta fecha.

Sin embargo, en las instrucciones dadas con la última edición del Calendario Romano, la Iglesia Latina ha estipulado que esta fiesta es solamente la de aquella mujer a la que Cristo se le apareció y no de la hermana de Lázaro o la mujer penitente.

ORACION   Oh Dios, fue a Santa María Magdalena antes que a ningún otro que Tu Hijo comunicó su mensaje del júbilo de la Pascua. Por su intercesión permítenos que un día podamos contemplarlo reinando en Su gloria. Amén.

SANTA BRIGIDA,

Religiosa

Julio 23—
*Patrona
de Suecia*

BRIGIDA fue la hija de un príncipe de Suecia, llamado Birger, y de Ingeburdis, una descendiente del rey de los godos. De estos piadosos padres ella heredó un gran amor por la Pasión de Nuestro Señor. Su padre consagró todos los viernes a actos especiales de penitencia y desde su niñez Santa Brígida gustaba de meditar sobre la Pasión de Cristo. Obedeciendo a su padre se casó a los dieciséis años con Ulfo, Príncipe de Nericia en Suecia, con quien tuvo ocho hijos, el último de los cuales, Catalina, es hoy venerada como Santa.

Más tarde los santos esposos se unieron en un voto de castidad e hicieron una peregrinación a Compostela en Galicia. A su regreso a Suecia, Ulfo, con el consentimiento de su esposa, entró en un monasterio cisterciano, donde murió poco después en olor de santidad. Después de su muerte Brígida renunció a su rango de princesa y cambió sus hábitos.

En 1344, hizo construir el gran monasterio de Wastein, que se convirtió en la casa madre de una nueva orden, la Orden de San Salvador. Después realizó un peregrinaje a Roma y a Palestina. Habiendo satisfecho sus devociones en los lugares sagrados santificados por la Vida y la Pasión de Nuestro Redentor, regresó a Roma, donde vivió por otro año más. Durante este tiempo se vio afligida por las enfermedades, que sufrió con paciencia heroica y resignación. Su hijo, Birger, y su hija, Catalina, estuvieron con ella en sus últimos momentos. Habiéndoles dado sus últimas instrucciones, recibió los Santos Oleos y murió en 1373 y fue canonizada en 1391 por el Papa Bonifacio IX.

ORACION Señor Dios, Tú revelaste secretos celestiales a Santa Brígida mientras ella meditaba sobre la Pasión de Tu Hijo. Concédenos que nosotros, Tus siervos, podamos alcanzar la jubilosa contemplación de Tu gloria. Amén.

SAN JUAN BOSTE, y BEATOS JORGE SWALLOWELL y JUAN INGRAM, Mártires

Julio 24

ESTOS tres dedicados siervos de Dios murieron por la Fe cerca de Durham, Inglaterra, en 1594, y se conocen como los Mártires de Durham. Juan Boste nació alrededor de 1544 y se educó en el Queen's College en Oxford; aunque llegó a estar becado por esa institución y tenía excelente perspectivas en su futuro, lo abandonó todo y se unió a la Iglesia a los veintidós años.

En 1580, fue ordenado en Reims y regresó para trabajar en Inglaterra al año siguiente. Durante varios años trabajó con tanto celo y éxito que el Conde de Huntington, entonces Corregidor del Norte, lo quiso capturar más que a ningún otro sacerdote en su jurisdicción.

Finalmente fue alevosamente traicionado y capturado en su escondite cerca de Durham. Fue enviado a Londres, donde se le encerró en la Torre y cruelmente torturado en el potro para obligarlo a delatar a sus amigos.

Como resultado de ello, se vio obligado a caminar con el cuerpo inclinado por el resto de su vida y a usar un bastón.

Cuando se vio que no daría ninguna información, este santo presbítero fue enviado de nuevo a Durham para ser enjuiciado.

Arrestado junto con él había un ministro protestante convertido, llamado Jorge Swallowell, que había estado vacilando en su resolución. La actitud resuelta, intrépida y animosa del Padre Boste calmaron al convertido y lo llevaron a profesar su Fe abiertamente ante el tribunal y recibir una absolución pública por parte del sacerdote. Pocos días más tarde sufrió el martirio en Darlington. Por su parte el Padre Boste también fue condenado y ejecutado en Dryburn, en las afueras de Durham, el 24 de Julio de 1594, mientras oraba por su verdugo.

Juan Ingram fue otro sacerdote que fue condenado en la misma época en Durham. Educado en el New College, Oxford, fue convertido y educado en Rheims y Roma donde recibió el sacerdocio en 1589. En 1592, fue enviado a la misión escocesa. A fines de 1593, fue arrestado y llevado a Londres. Aunque sufrió torturas horribles se mantuvo firme negándose a delatar a sus compañeros y hasta escribiendo cartas alentando a sus compañeros de prisión.

Finalmente, dos días después de la muerte del Padre Boste, fue ahorcado, ahogado y cortado en pedazos en Gateshead por ser sacerdote. Todo los tres fueron beatificados en 1929 y Juan Boste fue canonizado en 1970 por el Papa Paulo VI.

ORACION Oh Dios, Tú nos rodeas y proteges con la gloriosa confesión de Tus santos Mártires, Juan Boste, Jorge Swallowell y Juan Ingram. Ayúdanos a beneficiarnos con sus ejemplos y ser apoyados con sus oraciones. Amén.

SANTIAGO, Apóstol

Julio 25—*Patrono de los Trabajadores*

ESTE Santo es generalmente llamado "el Mayor" para distinguirlo del otro Apóstol Santiago, el "hermano" del Señor, a quien se le llama "el Menor." Era el hermano de San Juan el Evangelista (hijos de Zebedeo y Salomé) y venía de Betsaida en la Galilea, donde su padre tenía un bote de pesca.

Los dos jóvenes estaban pescando con su padre cuando Jesús vino y los invitó a que lo siguieran. Llegaron a ser unos seguidores tan dedicados y celosos que Nuestro Señor llegó a apodarlos *Boanerges* o "hijos del trueno." Ellos estuvieron presentes en la curación de la suegra de San Pedro, la resurrección de la hija de Jairo y la Transfiguración y estuvieron cerca de Cristo en su Agonía en el jardín.

Un día la madre de ellos le pidió a Jesús que guardara un lugar de honor para sus hijos en Su Reino futuro. Cuando El les preguntó si estaban dispuestos a beber del cáliz de Sus sufrimientos, sus respuestas fueron típicas de ellos: ¡Desde luego que sí! ¡Y así lo hicieron!

Después de la dispersión de los Apóstoles, Santiago predicó el Evangelio en España y después regresó a Jerusalén, donde fue el primer Apóstol en apurar el cáliz de los sufrimientos de Cristo. Por orden de Herodes Agripa fue decapitado en Jerusalén alrededor de la fiesta de Pascua en el año 44.

ORACION   Todopoderoso y sempiterno Dios, en la sangre de Santiago Tú consagraste los primeros frutos del ministerio de Tus Apóstoles. Concede que Tu Iglesia pueda ser fortalecida por su confesión y disfrutar siempre de su protección. Amén.

———

SAN CRISTOBAL, Mártir
El Mismo Día, Julio 25—Patrono de los Automovistas

SAN Cristóbal es uno de los Santos más populares del Oriente y del Occidente. Existen muchas leyendas en relación con este Santo, a menudo confusas y contradictorias. Una de las leyendas más conocidas nos dice que San Cristóbal era un gigante que ayudaba a la gente a cruzar un torrente. Se cree que llevó al Niño Jesús a través de dicho torrente. De aquí su nombre, Cristóbal, cargador de Cristo. El es el patrón de los viajeros y se le invoca contra las tormentas, las plagas, etc. Murió como mártir durante el reino de Decio en el siglo III.

ORACION Todopoderoso y eterno Dios, dígnate derramar Tu Espíritu sobre nosotros. Permite que nuestros corazones se llenen con ese amor verdadero que permitió a Tu Santo Mártir Cristóbal a enfrentar todos los tormentos corporales. Amén.

SAN JOAQUIN Y SANTA ANA,

Padres de María

Julio 26

(Santa Ana) Patrona de las Madres Cristianas

SAN Joaquín y Santa Ana, ambos de la tribu de Judá de la casa real de David, se veneran por la Iglesia como los padres de la Santísima Virgen María, que probablemente fue su única hija. La otra María que mencionan los Evangelios como hermana de la Madre de Dios se cree que era su prima; ya que esta era la forma acostumbrada de describir a los familiares en el Oriente.

Santa Ana ha sido venerada desde los primeros tiempos de la Cristiandad. Se dedicaban iglesias en su honor y los Padres, especialmente de las Iglesias Orientales, gustaban de hablar de su santidad y privilegios. Frecuentemente se le representa como enseñando a su hijita a leer las Escrituras.

SAN JOAQUIN también ha sido venerado desde tiempos inmemoriales por las Iglesias de Oriente y desde el siglo VI la devoción pública hacia él se ha observado en muchos países. Sin embargo, al igual que en el caso de Santa Ana, los Evangelios no nos dicen nada sobre su vida.

La tradición, basada en testimonios muy antiguos, nos dice que San Joaquín y Santa Ana ya eran mayores cuando llegaron de Galilea para establecerse en Jerusalén y que allí nació y se crió la Virgen María; fue también allí que murieron y fueron enterrados. Se erigió una iglesia durante el siglo IV, posiblemente por Santa Helena, en el lugar donde estuvo el hogar de San Joaquín y Santa Ana en Jerusalén.

ORACION Señor, Dios de nuestros padres, fue a través de San Joaquín y de Santa Ana que Tú nos diste a la Madre de Tu Hijo Encarnado. Que sus oraciones nos obtengan la salvación que Tú prometiste a Tu pueblo. Amén.

———

SANTOS NATALIA, AURELIO, LILIOSA, FELIX Y JORGE, Mártires

Julio 27

DURANTE las etapas iniciales de la regla musulmana en Córdoba, España, durante el siglo VIII, se permitió que los Cristianos practicaran su Fe; pero cuando la dominación fue completa los líderes musulmanes comenzaron una persecución sistemática de los Cristianos. Una de sus víctimas más prominentes fue el Arzobispo de Toledo, San Eulogio, quien también escribió una *Memoria* de los mártires que sufrieron antes que él, entre los cuales se cuentan los que conmemoramos hoy.

Natalia fue una musulmana convertida y su esposo Aurelio era el hijo de un árabe y de una dama de la alta sociedad española. Ellos seguían exteriormente las costumbres musulmanas pero practicaban su Fe Cristiana en secreto. Un día Aurelio pudo ver cómo un Cristiano sufría pacientemente los insultos del populacho y los terribles latigazos por haber confesado públicamente su Fe.

Esto produjo un dramático cambio en él. Desde ese momento, él y su esposa comenzaron a vivir abiertamente según su Fe Cristiana. Después de apartar algún dinero para el futuro de su hija, distribuyeron el resto de sus posesiones entre los pobres y se dedicaron a la penitencia y la devoción.

Sus ejemplos sirvieron de inspiración para un familiar cercano de Aurelio, Félix, quien había renegado de la Iglesia, y su esposa Liliosa que había estado practicando su Fe en secreto. Fue entonces que Félix volvió a la Iglesia y ambos dejaron de lado toda pretensión de disimulo. Los cuatro comenzaron a visitar y a ministrar a los Cristianos que estaban en las prisiones.

No tardó mucho en que estos cuatro dedicados siervos de Dios también fueran arrestados y encarcelados. Arrestado con ellos también se encontraba un mendigo, llamado Jorge, que pertenecía al monasterio de San Sabas en Jerusalén y que había viajado por Egipto y Europa recogiendo limosnas para su hogar. Puesto que a él no se le podía acusar del mismo crimen que a los otros, apostasía de la fe musulmana, Jorge, para poder alcanzar el martirio, insultó a Mahoma en la misma cara del Cadí. Así que, cuando los cuatro primeros fueron condenados a muerte, también se incluyó a Jorge. El 27 de Julio del 852 estos cinco santos seguidores de Cristo obtuvieron el martirio que tan ávidamente buscaban.

ORACION Dios topoderoso y sempiterno, Tú conferiste a Santos Natalia, Aurelio, Liliosa, Félix y Jorge la gracia de sufrir por Cristo. Extiende también Tu ayuda Divina sobre nuestras debilidades para que al igual que ellos no vacilaron en morir por Ti, también nosotros permanezcamos firmes en nuestra confesión de Ti. Amén.

SAN SANSON, Obispo de Dol
Julio 28

SANSON, uno de los más grandes Santos de Gales, nació alrededor del año 490 y se crió en la Abadía de Llanwit, dirigida por San Illtud. Fue ordenado y se hizo Abad de una comunidad cercana. Pasó un tiempo en Irlanda, pues regresó y fue consagrado como Obispo de San Dubricio.

A consecuencia de una visión atravesó el mar, yendo a Bretaña en compañía de otros monjes. Con la ayuda de algunas tierras que le dieron, estableció un monásterio en un lugar llamado Dol, que se convirtió en una importante Sede Episcopal.

San Sansón fue un viajero infatigable, un gran asceta y un valeroso monje que trajo innumerables beneficios a su país adoptivo así como un pastor dedicado que cuidaba celosamente de su rebaño. Murió en 565 e inmediatamente se le veneró en Inglaterra, Normandía y Bretaña; más tarde su culto se extendió también a Italia.

ORACION Oh Dios, por Tu misericordia inefable, San Sansón proclamó las inescrutables riquezas de Cristo. Por su intercesión ayúdanos a crecer en el Tu conocimiento y andar fielmente ante Ti de acuerdo con la verdad de Tu Evangelio, llenos de toda buena obra. Amén.

———————

SANTA CATALINA TOMAS Y GALLARD, Virgen
El Mismo Día—Julio 28

CATALINA nació en Mallorca alrededor del año 1523, quedando huérfana siendo aún muy niña. Fue criada por un tío cuyos maltratos sirvieron de base para la gran paciencia y humildad que ella mostró durante toda su vida.

Teniendo diecinueve años de edad, después de tratar de entrar en varios conventos sin lograrlo fue admitida en las Canónigas Regulares de San Agustín, en la ciudad de Palma. Allí vivió toda su vida en niveles sobrenaturales y divinos. A pesar del hecho de que era analfabeta y tenía la humilde condición de hermana lega, los personajes más célebres de su época buscaron sus consejos. Murió en 1572 y su cuerpo aún se conserva incorrupto. Fue canonizada en 1930 por el Papa Pío XI.

ORACION Oh Dios, Tú permitiste que Santa Catalina evitara las trampas del mal. Concede que, por su intercesión, también podamos vencer los ataques del enemigo y obtener nuestra recompensa eterna. Amén.

SANTA MARTA, Virgen
Julio 29—*Patrona de los Cocineros*

MARTA fue la hermana de María y Lázaro con quienes vivía en Betania, una aldea a dos millas de Jerusalén, algo más lejos que el Monte de los Olivos, que hoy lleva el nombre de El'Azaryth o Lazarich. Parece que esta familia tenía cierta importancia en la zona y, como se sabe por los Evangelios, estaba intensamente dedicada a Jesús, quien los visitaba frecuentemente.

Marta es el prototipo del ama de casa ocupada, pues en el incidente que narra el Evangelio ella pide a Cristo que le llame la atención a su hermana, sentada a Sus pies mientras ella hacía todo el trabajo. En vez de ello, escuchó la sublime respuesta de que María había elegido la mejor parte. También fue Marta quien al morir su hermano tuvo la Fe para declarar que Dios haría todo lo que Jesús deseara y pudo escuchar las palabras: "Yo soy la Resurrección y la Vida . . .", a las que ella respondió con un maravilloso acto de Fe: "Yo sé que Tú eres el Mesías, el Hijo de Dios." Finalmente, Marta servía a la mesa cuando María ungió los cabellos de Cristo con un perfume de nardos.

Existe una leyenda, poco digna de crédito, que cuenta que después de la Ascensión del Señor, Marta viajó a Francia con su hermano y hermana y que Lázaro llegó a ser Obispo de Marsella. En 1187, sus supuestas reliquias se descubrieron en Tarascón, Francia, y fueron colocados en una majestuosa cripta en la iglesia colegiata de allí.

ORACION Omnipotente y sempiterno Dios, Tu Hijo era invitado frecuente en el hogar de Marta. Por su intercesión concédenos que podamos ministrar fielmente a nuestros hermanos y merecer ser recibidos en Tu hogar celestial. Amén.

SAN PEDRO CRISOLOGO, Obispo y
Doctor de la Iglesia
Julio 30

NACIDO en Imola, Italia, en el año 406, San Pedro fue bautizado, educado y ordenado como diácono por Cornelio, Obispo de Imola. San Pedro mereció ser llamado "Crisólogo" (palabra de oro) por su excepcional elocuencia oratoria.

En 433, el Papa Sixto III lo consagró como Arzobispo de Rávena. Allí practicó muchas obras de misericordia, corporales y espirituales, y gobernó a su rebaño con la mayor diligencia y cuidado. Extirpó los últimos vestigios del paganismo y otros abusos que habían brotado entre su pueblo, amonestándolos sobre todo contra los bailes indecentes. "Quien quiera retozar con el diablo," declaró, "no puede regocijarse con Cristo."

También aconsejó al hereje Eutiques (quien le había pedido su ayuda) que evitara causar una división y que aprendiera de los otros herejes que fueron aplastados cuando se precipitaron contra la Roca de Pedro. Murió en Imola, Italia, en 450, y en 1759 fue nombrado Doctor de la Iglesia, mayormente por sus sermones sencillos, prácticos y claros que han llegado hasta nosotros, casi todos tratando de temas de los Evangelios.

ORACION Oh Dios, Tú hiciste de San Pedro Crisólogo un extraordinario predicador de Tu Palabra Encarnada. Por su intercesión concede que podamos contemplar el Misterio de Tu Salvación en nuestros corazones y ser sus testigos fieles con nuestras obras. Amén.

SAN IGNACIO DE LOYOLA, Presbítero
Julio 31—*Patrono de los Retiros*

IGNACIO nació en una noble familia en 1491, en el Castillo de Loyola en Guipúzcoa, España. Se crió en la corte de Fernando V de Aragón, esposo de Isabel de Castilla, y entró en el ejército donde se distinguió por su valor. Fue herido durante el asedio de Pamplona, en una guerra entre Carlos V y Francisco I, Rey de Francia. Durante su convalescencia leyó *Las Vidas de los Santos* dando

como resultado su conversión de las cosas del mundo a la santidad. En lo adelante, su vida perteneció enteramente a Dios.

Después de una confesión general en el monasterio de Montserrat, pasó diez meses en la soledad de Manresa, donde compuso sus *Ejercicios Espirituales,* haciendo después una peregrinación a Roma y a Tierra Santa. A su regreso a España comenzó sus estudios y en 1528 fue a París a continuarlos. Allí su virtud y sabiduría le ganaron algunos compañeros, los cuales formaron el núcleo de la Sociedad de Jesús.

En Montmartre prometieron ir a Palestina, o de ponerse a disposición del Papa, para que los empleara en el servicio de Dios en cualquier otra manera. Recibiendo la ordenación en Venecia junto con sus compañeros, San Ignacio fue a Roma donde fue recibido amablemente por el Papa Paulo III.

En 1540, el Papa Paulo III aprobó la Sociedad que pronto hizo rápidos progresos, extendiéndose a la India hacia el Este y a Brasil en el Oeste. San Ignacio continuó residiendo en Roma, empleado en consolidar y gobernar su Sociedad. Allí se hizo amigo de San Felipe Neri. Durante más de quince años fue General de la Sociedad. Murió tranquilamente en Roma el 31 de Julio de 1556 y canonizado en 1622 por el Papa Gregorio XV.

ORACION   Oh Dios, Tú elevaste a San Ignacio en Tu Iglesia para inspirar a los hombres a trabajar para Tu mayor gloria. Concédenos que podamos laborar en la tierra con su ayuda y siguiendo su ejemplo y méritos ser coronados con él en el cielo. Amén.

SAN ALFONSO MARIA DE LIGORIO, Obispo y Doctor de la Iglesia

Agosto 1—*Patrono de los Confesores y Moralistas*

ALFONSO nació en la aldea de Marianella cerca de Nápoles, Italia, el 27 de Septiembre de 1696. Desde su más tierna edad su madre le inspiró con profundos sentimientos de piedad. La educación que recibió bajo los auspicios de su padre, ayudada por su propio intelecto, produjo en él tal resultado que a la temprana edad de dieciséis años se graduó de derecho. Poco después fue admitido al colegio de abogados de Nápoles. En 1723, perdió un caso y Dios usó su frustración para separar su corazón del mundo. A pesar de todas las oposiciones tomó el estado ecle-

siástico. En 1726, se ordenó de sacerdote. Ejerció el ministerio en varios lugares con grandes frutos, laborando celosamente por su propia santificación.

En 1732, Dios lo llamó para que fundara la Congregación del Santísimo Redentor, con el objeto de trabajar por la salvación de las almas más abandonadas. En medio de indecibles dificultades y numerosas pruebas, San Alfonso logró establecer su Congregación, que se convirtió en su gloria y corona, pero también en su cruz.

El santo fundador laboró incesantemente en el trabajo de las misiones hasta cerca del año 1756, cuando fue nombrado Obispo de Santa Agata, una diócesis que gobernó hasta 1775, cuando agobiado por la edad y las enfermedades, renunció a su cargo y se retiró a su convento donde murió.

Pocos Santos han trabajado tanto, de palabra o por escrito, como San Alfonso. Fue un autor prolífico y popular, en que la utilidad de sus obras nunca cesará. Sus últimos años se caracterizaron por los intensos sufrimientos, que soportó con resignación, agregando mortificaciones voluntarias a sus otros dolores. Su muerte feliz ocurrió en Nocera de Pagani, el 1ro de Agosto de 1787. Fue canonizado en 1839, y hecho Doctor en 1871.

ORACION Oh Dios, Tú introduces constantemente nuevos ejemplos de virtud en Tu Iglesia. Permite que, siguiendo las huellas de San Alfonso, Tu Obispo, podamos consumirnos con el celo por las almas y alcanzar las recompensas que él ha ganado en el cielo. Amén.

SAN EUSEBIO DE VERCELLI, Obispo
Agosto 2

NACIDO de una noble familia de Cerdeña, y siendo aún un niño pequeño Eusebio fue llevado a Roma por su madre. Allí recibió una educación Cristiana y fue ordenado como lector por el Papa San Silvestre. Más tarde fue a Vercelli en Piedmont donde se unió a la clerecía de esa iglesia y fue hecho Obispo alrededor de 340.

Eusebio fue el primer Obispo de la Iglesia Occidental que unió la vida clerical con la monástica, ya que él vivió en comunidad con su clerecía, anticipando la práctica de los cánones regulares; también logró formar una clerecía de gran renombre.

San Eusebio fue un infatigable defensor de la Fe Ortodoxa contra los ataques del arrianismo. En el

Concilio de Milán, que estaba a favor de los arrianos, celebrado en 355, se negó decididamente a suscribir la condenación de San Atanasio, el gran campeón de la Fe de aquella época. En consecuencia el Emperador lo exilió a Escitópolis en Palestina, donde tuvo que padecer grandes sufrimientos por la Fe a manos de los arrianos; más tarde fue mandado a Capadocia y algún tiempo después a la alta Tebaida.

Después de su liberación al ocurrir la muerte del Emperador Constantino en 361, el Santo se detuvo en Alejandría donde se encontró con San Atanasio. También viajó a otras partes del Oriente y fortaleció a muchos en la Fe. Al regresar a Vercelli, se encontró con San Hilario de Poitiers quien, al igual que él mismo, había sido uno de los Obispos exiliados; y ambos ejercieron su celo contra Auxencio el Obispo arriano de Milán. San Eusebio murió en paz en Vercelli en 370.

ORACION Señor Dios, ayúdanos a imitar la constancia de San Eusebio, Tu Obispo, al profesar la Divinidad de Tu Hijo. Que de esta manera, permaneciendo firmes en la Fe que él enseñó, se nos permita compartir en la vida de Tu Hijo. Amén.

SANTA LIDIA

Agosto 3—*Patrona de los Tintoreros*

LIDIA fue una mujer de Tiatira en el distrito de Lidia, la parte central occidental de la provincia romana de Asia, un distrito famoso por sus teñidos de púrpura. Ella vivía como comerciante de tejidos teñidos de púrpura en Filipos cuando

San Pablo llegó por primera vez a esa ciudad alrededor del año 55. Hasta entonces ella había sido una "adoradora de Dios," el nombre técnico para una persona convertida parcialmente al judaísmo. Bajo la influencia de las enérgicas prédicas de San Pablo ella recibió el Bautismo Cristiano—junto con toda su casa. Esta conversión representa la primera que se menciona en Europa.

Como aparentemente Lidia era una mujer rica, insistió en ofrecer hospitalidad a San Pablo y a sus compañeros, Lucas y Silas, durante su estadía en Filipos. San Lucas escribió más tarde sobre estos eventos en la historia de la Iglesia primitiva, conocido como *Los Hechos de los Apóstoles* (capítulo 16, versículos 11 al 15).

ORACION   Derrama sobre nosotros, Señor, ese espíritu de conocimiento y amor con que Tú llenaste a Tu sierva Lidia. Ayúdanos a servirte sinceramente imitándola de cerca para agradarte con nuestra Fe y obras. Amén.

SAN JUAN MARIA VIANNEY, Presbítero
Agosto 4—*Patrono de los Presbíteros*

CONOCIDO universalmente como "el Cura de Ars," Juan se ordenó como sacerdote en 1815. Tres años más tarde fue nombrado como cura párroco de Ars, una remota aldea francesa, donde su reputación como confesor y director de almas lo hicieron conocido en todo la Cristiandad. Su vida fue de extrema mortificación.

Acostumbrado a las austeridades más severas, importunado por miríadas de penitentes y acosado

por el diablo, este gran místico demostró una paciencia imperturbable. Era un trabajador milagroso adorado por las multitudes, pero siempre conservó una sencillez de niño y hasta el día de hoy sigue siendo la imagen viva del sacerdote cerca del Corazón de Cristo.

Escuchaba confesiones de personas de todas partes del mundo durante dieciséis horas cada día. Su vida estaba llena de obras de caridad y amor. Se dice que hasta los pecadores más empedernidos se convertían con una sola de sus palabras. Murió el 4 de Agosto de 1859, y fue canonizado el 31 de Mayo de 1925 por el Papa Pío XI.

ORACION   Todopoderoso y misericordioso Dios, en San Juan Vianney Tú nos has dado un Presbítero que sobresalió por su celo pastoral. Por su intercesión ayúdanos a ganar hombres para Cristo y juntos con ellos alcanzar la gloria eterna. Amén.

DEDICACION DE LA BASILICA DE SANTA MARIA LA MAYOR
Agosto 5

HAY una antigua y popular tradición en Roma según la cual durante el reinado del Papa Liberio en el siglo IV, la Santísima Virgen María se le apareció a un patricio llamado Juan, declarándole que deseaba que se le dedicara una iglesia en su honor en un lugar que ella indicó por una milagrosa nevada en pleno verano. Juan fundó y dotó la iglesia en 352, durante el reinado del mismo Papa Liberio (352-366), de ahí el nombre de Basílica Liberiana.

Sixto III la agrandó y consagró bajo el título de Santa María alrededor del año 435. La fachada principal fue agregada en 1741 por Benedicto XIV. Lleva el título de Santa María la Mayor ya que es en dignidad, si no en antigüedad, la primera iglesia en Roma entre las dedicadas a la Santísima Virgen. Del hecho que el santo pesebre de Belén se conserva en esta iglesia, tiene también el título de *Sancta Maria ad Praesepe* (del Pesebre).

Santa María la Mayor es una de las tres iglesias patriarcales en que el Papa oficia en ciertas ocasiones y en la que hay un altar reservado solamente para él. Siendo las otras San Pedro y San Juan Laterano.

ORACION Señor, perdona los pecados de Tu pueblo. Permite que nosotros, que no podemos agradarte con nuestros esfuerzos sin ayuda, podamos obtener la salvación por la intercesión de la Madre de Tu Hijo. Amén.

LA TRANSFIGURACION DEL SEÑOR
Agosto 6

MIENTRAS Jesús estaba en Galilea, como un año antes de Su Pasión, manifestó Su gloria a tres de Sus discípulos más amados—los mismos que más tarde serían testigos de Su Agonía en el Jardín: Pedro y los dos hijos de Zebedeo, Santiago y Juan. El los llevó a la cumbre del Monte Tabor, como se cree generalmente—ya que esta montaña, situada en una planicie de Galilea, es la que mejor responde a la descripción del evangelista.

La faz del Divino Salvador se tornó tan resplandeciente como el sol y sus vestiduras tan blancas como la nieve. Moisés y Elías aparecieron a Su lado y conversaron con El sobre la muerte que sufriría en Jerusalén. Pedro, lleno de admiración, exclamó: "¡Señor, es bueno estar aquí!" Después propuso construir tres chozas: una para el Salvador, otra para Moisés y una tercera para Elías.

Aún estaba él hablando cuando los cubrió una nube resplandeciente y salió de la nueve una voz que decía: "Este es Mi Hijo amado, en Quien tengo Mi complacencia; escuchadle." Al oírla los tres Apóstoles se postraron sobre sus rostros; pero Jesús se acercó a ellos y tocándolos los mandó a levantarse. Cuando se hubieron levantado, vieron que la visión se había desvanecido y a Nuestro Señor de pie junto a ellos con su apariencia de costumbre.

Era apropiado que aquellos que pronto verían a Jesús sufriendo las humillaciones más terribles a la que se vería sujeta Su sagrada humanidad en el

Getsemaní, pudieran dar una mirada a esa humanidad glorificada y a Su Divinidad, para estar fortalecidos contra las tentaciones.

ORACION Oh Dios, en la gloriosa Transfiguración de Tu Unigénito Tú confirmaste los misterios de la Fe por el testimonio de los padres y predijiste maravillosamente la adopción de los hijos. Ayúdanos a Tus siervos a escuchar a Tu Hijo amado y heredar el cielo junto con El. Amén.

SANTOS SIXTO II, Papa y Mártir, Y SUS COMPAÑEROS, Mártires
Agosto 7

SIXTO (Xystus) elegido a la Sede Romana en 257, fue un Papa bueno y amante de la paz. Después de reinar por doce meses fue arrestado el 6 de Agosto del 258, en el cementerio de Pretextato en virtud de un edicto reciente de Valeriano ordenando la muerte de los líderes de los Cristianos.

De acuerdo con ello fue asesinado en ese mismo lugar (aunque hay la posibilidad de que primero fue llevado e interrogado y devuelto al lugar de la ejecución). Junto con él fueron martirizados Santos Felicísimo, Agapito y otros cuatro diáconos Jenaro, Magno, Vicente y Esteban. San Lorenzo, archidiácono de Sixto, también fue martirizado tres días después.

ORACION Dios todopoderoso, Tú diste a Sixto y Sus Compañeros la gracia de dar sus vidas por Tu palabra y ser testigos de Cristo. Por el poder del Espíritu Santo ayúdanos a ser rápidos en creer y firmes en la profesión de nuestra Fe. Amén.

SAN CAYETANO, Presbítero
El Mismo Día—Agosto 7

CAYETANO vino al mundo en 1480. Bajo el cuidado de su piadosa madre creció teniendo los sentimientos más tiernos de la virtud. Habiendo tomado el estado eclesiástico fue a Roma, esperando llevar una vida oscura, pero el Papa Julio II lo obligó a aceptar el cargo de protonotario apostólico. Sin embargo, al morir el Papa renunció a su cargo y regresó a Vicenza, su ciudad natal.

Tanto en Roma como en Vicenza el Santo se dedicó como miembro de confraternidades piadosas a promover la gloria de Dios y la salvación de las almas. Después de algún tiempo fue a Venecia y tomó albergue en el hospital de esa ciudad.

Habiendo regresado a Roma, concibió la idea de fundar una sociedad en la que sus miembros se esforzaron por llevar una vida como los Apóstoles de la antigüedad. Sus compañeros en esta empresa fueron Juan Pedro Carafa, más tarde el Papa Paulo IV, Pablo Consiglieri y Bonifacio de Colle. Así comenzó la Orden de los Clérigos Regulares, conocidos como los Teatinos. Fue aprobada por Clemente VII en 1524.

Durante el saqueo de Roma por el Condestable de Burbón, San Cayetano fue tratado cruelmente. En 1530, sucedió a Carafa como General de la Orden y ocupó esa posición durante tres años. A pesar de sus numerosas ocupaciones el Santo pasaba en oración muchas horas al día y frecuentemente se vio favorecido con éxtasis extraordinarios. Agotado por sus labores, murió en

Nápoles el 7 de Agosto de 1547 y fue canonizado en 1671 por el Papa Clemente X.

ORACION Oh Dios, Tú permitiste que Cayetano, Tu Presbítero, llevara una vida apostólica. Con su ejemplo e intercesión ayúdanos siempre a confiar en Ti y buscar Tu Reino incesantemente. Amén.

SANTO DOMINGO,

Presbítero

Agosto 8

Patrono de los Astrónomes

NACIDO en 1170 en Caleruega, diócesis de Castilla la Vieja en España, Domingo pertenecía a la ilustra casa de los Guzmán. Teniendo catorce años de edad fue enviado a las escuelas de Valencia y pronto después a Salamanca. Habiendo terminado su educación, recibió los hábitos de los Canónigos Regulares de San Agustín en la diócesis de Osma. Dedicándose con ardor a la labor de su propia santificación, también trabajó celosamente por la salvación de los demás predicándoles la Palabra de Dios.

Acompañó a su Obispo en una misión encomendada por Alfonso IX, Rey de Castilla. En Francia pudo ver de cerca las nefastas consecuencias de la herejía albigense. Tanto el Obispo como su acompañante se encaminaron a Roma, donde obtuvieron permiso de Inocente III para predicar el Evangelio entre los herejes.

Santo Domingo estableció un convento de monjas cerca de Prouille, donde dar educación a los niños, el cual se convirtió en el núcleo de la Orden de las Dominicas. Santo Domingo sucedió al Obispo de Osma como superior de las misiones en Languedoc. Junto con varios compañeros de labores estableció los cimientos de su ilustre Orden de Predicadores, cuyas Reglas fueron aprobadas por el Papa Honorio III en 1216.

Algún tiempo después, el Papa creó la posición de Maestro del Palacio Sagrado, o teólogo doméstico del Papa, y Santo Domingo fue el primero en ocuparlo. La vida activa del Santo la invirtió en viajar por los intereses de Dios y de Su Iglesia, predicando el Evangelio, dando conferencias sobre teología y fundando casas de su Orden que, aún durante su vida en la tierra, hizo grandes progresos y de la que Honorio III, en 1220, lo hizo General. Murió en Bolonia, Italia, el 6 de Agosto de 1221, y fue canonizado en 1234 por el Papa Gregorio IX. El Santo es frecuentemente retrotado con un perro teniendo en su boca una antorcha, representando el fuego de su celo para las almas.

ORACION Oh Dios, permite que Santo Domingo ayude a Tu Iglesia con sus méritos y enseñanzas. Que él, quien fuera un extraordinario predicador de la verdad, sea nuestro intercesor más generoso. Amén.

SANTOS JUSTO Y PASTOR, Mártires
Agosto 9

JUSTO y Pastor fueron dos hermanos, de trece y nuevo años de edad respectivamente, que vivieron en Alcalá, España, en la segunda mitad del siglo III. Durante la persecución de Diocleciano, Daciano, gobernador y representante del Emperador, llegó a la ciudad donde vivían estos niños portando un edicto de que todo el mundo tenía que sacrificar a los dioses o sufrirían la pena de muerte.

Movidos por el deseo de extender la Fe en Jesús, Justo y Pastor se presentaron ante él y confesaron ser Cristianos que adoraban solamente a Jesucristo, el Dios verdadero. Daciano se encolerizó y pensó que mandándolos a azotar los haría cambiar de creencias. Pero los dos hermanos permanecieron fieles a su Fe y dieron un hermoso ejemplo de valor.

Enfurecido, Daciano ordenó que los dos hermanos fueran decapitados secretamente. La sentencia se cumplió en el año 304, en una gran roca. Los Cristianos enterraron a los dos mártires y erigieron una capilla en su honor. Se cuentan entre los mártires más gloriosos de España.

ORACION Oh Dios, por las alabanzas de Santos Justo y Pastor Tú nos inspiras a todos hacia la salvación. Ayúdanos a ser como niños con el sentido de la justicia, para que nos podamos gloriar junto con los Santos en la recompensa de los fieles. Amén.

SAN LORENZO, Mártir

Agosto 10—*Patrono de los Pobres y los Cocineros*

EN 257, cuando San Sixto llegó a ser Papa, ordenó a San Lorenzo como diácono y, aunque aún era muy joven, lo nombró como el primero de los siete diáconos para servir en la Iglesia de Roma. Esta posición conllevaba el cuidado del tesoro de la Iglesia y la distribución de sus ingresos entre los pobres. Ese mismo año, el Emperador Valeriano publicó su edicto de persecución y ordenó que todos los obispos, presbíteros y diáconos fueran ejecutados inmediatamente.

San Sixto fue arrestado doce meses más tarde. Cuando conducían a este santo varón a su ejecución, San Lorenzo lo seguía llorando. Fue en este momento que San Sixto le ordenó que distribuyera los tesoros de la Iglesia entre los pobres. San Lorenzo hizo lo que se le ordenó, vendiendo hasta los vasos sagrados para aumentar la suma.

En aquella época la Iglesia de Roma, además de proveer para sus ministros, mantenía mil quinientos pobres y hasta enviaba limosnas a países lejanos. El Prefecto de Roma ordenó a San Lorenzo que entregara los tesoros de la Iglesia y él prometió mostrárselos. Al tercer día, en vez de oro

y plata le mostró a los pobres que él había re-
unido.

El Prefecto enfurecido ordenó que lo quemaran
lentamente sobre una parrilla. La orden fue ejecu-
tada sin misericordia pero el mártir, fortalecido
por la gracia divina, soportó sus sufrimientos con
heroica entereza y hasta encontró las fuerzas para
burlarse de sus tormentos y verdugos. Hasta su último suspiro el santo diácono oró por la conversión de la ciudad de Roma, para que la Fe de
Cristo se extendiera desde allí a todos los confines
del mundo. Varios senadores romanos, que habían
presenciado la ejecución, se convirtieron al Cristianismo y dieron un entierro decente a su cuerpo.
Su martirio tuvo lugar en el año 258.

*ORACION Oh Dios, en su ardiente amor por Ti
San Lorenzo mostró un fiel servicio y alcanzó un
martirio glorioso. Ayúdanos a amar lo que él amó y
a practicar lo que él enseñó. Amén.*

SANTA CLARA, Virgen
Agosto 11—*Patrona de la Televisión*

ASIS, la ciudad natal de San Francisco, también
tuvo el honor de ver el nacimiento de Santa
Clara, su hija espiritual, quien nació en 1193.
Desde su niñez deseó consagrarse a Jesucristo.
Habiendo oído hablar de San Francisco y de su
santidad, hizo que una dama piadosa la llevara a
conocerlo. La conversación que tuvo con San
Francisco hizo que decidiera abandonar el mundo.
El 28 de Marzo de 1212, junto con otra joven, se

marchó a Porciúncula, donde oraba San Francisco, y allí recibió el hábito de penitente.

Al principio San Francisco la situó en un convento de monjas benedictinas. Ella perseveró en su resolución, a pesar de la oposición de sus amigos y familiares. Más tarde su hermana Inés se le unió. San Francisco las colocó en casas separadas. Poco tiempo después, su propia madre y varias otras damas, algunas de ellas de la nobleza, se les unieron. Así se efectuó la fundación de las Clarisas Pobres, o Segunda Orden de San Francisco. En pocos años Santa Clara fundó varios otros monasterios y su Orden se extendió por Alemania y Bohemia.

Las austeridades practicadas por estas religiosas nunca se habían conocido entre las de su sexo.

Junto con otras mortificaciones, sus ayunos eran perpetuos. Tal era el espíritu de pobreza de Santa Clara que, después de haber profesado, cuando llegó a ser la heredera de una cuantiosa fortuna dejada por su padre la entregó toda a los pobres.

No aceptaba ingresos para su monasterio. Cuando el ejército de Federico II devastaba el valle de Spoleto algunos soldados pusieron una escalera contra la pared del convento. Santa Clara hizo que la llevaran a una ventana y sosteniendo el ostensorio con el Santísimo Sacramento a la vista de sus enemigos, se postró ante Dios en la Eucaristía. Sus oraciones fueron escuchadas y los enemigos, llenos de un súbito pánico, huyeron aterrorizados. La vida de Santa Clara llegó a su fin el 11 de Agosto de 1253 y fue canonizada en 1255 por el Papa Alejandro IV.

ORACION Oh Dios, en Tu misericordia Tú llevaste a Santa Clara a abrazar la pobreza. Por su intercesión ayúdanos a seguir a Cristo con un espíritu de pobreza y a contemplarte en el Reino celestial. Amén.

SAN EUPLIO, Diácono y Mártir
Agosto 12

EL 12 de Agosto del 304, durante la persecución de Diocleciano en Catania, Sicilia, un diácono nombrado Euplio fue traído delante del salón del gobernador donde confesó valientemente su Fe. Teniendo en sus manos el Libro de los Evangelios fue llamado ante el gobernador Calvisiano y se le ordenó que lo leyera. El Santo leyó el pasaje: "Bienaventurados los que padecen persecución por la justicia, porque suyo es el Reino de los Cielos."

Euplio entonces leyó el pasaje: "El que quiera venir en pos de Mí, niéguese a sí mismo, tome su cruz y sígame." Cuando el gobernador le preguntó qué significaba eso, el joven le contestó: "Es la ley de mi Señor, que me ha sigo entregada." Calvisiano preguntó: "¿Por quién?" Euplio respondió: "Por Jesucristo, el Hijo del Dios vivo." Ante estas palabras, el gobernador ordenó que se lo llevaran y lo torturaran.

En el momento más cruel de sus tormentos le preguntaron si aún persistía en su Cristianismo. El santo joven respondió: "Lo que dije antes, lo repito ahora: Soy Cristiano y leo las Sagradas Escrituras." Agregó que nunca abandonaría las Escrituras y que prefería la muerte a la vida en la tierra, porque así tendría vida eterna.

Finalmente, el gobernador comprendió que Euplio estaba resuelto a no adorar a los dioses paganos, así que ordenó que lo ejecutaran. Con el Libro de los Evangelios colgando alrededor de su cuello, San Euplio fue llevado al lugar de su ejecución y decapitado—orando a Dios en todo momento.

ORACION Oh Dios de poder y misericordia, con Tu ayuda San Euplio pudo sobreponerse a las torturas de su pasión. Ayúdanos a conmemorar su triunfo para permanecer victoriosos sobre las vilezas de nuestros enemigos. Amén.

———————

SANTOS PONCIANO, Papa y Mártir,
Y HIPOLITO, Presbítero y Mártir
Agosto 13

PONCIANO sucedió a San Urbano en la Sede Pontifical en 230. Después del asesinato de Alejandro Severo en 235, fue exiliado a Einsiedeln en Suiza, donde padeció pacientemente muchos sufrimientos y persecuciones por Cristo y obtuvo la palma del martirio en ese mismo año.

Exiliado junto con San Ponciano había un presbítero llamado Hipólito, uno de los teólogos más importantes de la Iglesia romana en el siglo III. Nacido en 170, ya era presbítero y un personaje de fama cuando Orígenes lo escuchó predicar en Roma en 202. Durante la primera parte de su vida produjo obras sobre las Escrituras que constituyen la mejor parte de sus trabajos (él escribió el primer comentario conocido sobre las Escrituras, sobre el Libro de Daniel), y defendió la Fe.

Alrededor del 215, escribió la *Tradición Apostólica* (por la que se le conoce mejor), que contiene el ritual de las ordenaciones más antiguo que se conoce y que equivale al *Ritual Romano*. Después de verse involucrado en controversias poco afortunadas y aún ser considerado como una especie de antipapa, Hipólito regresó al rebaño y continuó defendiendo la Iglesia contra todos sus enemigos. Finalmente, entregó su vida por la Fe junto con el Vicario de Cristo en la tierra.

ORACION Señor, que la extraordinaria constancia de Tus santos Mártires Pontiano e Hipólito au-

mente nuestro amor por Ti y llene nuestros cora-
zones con una mayor firmeza en la Fe. Amén.

SAN MAXIMILIANO MARIA KOLBE,
Presbítero y Mártir

Agosto 14

MAXIMILIANO nació en 1894 en Polonia y se hizo franciscano. Contrajo tuberculosis y, aunque se recobró, continuó siendo de frágil salud toda su vida. Antes de ordenarse como sacerdote, Maximiliano fundó el Movimiento de la Inmaculada dedicado a Nuestra Señora. Después de recibir su doctorado en teología, extendió su Movimiento a través de una revista titulada *El Caballero de la Inmaculada* y ayudó a formar una comunidad de 800 hombres, la mayor en el mundo.

Maximiliano viajó al Japón donde fundó un monasterio análogo y después a la India donde impulsó el Movimiento. En 1936, regresó a su patria debido a su mala salud. Después de la invasión nazi de 1939, fue encarcelado y después liberado por algún tiempo. Pero en 1941 lo arrestaron nuevamente y fue enviado al campo de concentración de Auschwitz.

El 31 de Julio de 1941, como represalia por haberse escapado un prisionero, escogieron diez hombres que debían morir. El Padre Kolbe se ofreció en lugar de un joven esposo y padre. Fue el último en morir, sufriendo dos semanas de hambre, sed y abandono. Fue canonizado en 1981 por el Papa Juan Pablo II.

ORACION Señor, Tú inflamaste a San Maximi-
liano con el amor por la Virgen Inmaculada y lo
llenaste de celo por las almas y el amor al prójimo.
Por sus oraciones, concédenos que podamos traba-
jar incansablemente por Tu gloria sirviendo a los
demás y así podamos conformarnos a Tu Hijo hasta
morir. Amén.

BEATO EBERHARDO, Abad
El Mismo Día—Agosto 14

NACIDO de una familia ducal de Suabia, Eberhardo llegó a ser preboste del capítulo de la
catedral de Strasburgo. En 934, buscando un
mayor grado de acercamiento hacia Dios, se retiró
a la ermita de Einsiedeln en Suiza que estaba dirigida por su viejo amigo el Beato Benno, antiguo
Obispo de Metz. Sin embargo, su reputación de
sabiduría espiritual y santidad atrajo gran número
de personas, necesitando la construcción de un
monasterio para albergarlos a todos y una iglesia
en la que pudieran adorar a Dios.

Al morir Benno, Eberhardo fue el primer Abad
de Nuestra Señora de los Ermitaños y logró
obtener ciertas concesiones del Emperador Otón I.
El monasterio recibió el derecho de elegir libremente sus abates y obtuvo la exención de la jurisdicción civil y episcopal.

Cuando se desató un hambre terrible en Alsacia,
Borgoña y Alemania Superior en 942, el Beato
Eberhardo y sus seguidores mitigaron el hambre
del pueblo con grandes cantidades de maíz. Una
leyenda nos cuenta que cuando se realizó la con-

sagración de la Abadía de Einsiedeln en 948, fue agraciada con la presencia de Nuestro Señor, rodeado de los cuatro Evangelistas, San Pedro y San Gregorio Magno. Eberhardo murió en 958.

ORACION Señor, en medio de las cosas de este mundo, permítenos dedicarnos de corazón a las cosas del cielo imitando el ejemplo de perfección angelical que Tú nos has dado en el Beato Eberhardo Abad. Amén.

───────────

ASUNCION DE LA SANTISIMA VIRGEN MARIA
Agosto 15

EL 1ro de Noviembre de 1950 el Papa Pío XII definió como verdad revelada por Dios que la Inmaculada Madre de Dios, María siempre Virgen, al terminar el curso de su vida, fue llevada al cielo en cuerpo y alma. Este es el dogma de la Asunción de la Santísima Virgen.

"Era seguramente apropiado, era lo que correspondía, que ella fuera llevada al cielo y que no reposara en una tumba hasta la segunda venida de Cristo, quien había tenido una vida de santidad y de milagros como la de ella. . . . ¿Quién podría concebir que Dios pagaría su deuda, que El consideraba que debía a Su Madre por los elementos de Su Cuerpo humano, permitiendo que la carne y la sangre de los que fuera tomado se convirtieran en polvo en una tumba? ¿O quién podría concebir que ese marco virginal que nunca pecó fuera a tener la muerte de un pecador? . . .

"Ella murió, entonces, porque aún nuestro Señor y Salvador murió. Pero aunque ella murió como los demás, no murió como mueren ellos, porque por los méritos de su Hijo, por quien ella fue quien fue, por la gracia de Cristo que en ella había anticipado el pecado, que la había llenado de luz, que había purificado su cuerpo de toda mancha, ella había sido salva de enfermedades y dolencias, de todo lo que debilita y destruye el marco corporal" (Cardenal Newman).

Jesús y María pasaron ambos por las puertas de la muerte hacia el cielo. A su manera, María había sido crucificada en la cruz junto con Jesús. Ella permaneció pacientemente en la tierra, después de Su Ascensión, todo el tiempo que Dios lo deseó.

Desde su lugar en el cielo ella habita invisiblemente entre nosotros, es siempre nuestro refugio, nuestra esperanza. A través de la Comunión de los Santos, de los que ella es la Reina, participamos en el júbilo y la gloria de su Asunción, de lo cual nos da la clave la Antífona de Entrada de la Misa del 15 de Agosto.

ORACION Todopoderoso y eterno Dios, Tú elevaste a la gloria eterna el cuerpo y el alma de la Inmaculada Virgen María, Madre de Tu Hijo. Concédenos que nuestras mentes estén siempre dirigidas hacia el cielo y que merezcamos compartir en su gloria. Amén.

SAN ESTEBAN, Rey
Agosto 16—*Patrono de Hungría*

HIJO de Geza, cuarto Duque de Hungría, y de Sarolt, su esposa, que se habían convertido recientemente al Cristianismo, Esteban nació en 977 en Gran, entonces capital de Hungría. Después de una educación totalmente Cristiana bajo el cuidado de San Adalberto, Obispo de Praga, y de Teodato, un virtuoso conde italiano, sucedió a su padre al morir éste en 997.

Dios había escogido a San Esteban para convertir a este pueblo nómada a la Fe Católica. Con la ayuda de los monjes creó obispados, fundó varios monasterios y reorganizó la vida del país. El Papa Silvestre II le ofreció la diadema real y Esteban fue coronado el 25 de Diciembre del año 1000.

El ardor de su celo por extender la Fe Católica le ganó el título del Rey Apostólico y Apóstol de Hungría. Murió el 15 de Agosto de 1038, en la Asunción de la Virgen María, a quien él había dedicado su reino.

ORACION   Dios todopoderoso, Tu Iglesia floreció a través de los esfuerzos de San Esteban cuando reinó en la tierra. Concede que ella se vea defendida ahora por él que vive gloriosamente en el cielo. Amén.

BEATO BARTOLOME LAUREL, Mártir
El Mismo Día—Agosto 16

NACIDO en México en la segunda mitad del siglo XVI, Beato Bartolomé se hizo hermano lego franciscano. En 1609, dejó a México y acompañó al Padre Francisco de Santa María en su misión al Japón. Bartolomé trabajó con un brillante hermano lego japonés nombrado Antonio de San Francisco.

Duarante cinco años trabajaron especialmente con los enfermos, ayudando sus almas y sus cuerpos. Después fueron arrestados y arrojados en la prisión y junto con su anfitrión que también deseó ir al sacrificio, fueron llevados a la hoguera. Bartolomé fue beatificado en 1867 por el Papa Pío IX.

ORACION Oh Dios, ayúdanos a conmemorar dignamente el glorioso martirio del Beato Bartolomé, Tu Mártir. Que en pos de su ejemplo podamos agradarte con nuestra humildad y nuestra constancia en la Fe. Amén.

SAN JACINTO, Presbítero
Agosto 17—*Apóstol del Norte*

NACIDO en Silesia en 1185, San Jacinto recibió el hábito de dominico en Roma de manos del mismo Santo Domingo (1218). Después de ordenarse predicó el Evangelio en muchos lugares y finalmente llegó a Cracovia, donde había estudiado.

La prédica de San Jacinto logró un cambio total en la moral de la ciudad de Cracovia. Llevó el Evangelio a los países idólatras del Norte; en Prusia, Pomerania, junto al Mar Báltico, en Dinamarca, Suecia y Noruega. Trabajó en Rusia viajando hasta el Mar Negro y el Egeo, volviendo a Cracovia en 1231; pero dos años más tarde volvió a visitar los conventos que había fundado y penetró entre los tártaros, yendo hasta China y el Tibet.

Llegó nuevamente a Cracovia en 1257, teniendo setenta y dos años de edad, que sería la edad de su muerte. Murió el 15 de Agosto de ese mismo año. Los historiadores eclesiásticos lo llaman el Apóstol del Norte y el Taumaturgo de su época, debido a sus numerosos milagroso. Fue canonizado en 1594 por el Papa Clemente VIII.

ORACION Oh Dios, Tú quisiste enviar a San Jacinto a iluminar muchos pueblos. Por su intercesión concédenos que podamos caminar en la luz de Tu verdad. Amén.

SANTA JUANA FRANCISCA DE CHANTAL,

Religiosa

Agosto 18

NACIDA en Dijon en 1572, en una prominente familia, Santa Juana Francisca recibió una educación excelente. En 1592, se casó con el Barón de Chantal, un oficial del ejército de Enrique IV. Después de ocho años de felicidad, quedó viuda teniendo cuatro hijos pequeños cuando el Barón murió en un accidente de caza. En 1604, escuchó predicar a San Francisco de Sales y se puso a sí misma bajo su dirección espiritual.

Después de proveer por el bienestar de sus hijos, Santa Juana Francisca fue a Annecy y estableció la Congregación de la Visitación en 1610. Durante muchos años sufrió grandes pruebas espirituales con la mayor resignación, mientras trabajaba por extender su Congregación y promover la gloria de Dios. Ochenta y seis casas estaban ya establecidas cuando ocurrió su muerte en 1641. Fue canonizada en 1767 por el Papa Clemente XIII.

ORACION Oh Dios, Tú dotaste a Santa Juana Francisca con admirables cualidades en varios estados de vida. Por su intercesión ayúdanos a ser verdaderos a nuestra vocación y nunca dejar de dar testimonio de la luz que Tú nos das. Amén

---

SANTA HELENA, Viuda
El Mismo Día—Agosto 18

HELENA era una nativa de Bitinia que fue esposa de un oficial romano llamado Constancio Cloro. Tuvo un hijo que fue educado bajo su cuidado y quien llegó a ser Constantino el Grande.

En 293, Constancio fue honrado por el Imperio con el título de César, obteniendo el gobierno de Galia y Bretaña. A cambio de ese honor se vio obligado a divorciarse de Helena y a casarse con Teodora, nuera del Emperador Maximiano. En esa época Helena aún no era Cristiana, pero al subir el trono su hijo Constantino y obtener su milagrosa victoria, abrazó la Fe Cristiana y realizó las prácticas más heroicas de la perfección Cristiana.

Aunque era Emperatriz asistía al Oficio Divino con vestidos modestos y empleaba su riqueza en limosnas a los pobres y construir iglesias. Cuando el Emperador decidió erigir una iglesia en el Monte Calvario, Santa Helena, aunque tenía ochenta años de edad, se encargó de la ejecución de la obra y partió hacia Jerusalén esperando encontrar la Sagrada Cruz.

Se hicieron excavaciones y se hallaron tres cruces. El título encontrado cerca de una de las cruces y quizás las señales de los clavos con que había estado clavado, parecen indicar que era la Cruz de Nuestro Señor.

Santa Helena construyó dos magníficas iglesias, una en el Monte Calvario y la otra en el Monte de Olivos, antes de regresar a Roma. Murió alrededor del año 330.

ORACION Señor Jesucristo, Tú deseaste enriquecer a Tu Iglesia a través de Santa Helena con un tesoro inapreciable y así le revelaste el lugar dónde estaba oculta Tu Cruz. Por su intercesión, concédenos que la redención pagada en ese leño dador de vida nos permita ganar las recompensas de una vida eterna para nosotros. Amén.

SAN ROQUE, Peregrino Mendicante
El Mismo Día, Agosto 18—Patrono de los Inválidos

ROQUE nació en Montpellier, Francia, a fines del siglo XIII. A los veinte años de edad repartió todos sus bienes entre los pobres y viajó a Italia como peregrino mendicante. Se dedicó a sí mismo a cuidar a los enfermos de la peste y obró curaciones milagrosas haciendo la Señal de la Cruz. Habiéndose contagiado de la peste él también fue descubierto por un perro en un bosque abandonado.

El Santo regresó a Montpellier, fue arrestado como espía y arrojado a la prisión, donde murió a los treinta años de edad.

ORACION Señor Dios, protege a Tu pueblo con Tu constante bondad. Por los méritos de San Roque protégenos de todo contagio de alma y cuerpo. Amén.

SAN JUAN EUDES, Presbítero

Agosto 19—*Apóstol del Corazón de Jesús*

NACIDO en Francia el 14 de Noviembre de 1601, Juan fue un niño ejemplar y celebrado como uno de los alumnos más brillantes que asistían al Colegio Jesuita en Caen.

Como sacerdote estuvo lleno de celo por la salvación de las almas. Trabajó valientemente entre sus compatriotas y se le conoció como uno de los grandes misioneros de su época. Viajó por toda Francia, enseñó las grandes verdades de la Fe y logró innumerables conversiones.

Este Santo fundó la "Congregación de Presbíteros de Jesús y María" y la "Orden de las Monjas de Nuestra Señora de la Caridad." El propósito principal de la primera fue la dirección de los seminarios y la instrucción religiosa de la gente mediante misiones. Murió el 19 de Agosto de 1680.

El Papa León XIII reconoció a San Juan Eudes como el autor de la devoción litúrgica a los Sagrados Corazones de Jesús y María y el Papa Pío XI lo canonizó en 1925.

ORACION Oh Dios, Tú escogiste maravillosamente a San Juan, Tu Presbítero, para anunciar las inescrutables riquezas de Cristo. Ayúdanos a crecer en Tu conocimiento mediante su ejemplo y consejos y así vivir fielmente según la luz del Evangelio. Amén.

BEATOS PEDRO ZUÑIGA Y LUIS FLORES,
Presbíteros y Mártires
El Mismo Día—Agosto 19

NACIDO en Sevilla en 1585, el Beato Pedro pasó su juventud en México, en donde su padre fue el sexto virrey. Regresando a Sevilla, se unió a los Agustinos y solicitó ir al Japón.

Llegó a Manila en 1610 y al Japón en 1620. Dos años más tarde fue quemado vivo en Nagasaki con el Beato Luis de Flores, el Beato Joaquín Firayama y el capitán del barco que lo había llevado hasta allí. La tripulación de doce que eran Cristianos fue decapitada. Todos fueron beatificados en 1867 por el Papa Pío IX.

EL BEATO LUIS DE FLORES nació en Amberes, Bélgica, en 1570 y fue a México con sus padres. Allí entró en la Orden de Santo Domingo y sirvió como maestro de novicios. En 1602 fue enviado a las misiones de las Islas Filipinas.

En 1620, se embarcó para el Japón con el Beato Pedro Zúñiga disfrazado a bordo de un pequeño barco. Allí los capturaron unos piratas holandeses y fueron entregados a los japoneses. Después sufrieron el martirio por la Fe como ya se mencionó.

ORACION *Señor nuestro Jesucristo, Tú les das fortaleza para conseguir el triunfo a quienes predican fielmente Tu Nombre. Concédenos, por los méritos de los bienaventurados Mártires Pedro y Luis, perseverar firmemente en la Fe y, después de una vida llena de buenas obras, conseguir la gloria eterna. Amén.*

———

SAN BERNARDO, Abad
y Doctor de la Iglesia
Agosto 20

BERNARDO nació de padres nobles en Borgoña, Francia, en 1090. Teniendo veintidós años de edad decidió unirse a la Orden Cisterciana que acababa de establecerse.

En 1113, San Bernardo, junto con otros treinta jóvenes de la nobleza, se presentó ante al santo Abad, San Esteban, en Citeaux. Después de un noviciado pasado con gran fervor hizo su profesión al año siguiente. Poco después su superior, viendo los grandes progresos que había hecho en su vida espiritual, lo envió con otros doce monjes para fundar un nuevo monasterio, que más tarde sería conocido como la celebrada Abadía de Claraval. Inmediatamente Bernardo fue nombrado Abad y comenzó una vida activa que lo convirtió en la figura de más fama en toda la historia del siglo XII.

Fundó numerosos monasterios, compuso muchas obras y realizó varios viajes en honor de Dios. Se le ofrecieron varios obispados, pero él los rechazó todos. La reputación de San Bernardo se extendió por todas partes y aún los Papas se dejaban gobernar por sus consejos.

El Papa Eugenio III lo encargó de predicar una segunda Cruzada. En obediencia al Soberano Pontífice viajó a través de Francia y Alemania y despertó gran entusiasmo por la santa guerra entre las masas de la población. El fracaso de la expedición levantó una gran tormenta contra el Santo, pero él lo atribuyó a los pecados de los Cruzados. San Bernardo estuvo eminentemente dotado del don de los milagros. Murió el 20 de Agosto de 1153 y fue canonizado en 1174 por el Papa Alejandro III.

ORACION Oh Dios, Tú bendijiste a Tu Iglesia con San Bernardo, un hombre lleno de celo por Tu casa, irradiando brillantez y un ardiente amor. Por su intercesión concédenos que podamos estar animados de ese mismo espíritu y caminar siempre como hijos de la luz. Amén.

SAN PIO X, Papa
Agosto 21

EL 2 de Junio de 1835, Giuseppe Melchiorre Sarto, vio la luz terrenal en Riesi, Provincia de Treviso, en Venecia; el 20 de Mayo de 1914, vio la luz celestial; y el 29 de Mayo de 1954, quien había sido el Papa número 259 fue canonizado como San Pío X por el Papa Pío XII.

Dos de los logros más notables de este santo Papa fueron la inauguración de la renovación litúrgica y el restablecimiento de la Comunión frecuente desde la niñez. También sostuvo una guerra sin cuartel contra las herejías y los males del modernismo, dio gran impulso a los estudios bíblicos y logró la codificación del derecho canónico. Su preocupación principal era renovar todas las cosas en Cristo.

Pero por encima de todo su santidad brilló notablemente. De San Pío X aprendemos que "la locura de la Cruz," la sencillez de vida y la humildad de corazón son aún la mayor sabiduría y las condiciones indispensables de una vida Cristiana perfecta, porque son la fuente misma de todo fruto apostólico.

Su última voluntad y testamento contienen esta extraordinaria oración: "Nací pobre, he vivido en la pobreza y deseo morir pobre."

ORACION Oh Dios, para preservar la Fe Católica y renovar todas las cosas en Cristo, Tú llenaste al Papa San Pío X con sabiduría celestial y apostólica fortaleza. Concédenos que podamos seguir su dirección y ejemplo y vernos recompensados con la vida eterna contigo. Amén.

NUESTRA SEÑORA MARIA REINA
Agosto 22

EL 11 de Octubre de 1954, Su Santidad, el Papa Pío XII, en su carta encíclica, *Ad Caeli Reginam* ("La Reina del Cielo"), decretó e instituyó la fiesta de María Reina que se celebraría en todo el mundo cada año. Declaró que la Iglesia creía en la realeza de María desde los primeros siglos y que esa creencia descansa en las Sagradas Escrituras y la tradición.

María es la Reina de todos "pues ha dado vida a un Hijo Quien, ya en el instante mismo de Su concepción, aun como Hombre, era Rey y Señor de todas las cosas, por la unión hipostática de la naturaleza humana con el Verbo." Mas aún, "así como Cristo por el título particular de la Redención es Nuestro Señor y Nuestro Rey, así también la Bienaventurada Virgen [es Nuestra Señora y Nuestra Reina] por su singular concurso prestado a nuestra redención, ya suministrando su sustancia, ya ofreciéndolo voluntariamente por nosotros, ya deseando, pidiendo y procurando para cada uno nuestra salvación."

ORACION Oh Dios, Tú nos has dado a la Madre de Tu Hijo para que ella sea nuestra Madre y Reina. Por su intercesión, concédenos que podamos alcanzar la gloria destinada para Tus hijos adoptivos en Tu Reino celestial. Amén.

SANTA ROSA DE LIMA, Virgen
Agosto 23—*Patrona de Sur América*

ISABEL Flores y de Oliva, llamada Rosa por su madre por sus mejillas sonrosadas y confirmada con ese nombre por Santo Toribio de Mogrovejo, fue la primera persona en América en ser canonizada como Santa. Nacida en Lima, Perú, en 1586, trabajó mucho y duramente para ayudar a mantener su familia, cultivando flores, haciendo bordados y otras labores de costura.

Habiendo tomado un voto de castidad muy temprano en su vida, rechazó insistentemente contraer matrimonio y a los veinte años de edad se hizo terciaria de la Orden Dominicana y se retiró a vivir en un eremitorio en un rincón en el jardín de su hogar. Allí se dedicó a severas penitencias y mortificaciones, modelando su vida en la de Santa Catalina de Siena.

Santa Rosa padeció muchas y difíciles adversidades con gran paciencia y consoló a los enfermos y los sufrimientos de los pobres, los indios y los esclavos. En consecuencia se le considera como la creadora de los servicios sociales en el Perú. Murió en 1617 teniendo treinta y un años de edad y fue canonizada en 1671 por el Papa Clemente X.

ORACION Oh Dios, Tú llenaste a Santa Rosa de amor hacia Ti y le permitiste dejar el mundo y ser libre para Ti a través de la austeridad de la penitencia. Por su intercesión, ayúdanos a seguir sus pasos en la tierra y a disfrutar del torrente de Tus delicias en el cielo. Amén.

SAN BARTOLOME, Apóstol
Agosto 24—*Patrono de los Enlucidores*

MUCHOS eruditos de las Escrituras identifican (razonablemente, pero no concluyentemente) a San Bartolomé como el Natanael que fue llevado a Cristo por San Felipe.

El nombre de Bartolomé significa hijo de Tholmai, y fue dado al Santo con el mismo sentido que "Bar Jonah" (hijo de Jonah) que se le dio a San Pedro. Fue elegido por el Mismo Señor para ser uno de los Doce Apóstoles.

De acuerdo con Eusebio y otros escritores antiguos, predicó el Evangelio en los países más bárbaros del Oriente, llegando a ir hasta la India. Eusebio relata que cuando San Panteno, en el siglo III, fue a la India, encontró todavía el conocimiento de Cristo en ese país y se le mostró una copia del Evangelio Según San Mateo, que se le dijo que San Bartolomé la había llevado hasta allí.

San Juan Crisóstomo dice que Bartolomé trajo la Fe a la gente de Licaonia. De acuerdo con San Gregorio de Tours, el último campo de sus labores fue la Gran Armenia donde, predicando en un lugar obstinadamente adicto a idolatrar los ídolos, sufrió el martirio. Algunos dicen que fue desollado vivo; otros cuentan que fue crucificado—aunque ambas opiniones son reconciliables. Las reliquias del Santo se conservan en la iglesia de San Bartolomé en una isla del Río Tíber cerca de Roma.

ORACION Señor, fortalece en nosotros la Fe por la que Tu Apóstol San Bartolomé se adhirió a Tu Hijo con sinceridad de mente. Por su intercesión, concede que Tu Iglesia pueda ser el sacramento de salvación para todas las naciones. Amén.

SAN LUIS, Rey de Francia
Agosto 25—*Patrono de los Terciarios*

EL Rey Luis, el noveno de su nombre, nació en Poissy, Francia, en 1214. Su padre fue Luis VIII y su madre fue Blanca, hija de Alfonso VIII de Castilla, apodado el Conquistador. A los doce años de edad perdió a su padre y su madre se convirtió en regente del reino. Desde su más tierna infancia ella le inspiró el amor a las cosas sagradas.

En 1234, se casó con Margarita de Provenza, la virtuosa hija de Raimundo Berenger, Conde de Provenza, y dos años más tarde tomó las riendas de su gobierno en sus propias manos. En 1238, encabezó una cruzada, en la que fue hecho prisionero de los mahometanos, pero se logró una tregua y fue puesto en libertad, pudiendo regresar a Francia. En 1267, se dirigió nuevamente hacia el Oriente encabezando otra cruzada, pero nunca volvería a ver su tierra natal. En 1270, se contagió del tifus durante el asedio a Túnez y después de recibir los Ultimos Sacramentos murió. Fue canonizado en 1297 por el Papa Bonifacio VIII.

ORACION Oh Dios, Tú llevaste a San Luis de los cuidados de un trono terrenal a la gloria del Reino celestial. Concédenos, por su intercesión, buscar ante todo Tu Reino eterno mediante el cumplimiento fiel de nuestros deberes en la tierra. Amén.

SAN JOSE DE CALASANZ, Presbítero
El Mismo Día, Agosto 25—Patrono de los Estudiantes

NACIDO en Peralta de la Sal en Aragón, España, en 1556, San José de Calasanz se hizo sacerdote. Su reputación de santidad inspiró al Obispo de Lérida a nombrarlo como su confesor, teólogo y examinador sinodal.

En 1592, fue a Roma y se hizo teólogo del Cardenal Marco Antonio Colonna. Allí se unió a la Confraternidad de la Doctrina Cristiana. Se convenció tanto de la necesidad de impartir instrucción religiosa a los niños desde temprana edad que comenzó este trabajo por sí solo en Trastévere, donde alquiló varias habitaciones en donde abrió una escuela pequeña para enseñar a los

niños a leer, escribir y la aritmética. Después de
un tiempo se le unieron varios compañeros en esa
buena obra y comenzó a llevar una vida en comunidad con ellos. Estos fueron los cimientos de una
congregación que con el transcurso del tiempo
llegó a ser a la Congregación de los Clérigos
Regulares de las Escuelas Pías, que se transformó
posteriormente en Orden de los Pobres de la
Madre de Dios y de las Escuelas Pías.

Durante la vida de su santo fundador esta
Orden se extendió por toda Italia y más tarde a
otros países. Una bula del Papa Gregorio XV
aprobó las constituciones y nombró al santo fundador como General de la Orden. La vida virtuosa
y austera de este gran siervo de Dios llegó a su fin
el 25 de Agosto de 1648. Fue canonizado en 1767
por el Papa Clemente XIII.

*ORACION Oh Dios, Tú adornaste a San José, Tu
Presbítero, con un amor y paciencia excelsos para
que pudiera trabajar en la formación de la juventud
Cristiana. Concédenos que venerando a este maestro de sabiduría podamos seguir su ejemplo trabajando por la verdad. Amén.*

SAN CESAREO DE ARLES, Obispo
Agosto 26—*Patrono de los Solteros*

NACIDO en Chalon-sur-Saone el año 470 en
una buena familia galo-romana, San Cesáreo
entró en el monasterio de Lerina a los veinte años
de edad y en 503 fue escogido como Obispo de
Arles. Mientras conservaba el tipo de vida austero

que había adoptado siendo monje, este devoto Obispo desempeñó un papel destacado en la administración eclesiástica de la Galia del sur y entabló la demanda de Arles para ser la Sede primacial en la Galia.

San Cesáreo organizó su diócesis, restableció y formó la clerecía y defendió celosamente la Iglesia contra la herejía. Luchó infatigablemente contra el Arrianismo y fue uno de los principales responsables en asegurar la cooperación del Semi-Pelagianismo en el Concilio de Orange en 529 (uno de los varios que el presidió por orden del Papa).

Fue un conocido predicador, dando énfasis a la brevedad y claridad de su lenguaje, como lo muestran sus Sermones que han llegado hasta nosotros. Este dinámico pastor también escribió una Regla para el convento de monjas de su hermana, que él había fundado, y que por largo tiempo ha sido el tipo de vida para un gran número de religiosas.

Lo moderno de su Regla puede verse en sus provisiones de que cada monja debe aprender a leer y escribir y que las monjas tienen derecho a elegir sus abadesas. Murió en 543.

ORACION *Oh Dios, Luz y Pastor de almas, Tú estableciste a San Cesáreo como Obispo de Tu Iglesia para alimentar Tu rebaño con su palabra y formarlo con su ejemplo. Ayúdanos, con su intercesión, a mantener la Fe que él enseñó con su palabra y a seguir el camino que nos mostró con su ejemplo. Amén.*

SANTA MONICA, Viuda
Agosto 27—*Patrona de las Madres y las Viudas*

MONICA vino al mundo en el año 333. Tan pronto como tuvo suficiente edad se casó con Patricio, un ciudadano pagano de Tagaste. Aunque Patricio era un hombre de carácter irascible, ella soportó todas sus pruebas con gran paciencia. Su ejemplo y conducta ejercieron tanta influencia sobre él que finalmente se convirtió al Cristianismo. El murió al año siguiente de ser bautizado.

La gran cruz de su vida fue la conducta de su hijo, Agustín, quien sólo tenía diecisiete años de edad al morir su padre en 371. Su madre oró larga y fervientemente por su conversión. Cuando él la abandonó en Africa para ir a Italia, ella lo siguió y lo encontró en Milán, en donde las palabras de San Ambrosio ya lo habían convencido de las falsedades de las doctrinas de los maniqueos, que él abandonó sin estar convertido por completo.

En Agosto, 386, Santa Mónica tuvo la felicidad tanto tiempo ansiada de ver a su hijo volver a Dios. Fue bautizado por San Ambrosio en la vigilia de la Pascua el año siguiente y poco después, con su madre y algunos amigos, viajó a Africa. Pero la labor de Santa Mónica había terminado; su hijo se había convertido; el pecador se había convertido en Santo. Ella se enfermó en el camino y murió en Ostia, donde se iban a embarcar, en 387.

ORACION Oh Dios, Confortador de los afligidos, Tú aceptaste las lágrimas de Santa Mónica para lo-

grar la conversión de su hijo San Agustín. Por su intercesión, concédenos tener una viva contrición por nuestros pecados y obtener la gracia de Tu perdón. Amén.

SAN AGUSTIN
Obispo y
Doctor de
la Iglesia

Patrono de
los Teólo-
gos

Agosto 28

E STE Santo nació el 13 de Noviembre de 354 en Tagaste (la Argelia moderna). A pesar de la piedad de su piadosa madre, Santa Mónica, cayó en edad temprana en los más grandes desórdenes y aún durante un período más tarde llegó a ser un hereje de la secta de los maniqueos. Desafortunadamente, su padre Patricio, era entonces un idólatra, así que el hijo encontró poca o ninguna oposición por esa parte. A principios del 370 continuaba sus estudios en Cartago y al año siguiente su padre murió, después de convertirse al Cristianismo.

Algún tiempo después San Agustín fue a residir a Cartago donde abrió una escuela de retórica. Más tarde fue a Roma y después a Milán, donde también comenzó a enseñar retórica. Fue allí que por la gracia de Dios y las oraciones de su madre, que lo había seguido a Italia, y también la instrucción de amigos santos, particularmente de San Ambrosio, se efectuó su conversión. Abandonó la secta de los maniqueos y algún tiempo después se consagró enteramente a Dios. San Ambrosio le administró el Sacramento del Bautismo en la vigilia de la Pascua del 387.

A su regreso a Africa, el Santo perdió a su madre en Ostia ese mismo año, y en 388 llegó a Cartago. En Tagaste comenzó a vivir una vida comunitaria con algunos amigos. Fue ordenado en 390 y se mudó a Hipona donde estableció otra comunidad con varios de sus amigos que lo habían seguido. Cinco años más tarde fue consagrado como Obispo y hecho coadjutor de Valerio, Obispo de Hipona, a quien sucedió el año siguiente.

Desde este período hasta que murió, su vida fue de actividad incesante. Gobernó su iglesia, predicó a sus fieles y escribió voluminosas obras que han recibido la admiración de todas las edades. Su humildad lo impulsó a escribir sus *Confesiones* cerca del año 397 y es por esta obra que tenemos un relato detallado de sus primeros años.

Ejerció su celo contra los diversos errores de su época y demostró ser un intrépido defensor de la Fe como antes había sido su enemigo ignorante. Los maniqueos, priscilianistas, origenistas, donatistas y pelagianistas todos se vieron atacados por su celo. Poco tiempo antes de su muerte los vándalos, dirigidos por Genserico, invadieron a Africa y el Santo fue testigo de la desolación que siguió por donde ellos pasaban. Este genio religioso de facetas múltiples y devoto siervo de Dios murió el 28 de Agosto del 430.

ORACION   Señor, renueva en Tu Iglesia el espíritu que Tú inspiraste en San Agustín, Tu Obispo. Que llenos de este espíritu podamos tener sed de Ti como Fuente verdadera de sabiduría. Amén.

EL MARTIRIO DE SAN JUAN BAUTISTA
Agosto 29—*Patrono de los Herreros*

FIEL a la inspiración de la gracia Divina, San Juan, pasó la mayor parte de su vida en el desierto y se convirtió en el modelo de muchos anacoretas que más tarde sirvieron a Dios de esa misma manera.

Teniendo treinta años de edad, apareció ante el mundo en las orillas del Jordán, predicando la penitencia como precursor de Jesucristo y "una voz clamando en el desierto." Tuvo el honor de bautizar al Divino Maestro y lo señaló a los que lo escuchaban como el Cordero de Dios.

La ocasión de morir como mártir de su deber pronto se presentó por sí misma. Herodes Antipas, hijo de Herodes el Grande, asesino de los Inocentes, era entonces gobernador, o tetrarca, de Galilea. Es el mismo a quien el Salvador llamó una "raposa" y quien mandó al Salvador a Pilatos. En una visita a Roma había conocido a Herodías, la mujer de su hermano Felipe, y la tomó como su mujer. Su propia esposa, la hija de Aretas, un rey árabe, huyó a su padre y de ello resultó una guerra en que el ejército de Herodes fue derrotado.

San Juan denunció valerosamente este matrimonio adúltero e incestuoso y en consecuencia fue arrojado a la prisión. Pero Herodías quería una mayor venganza: sólo la cabeza de su enemigo, Juan el Bautista, podría satisfacerla.

Con motivo del cumpleaños de Herodes, se dio una fiesta en la que Salomé, la hija de Herodías, lo agradó extraordinariamente con una hermosa danza. El juró que le daría lo que ella le pidiera. La joven consultó con su madre, quien le aconsejó que pidiera la cabeza de San Juan. Herodes se entristeció, porque estimaba al Bautista; pero tuvo la debilidad de acceder y cumplir su juramento impío.

Se mandó un oficial a la prisión y San Juan fue decapitado para satisfacer el deseo de venganza de una mujer voluptuosa. La muerte de San Juan ocurrió alrededor de un año antes de la de Nuestro Señor.

ORACION Oh Dios, Tú escogiste a San Juan Bautista como precursor de Tu Hijo quien nació y murió por nosotros. Concédenos que, al igual que San Juan fuera martirizado por la verdad y la justi-

cia, podamos enérgicamente profesar nuestra Fe en Ti. Amén.

SAN MEDERICO (O MERRY), Abad
El Mismo Día—Agosto 29

NACIDO en Autun en el siglo VII, Mederico (o Merry), siendo joven entró en un monasterio local, que probablemente habría sido el de San Martín en Autun. Fue elegido Abad y se convirtió en un modelo de virtud para sus fieles y un modelo de santidad para el pueblo de toda la ciudad.

Después de algún tiempo, el deseo de Mederico de una mayor soledad con Dios lo llevó a renunciar a su cargo y retirarse a un bosque a cuatro millas de distancia. Allí vivió del producto de sus labores manuales.

Sin embargo, su reputación siguió atrayendo a las multitudes hacia él. A pesar de su preferencia por la soledad, el Santo todavía halló tiempo para ministrar sus necesidades. Con el tiempo el monje enfermó y se vio obligado a regresar al monasterio.

Siendo anciano, Mederico emprendió una peregrinación al santuario de San Germano de París. Llegando a París, construyó una celda al lado de la capilla dedicada a San Pedro. Después de dos años y de algunos meses de enfermedad constante, Mederico fue llamado a unirse al Señor a quien había servido tan bien durante toda su vida. Ello tuvo lugar alrededor del año 700.

ORACION Señor, en medio de las cosas de este mundo, permítenos dedicarnos de corazón a las

cosas del cielo imitando el ejemplo de perfección an-
gelical que Tú nos has dado en San Mederico Abad.
Amén.

SAN FIACRIO, Ermitaño

Agosto 30—*Patrono de los Jardineros y*
Choferes de Autos de Alquiler

NACIDO en Irlanda a principios del siglo VII
San Fiacrio viajó a Europa en seguimiento de
San Columbano. Fue recibido amablemente por
San Faro, Obispo de Meaux, Francia, quien le pro-
porcionó un pedazo de terreno para erigir una
ermita, y este humilde hombre de Dios comenzó
a llevar la vida religiosa que había vivido en
Irlanda.

Pronto la gente de las regiones aledañas
comenzó a acudir en masa para aprender sobre la
Fe Cristiana con este hombre de Dios. Viendo los
trabajos que pasaban lejos de sus hogares y sin
refugio, Fiacrio sintió compasión por ellos y determinó ayudarlos.

Con la ayuda de otra cesión de tierras dada por
San Faro, este santo ermitaño cortó los árboles él
mismo para construir un hospicio para albergarlos
y desbrozó las tierras para cultivar maíz y vegetales para alimentarlos.

Su dedicación y abnegación lograron la conversión de todo el distrito circundante y se le tenía en
alta estima por su trabajo con la azada. Después
de su santa muerte alrededor del 675, el culto a
San Fiacrio se extendió rápidamente llegando a su

máximo en el siglo XVII, mil años más tarde, cuando su santuario se hizo famoso por sus curas milagrosas.

El nombre de "fiacrio" se le dio a los coches de alquiler de cuatro ruedas porque cuando se pusieron en uso (en París, 1640) se estacionaban cerca del Hotel San Fiacrio para llevar a los peregrinos en la primera etapa de su viaje al santuario de San Fiacrio.

ORACION   Señor Dios, sólo Tú eres santo y nadie es bueno sin Ti. Por la intercesión de San Fiacrio ayúdanos a vivir de tal manera que no nos veamos privados de compartir en Tu gloria. Amén.

SAN ARISTIDES, Apologista Laico
Agosto 31

A PRINCIPIOS del siglo IV, Eusebio de Cesárea, el célebre historiador de la Iglesia, declaró: "También Arístides, un fiel discípulo de nuestra religión, ha dejado una *Apología de la Fe* dedicada a Adriano (alrededor del año 124). Sus escritos también han sido conservados por muchos, aún hasta el tiempo actual." Esta obra estuvo perdida durante mucho tiempo hasta que en 1899 fue descubierta y puesta a la disposición de los Cristianos modernos.

Arístides se presenta a sí mismo como un filósofo ateniense y luego desarrolla una tesis basada en la idea de Dios, que es dada como un criterio de la verdad de la Religión Cristiana. El urge al Emperador a dejar de perseguir a los Cristianos y a convertirse a sus enseñanzas. Los críticos modernos creen que dicho Emperador no era Adriano sino Antonino Pío (alrededor del 140).

Aunque falta de estilo y recursos literarios, este escrito de San Arístides revela una inteligencia penetrante y firme y se funda en una idea exaltada de Dios. Su autor, al igual que San Justino, conservó el estado y garbo de filósofo, aún después de su conversión y también tiene en sus créditos un sermón sobre San Lucas 23, 43. Más importante aún, la Iglesia lo lista entre las filas de los Santos por la Iglesia.

ORACION Señor Dios, Tú dotaste a San Arístides con doctrina celestial. Permite que ayudados por él conservemos fielmente esas enseñanzas y la profesemos en nuestra conducta. Amén.

SAN GIL, Abad

Septiembre 1—*Patrono de los Paralíticos*

SE dice que San Gil (o Egidio) fue un ateniense de noble cuna que vivió en el siglo VII. Su piedad y conocimiento lo hicieron tan conocido y sujeto de tal admiración en su propio país que, huyendo de los elogios y deseando una vida solitaria, dejó su país y se embarcó para Francia. Al principio fue a vivir en un lugar desolado cerca del estuario del Ródano, más tarde cerca del río Gard y, por último, en la diócesis de Nimes.

Pasó muchos años de su vida en la soledad, conversando solamente con Dios. La fama de sus milagros se hizo tan grande que su reputación se extendió por toda Francia.

Fue muy estimado por el rey francés, pero no se le pudo convencer para que abandonara su soledad. Sin embargo, admitió a varios discípulos, fundó un monasterio donde estableció una excelente disciplina. Con el paso del tiempo este monasterio adoptó la Regla de San Benito. San Gil murió probablemente a principios del siglo VIII, alrededor del año 724.

ORACION Señor, en medio de las cosas de este mundo, permítenos dedicarnos de corazón a las cosas del cielo imitando el ejemplo de perfección angelical que Tú nos has dado en San Gil Abad. Amén.

BEATO BARTOLOME GUTIERREZ,
Presbítero y Mártir
Septiembre 2

BARTOLOME Gutiérrez nació en la Ciudad de México en 1580. Siendo un adolescente de dieciséis años de edad entró en la Orden de San Agustín. Una vez ordenado solicitó que lo enviaran a las misiones.

Habiendo llegado a Manila en 1606, permaneció allí durante seis años como Maestro de Novicios. Finalmente recibió permiso para ir al Japón en 1612 como prior de Ukusi. Sin embargo, en 1613, el emperador japonés expulsó a todos los misioneros y Bartolomé tuvo que regresar a Manila.

Cinco años después el santo varón regresó al Japón disfrazado. Durante quince años propagó celosamente la obra del Señor teniendo su vida en peligro a cada momento. Finalmente Bartolomé fue traicionado, aprehendido, torturado y ejecutado sobre un fuego lento en Nagasaki en 1632. Fue beatificado en 1867 por el Papa Pío IX.

ORACION Dios todopoderoso, hacemos nuestra petición por la intercesión de Tu bienaventurado Mártir Bartolomé, Tu Mártir. Líbranos de las calamidades corporales y purifica nuestras almas de todo pensamiento malo. Amén.

SAN GREGORIO MAGNO,
Papa y Doctor de la Iglesia

Septiembre 3—*Patrono de los Maestros*

NACIDO en Roma alrededor del año 540, San Gregorio fue hijo de Jordano, un acaudalado senador, quien más tarde renunció al mundo y llegó a ser uno de los siete diáconos de Roma. Después de adquirir la educación total acostumbrada, el Emperador Justino el Joven lo nombró prefecto de la ciudad, aunque sólo contaba treinta y cuatro años de edad.

Después de la muerte de su padre erigió seis monasterios en Sicilia y fundó un séptimo en su propia casa en Roma, que se convirtió en el Monasterio Benedictino de San Andrés. Aquí tomó el hábito monástico en 575, a la edad de treinta y cinco años.

Al morir Pelagio, San Gregorio fue elegido como Papa con el consentimiento unánime de los presbíteros y del pueblo. Entonces comenzó las labores que le han merecido el título de Magno.

Su celo se extendió por todo el mundo conocido entonces, se mantuvo en contacto con todas las iglesias de la Cristiandad y, a pesar de sus sufrimientos corporales e innumerables trabajos, escribió un gran número de obras.

Se le conoce sobre todo por sus magníficas contribuciones a la liturgia de la Misa y del Oficio. Es uno de los cuatro grandes Doctores de la Iglesia Latina. Murió el 12 de Marzo del año 604.

ORACION Oh Dios, Tú cuidas de Tu pueblo con compasión y lo gobiernas con amor. Por la intercesión del Papa San Gregorio concede sabiduría a los dirigentes de Tu Iglesia. Amén.

SANTA ROSALIA, Virgen
Septiembre 4—*Patrona de Palermo*

HIJA de Sinibaldo, Señor de Rosas y Quisquina, Santa Rosalía era una descendiente de Carlomagno. Nació en Palermo, Sicilia. En su juventud su corazón se volvió de las vanidades de la tierra hacia Dios. Abandonó su hogar y se fue a vivir a una cueva, en cuyas paredes escribió estas palabras: "Yo, Rosalía, hija de Sinibaldo, Señor de Rosas y Quisquina, he tomado la decisión de vivir en esta cueva por amor a mi Señor, Jesucristo." Allí permaneció completamente oculta al mundo.

Practicó grandes mortificaciones y vivió en constante comunicación con Dios. Más tarde transfirió su morada al Monte Pellegrino, como a tres millas de Palermo, para poder vencer por completo sus instintos de la carne y de la sangre, desde donde podía ver su hogar paterno. Se dice que se apareció después de su muerte y que reveló que había pasado varios años en una pequeña excavación cerca de la cueva.

Murió completamente sola, en 1160, terminando su extraña y maravillosa vida desconocida para el mundo. Su cuerpo fue descubierto varios siglos más tarde, en 1625, durante el pontificado del Papa Urbano VIII.

ORACION Señor Dios, Tú derramaste Tus dones celestiales sobre Santa Rosalía, Tu Virgen. Ayúdanos a imitar sus virtudes durante nuestra vida terrenal y así disfrutar con ella de la felicidad eterna en el cielo. Amén.

SAN BERTINO, Religioso
Septiembre 5

NACIDO a principios del siglo VII cerca de Constanza, Francia, San Bertino recibió su formación religiosa en la Abadía de Luxeuil, que en aquel tiempo era la abadía modelo para la Regla más bien estricta de San Columbano. Alrededor del año 639, junto con otros dos monjes, se unió a San Omer, Obispo de Thérouanne, quien durante dos años había evangelizado a los paganos que vivían en las áreas pantanosas del Paso de Calais.

En esta región casi totalmente idólatra estos santos monjes misioneros fundaron un monasterio que llegó a llamarse San Mommolin, como su primer Abad. Después de ocho años de arduas labores predicando la Fe de Cristo, fundaron un segundo monasterio en Sithiu dedicado a San Pedro. San Bertino lo dirigió por casi sesenta años y lo hizo famoso; por este motivo después de su muerte fue llamado San Bertino y dio origen al pueblo de San Omer.

San Bertino practicó las más grandes austeridades y estaba en constante comunión con Dios. También viajó mucho y entrenó discípulos que marcharon a predicar la Fe a otros. Entre otros, escogió a San Winnoc para que fundara el monasterio de Wormhoudt, cerca de Dunquerque, y este Santo aparece en muchos calendarios ingleses. Teniendo una avanzada edad (más de 100 años), este celoso predicador de Cristo murió, rodeado de sus monjes.

ORACION Oh Dios, Tú erigiste Tu Iglesia por medio del celo religioso y cuidado apostólico de San Bertino. Concede que por su intercesión pueda tener siempre un nuevo aumento de la Fe y la santidad. Amén.

BEATO BERTRAND DE GARRIGUES,
Presbítero
Septiembre 6

NACIDO en Garrigues en el Comtat Venaissin, Francia, a fines del siglo XII, Bertrand fue educado por los monjas cistercianas y pudo ver de cerca los peligros que presentaba la herejía albigense que florecía en aquella época. En consecuencia, se hizo sacerdote y se unió al grupo cisterciano que trabajaba celosamente en el Midi para contrarrestar los malignos efectos de los herejes.

Sin embargo, el año 1208, el legado cisterciano fue asesinado y la cruzada de Simón de Montfort se vio abandonada, dejando a Bertrand sin un medio pacífico para combatir la herejía. Poco después se encontró con Santo Domingo que estaba haciendo lo mismo—combatiendo la herejía con la oración, el ayuno y la predicación. En 1215, Bertrand fue uno de los seis predicadores que formaron el núcleo de la Orden de los Predicadores comenzada por Santo Domingo y se convirtió en uno de sus compañeros más cercanos.

Nombrado Prior Provincial de la Provenza, una de las ocho provincias de la Orden Dominicana, pasó los últimos nueve años de su activa vida predicando la Fe incansablemente por todo el sur de Francia y fundó el gran Priorato de Marsella. Después de su muerte, se escribió que por sus vigilias, ayunos y otras penitencias, tuvo éxito imitando tan de cerca a su amado Padre que llegaron a decir de él: "¡El discípulo es como el maestro; es la viva imagen de Santo Domingo!"

ORACION Todopoderoso y eterno Dios, Tú dedicaste el júbilo de este día a glorificar Tu bienaventurado Presbítero Bertrand. Concédenos misericordioso que siempre nos podamos esforzar por conser-

*var y completar por nuestras obras la Fe que él
proclamó continuamente. Amén.*

SANTA REGINA, Virgen y Mártir
Septiembre 7

LA vida de esta Santa está rodeada de oscuridad; todo lo que sabemos de ella se encuentra en los Hechos de su martirio que se consideran más bien como poco confiables en sus detalles. Nació en el siglo III en Alise, la antigua Alesia donde doscientos años antes Vercingetorix había luchado valientemente contra César. Su madre murió al traerla al mundo y su padre, un prominente ciudadano pagano, confió la niña a una nodriza Cristiana que la bautizó.

Cuando su padre supo lo que había sucedido se enfureció y llegó a repudiar a su propia hija. Entonces Regina fue a vivir con su nodriza que poseía escasos medios. La niña la ayudaba cuidando las ovejas, mientras comulgaba con Dios en oración y meditaba sobre las vidas de los Santos.

En el año 251, teniendo quince años de edad, atrajo la atención de un hombre llamado Olibrio, prefecto de la Galia, que determinó hacerla su mujer. Envió a buscar a la joven y descubrió que era de raza noble y Cristiana. Apesadumbrado, trató de hacer que la joven negara su Fe, pero la santa doncella se negó resueltamente y también rechazó su proposición de matrimonio. Como resultado, Olibrio la arrojó en una prisión.

Regina estuvo encarcelada, encadenada a una pared, mientras que Olibrio partía a rechazar las incursiones de los bárbaros. A su regreso encontró que la Santa estaba más determinada que nunca a mantener su voto de virginidad y rehusar a sacrificar a los ídolos. En su rabia acudió a los azotamientos, quemaduras y tenazas al rojo vivo— todo sin resultado porque la gracia de Dios sostenía a la Santa. Mientras tanto ella continuaba alabando a Dios y desafiando a Olibrio. Al final, le cortaron la garganta y ella partió a reunirse con su Esposo celestial.

ORACION Señor Dios, Tú derramaste Tus dones celestiales sobre Santa Regina. Ayúdanos a imitar sus virtudes en nuestra vida terrenal y disfrutar con ella de la felicidad eterna en el cielo. Amén.

NATIVIDAD DE LA SANTISIMA VIRGEN MARIA
Septiembre 8

HACE más de mil novecientos años habitó en una pequeña aldea de Galilea, llamada Nazaret, una santa pareja descendientes de la casa real de David, cuyos nombres eran Joaquín y Ana. Ya estaban avanzados en años y casi que no tenían esperanzas de que Dios los bendijera con un hijo, cuando el deseo tanto tiempo anhelado por sus corazones fue gratificado con el nacimiento de una niña, quien sería por siempre jamás bendita entre todas las mujeres y que haría que los nombres de Joaquín y Ana se veneraran por todas las edades. Esta niña fue llamada María, la escogida entre la raza de Adán, destinada para ser la

Madre de Jesucristo, el Verbo Quien se hizo su hijo, para redimir y salvar al mundo.

La Fiesta del 8 de Septiembre en honor de la Santísima Virgen María se originó en Jerusalén, al igual que la Solemnidad del 15 de Agosto. Es una cuestión de la Fiesta de la basílica conocida a fines del siglo V como la basílica "donde naciera Santa María," conocida ahora como la Basílica de Santa Ana.

En esta Fiesta la Iglesia se une en espíritu con los Patriarcas y los Profetas de la Antigua Ley, con todos aquellos que por largos siglos de espera aguardaban y oraban por la llegada del Justo, Aquel cuyo advenimiento y labor de redención tuvo su principio en el nacimiento de Su Madre Inmaculada.

ORACION Oh Dios, concede a Tus siervos la gracia celestial para que, al igual que el Nacimiento de la Santísima Virgen María señaló el principio de la salvación, esta Fiesta de su Natividad pueda servir para alcanzar la paz en el mundo. Amén.

SAN PEDRO CLAVER, Presbítero

Septiembre 9—*Patrono de las Misiones entre los Negros*

PEDRO Claver nació en Verdú, Cataluña, España, en 1580, de padres empobrecidos descendientes de una antigua y distinguida familia. Estudió en el Colegio Jesuita de Barcelona, entró al noviciado jesuita en Tarragona en 1602 y tomó sus votos finales el 8 de Agosto de 1604. Mientras estudiaba filosofía en Mayorca, este joven religioso fue influenciado por San Alfonso Rodríguez para que fuera a las Indias a "salvar a millones de esas almas que perecen."

En 1610, llegó a Cartagena (en Colombia), el principal mercado de esclavos del Nuevo Mundo, donde llegaban mil esclavos cada mes. Después de ordenarse en 1616, se dedicó a sí mismo con un voto especial al servicio de los esclavos negros— un trabajo que duraría por treinta y tres años. Trabajó incansablemente por la salvación de los esclavos africanos y la abolición del tráfico de esclavos negros y el amor que derramó sobre ellos fue algo que trascendía el orden natural.

Abordando los barcos de esclavos que llegaban a la bahía, corría al repugnante infierno de las bodegas, y les ofrecía cualquier alimento que pudiera permitirse; atendía a los enfermos y moribundos e instruía a los esclavos, mediante catequistas negros, antes de administrarles los Sacramentos. Mediante sus esfuerzos trescien mil almas entraron en la Iglesia.

Además, no perdía de vista a sus convertidos cuando dejaban los barcos, sino que los seguía a las plantaciones adonde los enviaban, alentándolos a que vivieran como Cristianos, e intercediendo cerca de sus dueños para que los trataran humanamente. Murió en 1654 y fue canonizado en 1888 por el Papa León XIII.

ORACION Oh Dios, Tú conferiste a San Pedro Claver un extraordinario amor y paciencia para ayudar a Tu pueblo esclavizado y traerlo al conocimiento de Tu Nombre. Por su intercesión, ayúdanos a buscar la igualdad de todas las razas. Amén.

SAN NICOLAS DE TOLENTINO, Presbítero

Septiembre 10—*Patrono de los Marineros*

NACIDO en San Angelo, un pueblo cerca de Fermo en Italia el año 1245, San Nicolás fue bendecido con la inocencia y la práctica de virtudes extraordinarias desde su más tierna infancia. Siendo todavía un joven estudiante sus extraordinarios méritos hicieron que fuera nombrado para una canonjía en la Iglesia de Nuestro Salvador, posición que le agradaba mucho, ya que le daba la oportunidad de estar empleado constantemente en el servicio de Dios. Un sermón predicado por un fraile agustino sobre las vanidades del mundo, lo persuadió a entrar en la religión. Este no fue un sentimiento pasajero, sino una resolución firme que él llevó a cabo entrando en la Orden de los Ermitaños de San Agustín en Tolentino, un pequeño pueblo de los Estados Papales.

Es de este pueblo, donde pasó la mayor parte de su vida, que obtuvo su apodo. Hizo su profesión antes de cumplir los dieciocho años de edad. Entonces comenzó a correr la carrera gigantesca de la santidad, en la que pronto sobresalió, distinguiéndose por las virtudes de humildad y mansedumbre. Fue enviado sucesivamente a varios conventos de su Orden y fue en el de Cingole que se ordenó como sacerdote a manos del Obispo de Osimo. Desde ese momento fue empleado en los trabajos del ministerio, predicaciones y escuchando confesiones.

Pasó los últimos treinta años de su vida en Tolentino. Su celo por la salvación de las almas produjo frutos maravillosos. Dios favoreció a este Santo con muchos dones celestiales y el tiempo que tenía libre de sus labores lo dedicaba a la oración y la contemplación. Tuvo que sufrir mucho por causa de varias enfermedades muy dolorosas. Murió felizmente el 10 de Septiembre de 1306 y fue canonizado en 1446 por el Papa Eugenio IV.

ORACION Todopoderoso, eterno Dios, Tú dedicaste el júbilo de este día a la glorificación de San Nicolás. Concede misericordioso que podamos esforzarnos siempre por conservar y completar por nuestras labores la Fe que él proclamó constantemente con celo incansable. Amén.

SAN ADELFO, Obispo
Septiembre 11

SAN Adelfo, Obispo de Metz, vivió en el siglo V. De acuerdo con una *Vida* que apareció en el siglo IX y que generalmente se considera apócrifa y legendaria, había nacido en una familia noble de Borgoña.

Poco antes de su nacimiento un ángel se le apareció en un sueño a su madre Beatriz y la saludó con estas palabras: "Salve, bendita de Dios." Después continuó: "Regocíjate, porque concebirás y darás a luz a un nuevo Pablo, el Obispo Adelfo."

Después la *Vida* narra el nacimiento de Adelfo, su juventud y finalmente el cumplimiento de la profecía con su elección como Obispo. Fue el décimo Obispo de Metz.

ORACION Oh Dios, Tú hiciste de San Adelfo un sobresaliente ministro de Tu Iglesia por sus oraciones y celo pastoral. Por medio de sus oraciones concede que Tu fiel rebaño siempre pueda encontrar pastores que los lleve hasta Tu corazón y pastos salutíferos. Amén.

BEATOS APOLINAR Y COMPAÑEROS, Mártires
Septiembre 12

ENTRE 1617 y 1632 se desató una terrible persecución en el Japón en contra de los Cristianos que produjo doscientos cinco mártires por la Fe Cristiana. De este número dieciocho fueron de la Primera Orden de San Francisco y veintisiete de la Tercera Orden.

El líder de los mártires franciscanos fue Apolinar Franco, el Comisario Provincial de la Orden en el Japón. Desafiando un decreto imperial que condenaba a muerte a todos los que se proclamaran como Cristianos, Apolinar, al llegar al Japón, se declaró abiertamente como discípulo de Cristo.

Pronto fue encerrado en la prisión de Omura donde pasó cinco años catequizando y bautizando a sus compañeros de prisión. El 12 de Septiembre de 1622 él, y varios otros franciscanos, fueron quemados en la hoguera.

ORACION Oh Dios, devotamente recordamos los sufrimientos de Tus bienaventurados Mártires Apolinar y Compañeros. Escucha nuestras jubilosas oraciones y concédenos también la constancia en nuestra Fe. Amén.

SAN JUAN CRISOSTOMO, Obispo y
Doctor de la Iglesia
Septiembre 13—*Patrono de los*
Oradores Sagrados

JUAN, apodado Crisóstomo (boca de oro) debido a su elocuencia, vino al mundo de padres Cristianos, alrededor del año 344, en la ciudad de Antioquía. Su madre, quien quedó viuda teniendo veinte años de edad, fue un modelo de virtudes. Estudió retórica con Libanio, un pagano, el orador más famoso de su época.

En 374, comenzó a llevar una vida de anacoreta en las montañas cerca de Antioquía, pero en 386 su pobre estado de salud lo obligó a regresar a Antioquía, donde se ordenó como sacerdote.

En 398, fue elevado a la Sede de Constantinopla y se convirtió en una de las grandes luminarias de la Iglesia. San Juan fue un intrépido testigo del Evangelio y un decidido defensor de los pobres frente al lujo insolente de los ricos. Pero tenía enemigos en altos puestos y algunos eran eclesiásticos, de los que no era el último Teófilo, Patriarca de Alejandría, quien se arrepintió antes de morir. Sin embargo, su enemigo más poderoso era la Emperatriz Eudoxia, que se sintió ofendida por la libertad apostólica de sus discursos. Se presentaron varias acusaciones en su contra en un falso concilio y fue desterrado.

En medio de sus sufrimientos, al igual que el Apóstol San Pablo a quien tanto admiraba, encontró la mayor paz y felicidad. Tuvo el consuelo de saber que el Papa seguía siendo su amigo y que hacía por él lo que estaba a su alcance. Sus enemigos no estaban satisfechos con los sufrimientos que ya había padecido y lo desterraron aún más lejos, a Pitionte, el lugar más extremo del Imperio. Pero durante el viaje murió el 14 de Septiembre de 407.

ORACION *Oh Dios, Tú eres la fortaleza de los que confían en Ti. Tú diste a Tu Iglesia Tu Obispo San Juan Crisóstomo, dotado de gran elocuencia y capaz de soportar grandes sufrimientos. Permítenos aprender de sus enseñanzas y ser inspirados por el ejemplo de su paciencia. Amén.*

EXALTACION DE LA SANTA CRUZ
Septiembre 14

CUANDO el Cuerpo Sagrado de Jesús fue bajado de la Cruz y llevado al sepulcro en el Calvario, la Cruz en que El había muerto fue lanzada a una zanja o pozo, para que los seguidores del Redentor Crucificado no pudieran encontrarla. Casi trescientos años más tarde (312 A.C.), Constantino el Grande, quien todavía no era Cristiano, mientras luchaba contra Majencio por el trono del Imperio Romano, oró al Dios de los Cristianos para que lo ayudara en su lucha.

Como respuesta a su oración, una Cruz luminosa o monograma de Cristo apareció en el cielo llevando la inscripción: "Con esta Señal conquistarás." En gratitud por la victoria bajo este estandarte, sobre Majencio en el puente Milvio, el 28 de Octubre de 312, Constantino hizo que se pusiera el símbolo de la Cruz en los estandartes romanos y en los escudos de sus soldados. Después vino el hallazgo de la Verdadera Cruz en Jerusalén por Santa Helena en 326, conmemorada por una festividad el 3 de Mayo.

El año 614, Cosroes II, Rey de Persia, invadió a Siria y Palestina; tomó y saqueó Jerusalén, llevándose junto con otros tesoros la gran reliquia de la Verdadera Cruz. El Emperador Heraclio de Constantinopla, a la cabeza de un gran ejército invadió a Persia y obligó a los persas a negociar la paz y a devolver la Sagrada Cruz, que Heraclio trajo devotamente a Jerusalén en 629. Al llegar a las puertas de la ciudad en el camino que llevaba al Calvario, el Emperador puso de lado todas sus ropas y símbolos de realeza, se vistió con ropas de penitente y se descalzó, llevando la Cruz en el ascenso al Calvario y la restableció en su lugar en la Iglesia del Santo Sepulcro. Este hecho lo conmemora la Iglesia el 14 de Septiembre con la Fiesta de la Exaltación de la Santa Cruz.

ORACION Oh Dios, Tú deseaste que Tu Hijo Unigénito sufriera la crucifixión para traer la salvación a la humanidad. Concédenos que nosotros, que hemos conocido su misterio en la tierra, merezcamos cosechar las recompensas de la redención en el cielo. Amén.

NUESTRA SEÑORA DE LOS DOLORES
Septiembre 15

EL objeto de esta fiesta es recordar a los fieles el martirio espiritual de la Madre de Dios y su compasión con los sufrimientos de su Divino Hijo.

Los siete grandes momentos dolorosos de su vida fueron: La Profecía de Simeón, La Huída a Egipto, La Perdída de Jesús por Tres Días, El Encuentro con Jesús en el Camino del Calvario, Estando al Píe de la Cruz, Jesús Bajado de La Cruz, y Jesús Colocado en el Sepulcro.

Hubo entre Jesús y su Madre toda esa unión e intercambio de familiaridad y ternura que existe entre una madre cariñosa y su hijo. A ello se agregaba el intenso amor con que ella lo amó como a su Dios, así que podemos decir realmente que nunca podrá haber un amor más grande entre un alma humana y Dios que el amor que existió entre Jesús y María.

¿Con qué podemos comparar, o semejar, los dolores y sufrimientos de esta Virgen, Hija de Sión? Verdaderamente, su corazón estaba lleno de los reproches e insultos de los que se burlaban, mofaban y blasfemeban de su Hijo, mientras ella estaba al pie de su Cruz de humillación. "¡Oh vosotros cuantos pasáis por el camino, mirad y ved si hay dolor comparable a mi dolor!" (Lamentaciones 1, 12).

ORACION Oh Dios, Tú quisiste que la compasiva Madre de Tu Hijo estuviera junto a la Cruz en que El fue glorificado. Concede que Tu Iglesia, habiendo participado en la Pasión de Cristo, también pueda participar en Su Resurrección. Amén.

SAN CORNELIO, Papa, Y
SAN CIPRIANO, Obispo, Mártires
Septiembre 16

APENAS San Cornelio había sido elegido como Papa cuando Novaciano también reclamó el Pontificado. Después de convocar un sínodo en Italia, en el que obtuvo el apoyo de sesenta Obispos, se estableció como el Papa legítimo. Su correspondencia con San Cipriano en relación con los apóstatas en la persecución de Decio se conserva como un testimonio temprano de la primacía de la Sede Romana. Murió como mártir en 253.

TASCIO CIPRIANO nació en Cartago en Africa, donde su padre era uno de los senadores principales. Su proficiencia en los estudios fue tal que llegó a ser profesor público de retórica en su ciudad natal. Después de llevar una vida más bien disoluta se convirtió a través de la influencia de un sacerdote llamado Cecilio y fue formado en su escuela. Llevó una vida penitencial retirada, ganando renombre por su virtud y siendo elevado al sacerdocio. En 248, fue nombrado para suceder a Donato como Obispo de Cartago y llegó a ser un pastor modelo.

En el corto período de diez años condujo su rebaño a través de una persecución de dos años bajo Decio, defendió la unidad de la Iglesia contra dos movimientos cismáticos, fue el alma de la moral de la ciudad durante una plaga devastadora y sufrió el exilio durante el cual mantuvo los espíritus de su pueblo con una correspondencia constante. En 258, este santo varón cayó víctima de una nueva persecución que se desató bajo Valeriano.

ORACION Oh Dios, Tú diste a Tu pueblo Santos Cornelio y Cipriano como celosos Presbíteros y valientes Mártires. Por sus intercesiones, permítenos fortalecernos en la fe y la perseverancia para que podamos trabajar incansablemente por la unidad de la Iglesia. Amén.

SAN JUAN MASSIAS, Religioso
El Mismo Día—Septiembre 16

JUAN Massías nació en Ribera del Fresno en Extremadura, España, el 2 de Marzo de 1585. Aunque su familia pertenecía a la nobleza el momento del nacimiento de Juan era muy pobre.

Quedando huérfano siendo muy joven, Juan trabajó como pastor y más tarde encontró trabajo en un rancho ganadero en Perú. Después de unos cuantos años se fue para Lima, donde se hizo hermano lego en la Orden de los Dominicos, sirviendo como portero por el resto de su vida.

Según pasaba el tiempo Juan iba adquiriendo una reputación de hacer milagros. Muchos de los pobres y enfermos de Lima acudían a él, y él los asistía lo mejor que podía. Murió el 16 de Septiembre de 1645 y fue canonizado en 1975 por el Papa Paulo VI. En algunos lugares se le conoce como San Juan Macías.

ORACION Oh Dios, Tú quisiste enriquecer a San Juan con la abundancia de Tu gracia, y que resplandeciese en humilde condición por la inocencia de costumbres. Concédenos, te rogamos, seguir de tal manera sus huellas que merezcamos llegar a Ti con alma pura. Amén.

SAN ROBERTO BELARMINO,
Obispo y Doctor de la Iglesia
Septiembre 17—Patrono de los Catequistas

NACIDO en Montepulciano, Italia, el 4 de Octubre de 1542, San Roberto Belarmino fue el tercero de diez hermanos. Su madre, Cinzia Cervini, una sobrina del Papa Marcelo II, era dedicada a dar limosnas, a la oración, la meditación, los ayunos y las mortificaciones corporales.

Roberto entró en la recién formada Sociedad de Jesús en 1560 y después de su ordenación fue a

enseñar a Lovaina (1570-1576), donde se hizo famoso por sus sermones en latín. En 1576, fue nombrado a la cátedra de teología controversial en el Colegio Romano, llegando a Rector en 1592; más tarde fue Provincial de Nápoles en 1594 y Cardenal en 1598.

Este sobresaliente erudito y devoto sirviente de Dios defendió la Sede Apostólica contra los anti-clericales en Venecia y contra los dogmas políticos de Jacobo I de Inglaterra. Escribió una exhaustiva obra apologética contra las herejías que preva-lecían en su tiempo. En el campo de las relaciones entre la Iglesia y el Estado, mantuvo una posición basada principalmente en principios que hoy se consideran como fundamentalmente democráticos—la autoridad emana de Dios, pero es investida en el pueblo, quien la confía a sus gobernantes aptos.

Este Santo fue el padre espiritual de San Luis Gonzaga, ayudó a San Francisco de Sales a obtener la aprobación formal para la Orden de la Visitación y en su prudencia se opuso a una severa acción en el caso de Galileo. El nos ha dejado escritos de gran importancia, incluyendo obras de devoción e instrucción, así como de controversias. Murió en 1621 y fue canonizado en 1930 por el Papa Pío XI.

ORACION Oh Dios, para vindicar Tu Fe Tú dotaste a San Roberto, Tu Obispo, con erudición y virtudes maravillosas. Por su intercesión concede que Tu pueblo puede siempre regocijarse en la integridad de su Fe. Amén.

SANTA COLUMBA DE CORDOBA,
Virgen y Mártir
El Mismo Día—Septiembre 17

COLUMBA nació en Córdoba, España, en el siglo VIII. Su hermano fue abad y la hermana y el cuñado de Columba fundaron el monasterio doble en Tábanos.

La madre viuda de Columba quería que ésta se casara, pero Columba determinó dedicar su vida a Dios. Eventualmente entró al monasterio de Tábanos.

En 852, durante las persecuciones de los Cristianos hechas por los moros, las monjas huyeron de Tábanos y se ocultaron en Córdoba. Sin embargo, Columba proclamó abiertamente su Fe ante un magistrado moro y, en consecuencia, fue decapitada.

ORACION   Dios todopoderoso y sempiterno, Tú escogiste los débiles de este mundo para confundir los poderosos. Que al celebrar el aniversario del martirio de Santa Columba, podamos como ella quedar constantes en la Fe. Amén.

SAN JOSE DE CUPERTINO, Presbítero

Septiembre 18—*Patrono de los Aviadores*

SAN José nació en Cupertino, en la diócesis de Nardo en el Reino de Nápoles, en 1603. Después de pasar su niñez y adolescencia en la sencillez y la inocencia se unió finalmente a los Franciscanos en la Orden de Menores Conventuales.

Después de su ordenación al santo sacerdocio se entregó por completo a una vida de humillación, mortificación y obediencia. Estaba totalmente dedicado a la Santísima Virgen María y promovió su devoción con gran ardor entre las gentes de todas clases.

Se dice que la vida de este Santo se destacó por los éxtasis y levitaciones. La sola mención de Dios o de un asunto espiritual era suficiente para hacerlo perder el sentido; en la Misa era frecuente que flotara en el aire en estado de rapto. Una vez mientras se cantaban villancicos de Navidad se elevó hasta el altar mayor y se arrodilló en el aire, completamente sumido en oración. En otra ocasión transportó una cruz de treinta seis pies de alto por el aire hasta el tope de un grupo del Calvario tan fácilmente como otro puede llevar una paja.

La gente acudía a él en masa buscando su ayuda y consejos en el confesionario y convirtió a muchos a una vida verdaderamente Cristiana. Sin embargo, este hombre humilde tuvo que sufrir muchas pruebas y tentaciones terribles durante toda su vida. Murió el 18 de Septiembre de 1663 y fue canonizado en 1767 por el Papa Clemente XIII.

ORACION Oh Dios, Tú quisiste que Tu Hijo Unigénito atrajera hacia Sí todas las cosas cuando El fue elevado sobre la tierra. Que los méritos y ejemplo de San José, Tu Presbítero, nos ayuden a elevarnos sobre todos los deseos terrenales para que podamos llegar a Jesús. Amén.

SAN JENARO, Obispo y Mártir
Septiembre 19—*Patrono de Nápoles*

NACIDO alrededor del año 275, San Jenaro era Obispo de Benevento cuando se desató la persecución del Emperador Diocleciano. Fue decapitado por la Fe junto con dos diáconos y dos legos cerca de Puzzuoli alrededor del año 305. Más tarde sus reliquias se transfirieron a Nápoles, convirtiéndose en patrono de esta ciudad.

San Jenaro se ha hecho famoso por la licuefacción de su sangre, una masa sólida y oscura en un frasco sellado, que se hace líquida cuando se sostiene cerca de una reliquia, que se cree que es su cabeza. Esto sucede generalmente el 19 de Septiembre, el primer domingo de Mayo (día en que se transfirieron sus reliquias a Nápoles), y el 16 de Diciembre (aniversario de la salvación de Nápoles del Vesubio por la intercesión de San Jenaro). Los científicos no han podido hallar una explicación natural para este fenómeno tan bien comprobado.

ORACION Oh Dios, Tú nos permites venerar la memoria de Tu Mártir San Jenaro. Concédenos que también podamos disfrutar de su compañía en beatitud eterna. Amén.

SAN ANDRES KIM TAEGON,
Presbítero y Mártir,
SAN PABLO CHONG HASANG
Y COMPAÑEROS, Mártires
Septiembre 20

LA evangelización de Corea comenzó durante el siglo XVII a través de un grupo de laicos. Allí floreció una fuerte y vital comunidad Cristiana bajo la dirección laica hasta que llegaron los misioneros enviados por la Sociedad de las Misiones Extranjeras en París.

Durante las terribles persecuciones que ocurrieron en el siglo XIX (en 1839, 1866 y 1867), ciento tres miembros de la comunidad Cristiana dieron sus vidas como mártires. Sobresaliendo entre estos testigos de la Fe estuvieron el primer sacerdote y pastor coreano, Andrés Kim Taegon, y el primer apóstol laico, Pablo Chong Hasang.

Entre otros mártires hubo unos cuantos obispos y presbíteros, pero la mayoría fueron legos, hombres y mujeres, casados y solteros, niños, jóvenes y ancianos. Todos sufrieron grandemente por la Fe y consagraron los fructíferos comienzos de la Iglesia de Corea con su sangre como mártires.

El Pablo Juan Pablo II, durante su viaje a Corea, canonizó a estos mártires el 6 de Mayo de 1984, insertándose su festividad en el Calendario de la Iglesia Universal.

ORACION Oh Dios, Tú has creado todas las naciones y Tú eres su salvación. En Corea Tú llamaste a un pueblo para ser adoptado a la Fe Católica y nutriste su crecimiento con la sangre de Tu Santos Andrés, Pablo y sus Compañeros. Danos fuerzas a través de su martírio y su intercesión para que también nosotros podamos seguir siendo fieles a Tus mandamientos hasta nuestra muerte. Amén.

BEATO FRANCISCO DE POSADAS, Presbítero
El Mismo Día—Septiembre 20

FRANCISCO de Posadas nació en Córdoba, España, en 1644. Siendo muy joven decidió que quería ser sacerdote y, en 1633, a los diecinueve años entró en el noviciado dominicano.

Después de su ordenación Francisco adquirió una amplia reputación por la eficacia de sus prédicas. Como resultado fue enviado en misiones por el occidente de España. Al mismo tiempo, la gente se sentía atraída hacia él como confesor por su santidad, su espíritu de oración y sus dones espirituales, que quizás incluyeran el don de la levitación.

Además de su gran labor misionera por más de cuarenta años, Francisco también escribió varios libros. Murió el 20 de Septiembre de 1713, y fue beatificado en 1818 por el Papa Pío VII.

ORACION Dios todopoderoso y eterno, Tú dedicaste el júbilo de este día a la glorificación del Beato Francisco. Concede misericordioso que siempre podamos esforzarnos por conservar y completar por nuestras obras la Fe que el proclamó continuamente con celo incansable. Amén.

SAN MATEO, Apóstol y Evangelista
Septiembre 21—*Patrono de los Banqueros*

UNO de los doce Apóstoles, San Mateo, es el autor del primer Evangelio. Esta ha sido la tradición constante de la Iglesia y está confirmada por el Evangelio mismo. El era hijo de Alfeo y fue llamado para ser Apóstol mientras estaba sentado en el lugar del recaudador de impuestos en Cafarnaún. Antes de su conversión había sido Publicano, es decir, un recaudador de impuestos profesional. Se le identifica como el "Leví" mencionado por Marcos y Lucas.

Su actividad apostólica al principio se limitó a la comunidades de Palestina. Después no se sabe nada definitivo sobre su vida. Hay una tradición que señala a Etiopía como el área de su trabajo; otras tradiciones mencionan a Partia y Persia. No es seguro si murió de muerte natural o si recibió la corona del martirio.

El Evangelio de San Mateo fue escrito para llenar un deseo largamente anhelado por sus compatriotas, tanto creyentes como no creyentes. Para los primeros, sirvió como un presente de su amistad y como aliento para las pruebas que vendrían, especialmente el peligro de recaer en el judaísmo; para los últimos, estaba diseñado para convencerlos de que el Mesías había venido en la persona de Jesús, Nuestro Señor, en Quien todas las promesas del Reino Mesiánico se habían cumplido en forma espiritual más bien que corporal: "Mi Reino no es de este mundo." Así fue que, su Evangelio respondió a la pregunta hecha por los discípulos de San Juan Bautista: "¿Eres Tú él que ha de venir o debemos esperar por otro?"

Al escribir para sus compatriotas de Palestina, San Mateo redactó su Evangelio en su arameo nativo, la "lengua hebrea" mencionada en el Evangelio y en los Hechos de los Apóstoles. Poco después, alrededor de la época de la persecución de Herodes Agripa I, en 42 A.C., partió hacia otras tierras. Otra tradición sitúa la composición de este Evangelio entre el momento de su partida y el Concilio de Jerusalén, es decir, entre el 42 A.C. y el 50 A.C., o aún más tarde. Sin embargo, definitivamente el Evangelio mismo, describiendo la Ciudad Santa con su altar y su templo como existiendo aún y sin referencias al cumplimiento de la profecía del Señor, muestra que fue escrito antes de la destrucción de la ciudad por los romanos (70 A.C.), y esta evidencia interna confirma las primeras tradiciones.

ORACION Oh Dios, Tú escogiste a San Mateo el Publicano para que fuera Tu Apóstol. Siguiendo su ejemplo y beneficiándonos con sus oraciones, permítenos que siempre sigamos y cumplamos Tu voluntad. Amén.

SANTO TOMAS DE VILLANUEVA, Obispo
Septiembre 22—*Patrono de Valencia*

TOMAS nació en el Reino de Castilla, España, en 1488, pero fue llamado "de Villanueva" por el pueblo en que se educó. De sus padres piadosos aprendió la caridad por los pobres que lo distinguiera más tarde en su vida y que practicó desde su más tierna niñez. Después de años de inocencia y virtud, teniendo quince años de edad fue enviado a la Universidad de Alcalá, que había sido fundada recientemente por el Cardenal Jiménez.

El Cardenal le dio un puesto en el Colegio de San Ildefonso. Después de once años de conducta edificante, habiendo obtenido el grado de maestro en las artes, se hizo profesor de filosofía.

De Alcalá pasó a Salamanca, donde enseñó filosofía moral por dos años. En 1518, tomó el hábito de la Orden de los Ermitaños de San Agustín en esa ciudad, alrededor de la misma época en que Lutero la dejaba en Alemania. Después de su noviciado fue ordenado como sacerdote en 1520 y comenzó a dedicarse a la labor de su ministerio.

Su celo fue tal que pronto se le conoció como "el Apóstol de España." Al mismo tiempo, enseñó teología en el Colegio Agustino de Salamanca, sin permitirse ninguna desviación de su regla. Después de ocupar varias posiciones honorables en su Orden, accedió a ser Arzobispo de Valencia en 1544.

En el episcopado vivió como un pobre, dando un ejemplo digno de los tiempos primitivos y disfrutando de la confianza de sus hermanos Obispos. Su salud le impidió asistir al Concilio de Trento en donde fue representado por el Obispo de Huesca. Finalmente su vida de abnegación se acercó a su final y expiró en 1555. Fue canonizado en 1658 por el Papa Alejandro VII.

ORACION Oh Dios, Tú hiciste de Santo Tomás un ejemplo sobresaliente de amor Divino y de la Fe que conquista al mundo y lo incluiste entre los santos Pastores. Concédenos que por su intercesión podamos perseverar en el amor y en la Fe y así compartir en su gloria. Amén.

SAN CONSTANCIO, Sacristán Lego
Septiembre 23

DE acuerdo con San Gregorio Magno, San Constancio, un lego, fue sacristán de la famosa Catedral de San Esteban en Ancona, Italia, en el siglo VI. En hábito monástico, cumplía sus deberes con gran espíritu de perfección que desmentía su pequeña estatura. Era conocido como hacedor de milagros y uno de sus actos era mantener las luces de la iglesia encendidas aún con agua o aceite en ellas. La fama de su santidad y extraordinarios poderes se extendió por todas partes, haciendo que muchos le solicitaran favores espirituales.

El carácter del Santo se ilustra mejor con una anécdota que se cuenta de él. Un día sucedió que entró en la iglesia un hombre muy grosero y al verlo en una escalera cuidando de las lámparas se negó a creer en su santidad. En vez de ello comenzó a insultar y a ridiculizar a este hombre de Dios, llamándolo mentiroso y lleno de orgullo. San Constancio, al oír sus palabras, corrió al hombre y lo abrazó y besó lleno de gratitud por haberlo visto tal cual era y habérselo dicho. Como destaca San Gregorio, ello fue la prueba final de que era tan grande en humildad como en hacer milagros.

ORACION   Oh Dios, por la intercesión de San Constancio, concédenos que podamos vencer todo sentimiento de orgulloso. Que siempre podamos servirte con esa humildad que te agrada, por sus méritos y ejemplo. Amén.

SAN PACIFICO DE SAN SEVERINO, Presbítero
Septiembre 24

NACIDO en 1653, San Pacifico quedó huérfano siendo muy joven y fue criado por un tío. A los diecisiete años entró en la Orden Franciscana y después de ordenarse fue asignado para ministrar en las aldeas montañosas de los Apeninos en Italia.

Después de un exitoso apostolado de siete años se vio afligido de una enfermedad que lo incapacitó y se resignó a vivir como semi-inválido durante treinta años.

El convirtió esos años en un apostolado intenso de oración y se hizo famoso por su paciencia, austeridad y don de profecía. Murió en 1721 y fue canonizado en 1839 por el Papa Gregorio XVI.

ORACION Oh Dios, dador de todo don, Tú adornaste a San Pacífico con la virtud de una paciencia poco usual y con el amor a la soledad. Por su intercesión concede que podamos seguir sus huellas y obtener una recompensa igual. Amén.

BEATO GERMAN EL INVALIDO,
Religioso
Septiembre 25

INVALIDO incurable desde su nacimiento en 1013 en Althausen en Suabia, Germán fue enviado a los siete años al Monasterio de Reichenau, en una isla del Lago Constanza. Con la ayuda de maestros dotados, pudo hacer uso de los dones de su mente brillante y alma noble. Tomó los votos monásticos en 1043 y se convirtió en maestro de aritmética, geometría, astronomía, historia, poesía y música.

Produjo la primera crónica medieval, un monumento de erudición, y concibió brillantemente las tablas de las fracciones así como algunos de los himnos más hermosos de la Iglesia, por ejemplo, el *Alma Redemptoris Mater* ("Benigna Madre de Nuestro Señor Redentor") y probablemente el *Salve Regina* ("Salve a la Reina"). Murió en 1054.

ORACION   Oh Dios, con Tu ayuda Tu bienaventurado Siervo Germán se esforzó por imitar al pobre y humilde Cristo. Por su intercesión concédenos que podamos seguir fielmente nuestra vocación y alcanzar la perfección que nos diste en Tu Hijo. Amén.

SANTOS COSME Y DAMIAN, Mártires
Septiembre 26—*Patronos de los Farmacéuticos*

COSME y Damián fueron dos hermanos, nacidos en Arabia, que habían llegado a ser eminentes por sus conocimientos en la ciencia de la medicina. Siendo Cristianos, estaban llenos del espíritu santo y nunca cobraron por sus servicios. En Egea en Cilicia, donde vivían, gozaban de la más alta estima de la gente.

Cuando se desató la persecución de Diocleciano su misma fama los llevó a ser objeto de persecución. Siendo aprehendidos por orden de Lisias, Gobernador de Cilicia, sufrieron varios tormentos y finalmente fueron decapitados alrededor del año 283.

ORACION Señor, que la devota conmemoración de Tus Santos Cosme y Damián te rinda homenaje. Porque en Tu infable providencia Tú les conferiste gloria eterna y un deber para nosotros. Amén.

SAN VICENTE DE PAUL, Presbítero

Patrono de las Sociedades Caritativas

Septiembre 27

SAN Vicente nació de padres pobres en la aldea de Pouy en Gascuña, Francia, alrededor de 1580. Tuvo sus primeras letras bajo los Padres Franciscanos de Acqs. Tal fue su progreso en cuatro años que un caballero lo escogió como preceptor de sus propios hijos y fue esto lo que le permitió continuar sus estudios sin ser una carga para sus padres. En 1596, fue a la Universidad de

Toulouse para cursar estudios teológicos y allí se ordenó de sacerdote en 1600.

En 1605, en un viaje por mar desde Marsella a Narbona fue hecho prisionero por unos piratas africanos y fue llevado como esclavo a Túnez. Su cautiverio duró alrededor de dos años, hasta que la Divina Providencia le permitió escapar. Después de una breve visita a Roma regresó a Francia, donde se convirtió en preceptor de la familia de Felipe Emanuel de Gondi, Conde de Joigny, y general de las galeras de Francia.

En 1617, comenzó a predicar en las misiones y en 1625 estableció los cimientos de una congregación que después se convertiría en la Congregación de la Misión, o Lazaristas, llamadas así por el Priorato de San Lázaro, que los Padres comenzaron a ocupar en 1633.

Sería imposible enumerar todas las obras de este buen siervo de Dios. La caridad fue su virtud predominante. La extendió a personas de todas clases, desde los niños abandonados a los ancianos. Las Hijas de la Caridad también deben la fundación de su congregación a San Vicente.

En medio de las ocupaciones más distrayentes su alma estaba siempre íntimamente unida a Dios. Aunque honrado por los grandes del mundo, permaneció sumido siempre en la más profunda humildad. El Apóstol de la Caridad, el inmortal Vicente de Paúl, exhaló su último suspiro en París a los ochenta años de edad, el 27 de Septiembre de 1660. Fue canonizado en 1737 por el Papa Clemente XII.

ORACION Oh Dios, Tú concediste a San Vicente de Paúl las virtudes apostólicas para la salvación de los pobres y la formación del clero. Concédenos que, dotados del mismo espíritu, podamos amar lo que él amó y actuar de acuerdo con sus enseñanzas. Amén.

SANTOS LORENZO RUIZ Y COMPAÑEROS,
Mártires
Septiembre 28

ENTRE 1633 y 1637 dieciséis mártires derramaron su sangre por amor a Cristo en la ciudad de Nagasaki, Japón. Entre ellos estaban miembros y asociados de la Orden de Predicadores: nueve sacerdotes, dos religiosos, dos vírgenes y tres laicos, uno de los cuales fue Lorenzo Ruiz, un padre de familia nacido en las Islas Filipinas.

Todos ellos, en diferentes momentos y bajo varias circunstancias, habían predicado la Fe Cristiana en las Filipinas, Formosa y Japón. Ellos manifestaron la universalidad de la religión Cristiana y sembraron la semilla de futuros misioneros y conversos.

La lista de los mártires es como sigue: Domingo Ibáñez de Erquicia, presbítero; Santiago Kyushei Gorobioye Tomonaga, presbítero; Lucas Alfonso, presbítero; Jacinto Ansalone, presbítero; Tomás Hioji Rokuzayemon Nishi, presbítero; Antonio González, presbítero; Guillermo Courtet, presbítero; Miguel de Aozaraza, presbítero; Vicente Schiwozuka, presbítero; Francisco Shoyemon, re-

ligioso; Mateo Kohioye, religioso; Madeline de Nagasaki, virgen; Marina de Omura, virgen, Lorenzo
Ruiz, esposo y padre; Miguel Kurobioye, laico; y
Lázaro de Kioto, laico. Todos fueron canonizados
por el Papa Juan Pablo II en 1987.

ORACION Señor Dios, Tú eres la fortaleza de los
Santos. Tú llamaste a Tus Santos Lorenzo Ruiz y
Compañeros a la vida eterna a través de la Cruz.
Concédenos que, por su intercesión, tengamos una
fidelidad perfecta para mantener la Fe hasta nues-
tra muerte. Amén.

SAN WENCESLAO, Mártir

El Mismo Día, Septiembre 28—*Patrono de Bohemia*

EL padre de San Wenceslao, Vratislas, Duque
de Bohemia, era Cristiano; pero su madre,
Drahomira, una pagana, fue una mujer malvada y
cruel. Afortunadamente para San Wenceslao
(nacido en 907), él se educó al cuidado de su
abuela paternal, San Ludmila, a cuyos esfuerzos él
respondió plenamente.

Fue a la escuela en Budweis, alrededor de
sesenta millas de Praga, donde hizo grandes progresos en sus conocimientos. Siendo aún muy
joven su padre murió y Drahomira tomó el título
de regente, dando rienda suelta a su odio hacia los
Cristianos desatando una cruel persecución.

Siguiendo el consejo de su abuela finalmente
Wenceslao tomó el gobierno en sus propias manos
en 922; pero para impedir disputas entre él y su
hermano Boleslao, el pueblo dividió las tierras
entre ambos, dando a Boleslao una parte conside-

rable. Este último, que había estado bajo la influencia de su madre, también sentía gran odio por la Religión Cristiana. El piadoso San Wenceslao llevó la vida de un Santo en medio de la corte, distinguiéndose por su devoción al Santísimo Sacramento.

Su piedad y severidad contra las opresiones de la nobleza hicieron que algunos se pusieran de parte de su madre. Habiendo sido invitado traidoramente a la corte de Boleslao después de las festividades, fue a medianoche a orar en la iglesia. Allí lo encontraron sus asesinos y su propio hermano Boleslao le asestó el golpe mortal. Su muerte ocurrió en 929.

ORACION Oh Dios, Tú enseñaste a San Wenceslao a apreciar el Reino de los cielos más que ningún otro reino terrenal. Concédenos, por sus súplicas, que podamos negarnos a nosotros mismos y aferrarnos a Ti con todos nuestros corazones. Amén.

SANTOS MIGUEL, GABRIEL Y RAFAEL,
Arcángeles

**Septiembre 29—(San Miguel) Patrono de los Policías
(San Gabriel) Patrono de los Trabajadores
de las Comunicaciones
(San Rafael) Patrono de los Viajeros**

LOS Angeles son espíritus sin cuerpos, que poseen inteligencia superior, fuerza gigantesca y una santidad insuperable. Ellos disfrutan de una íntima relación con Dios y son sus hijos especialmente adoptados, contemplándolo, amándolo y alabándolo en el cielo. Algunos de ellos se envían frecuentemente a la tierra como mensajeros de lo alto.

San Miguel

Esta fiesta conmemora a los tres Angeles que fueron enviados por Dios a los hombres: Miguel, Gabriel y Rafael. Se les da el nombre de Arcángeles, el segundo de los nueve coros angélicos, que son en orden descendente: Serafines, Querubines, Tronos, Dominaciones, Virtudes, Potestades, Principados, Arcángeles y Angeles.

EL NOMBRE DE MIGUEL significa: "¿Quién como Dios?" y fue el grito de guerra de los Angeles buenos que lucharon en el cielo en contra de Satán y sus seguidores. Las Sagradas Escrituras describen a San Miguel como "el gran príncipe" y uno de los jefes del ejército celeste en su triunfo sobre los poderes del infierno. Se le ha honrado e invocado especialmente como patrono y protector de la Iglesia desde el tiempo de los Apóstoles. Aunque siempre se le llama "el Arcángel," los Padres Griegos y muchos otros lo sitúan por encima de todos los Angeles—como Príncipe de los Serafines.

EL NOMBRE DE GABRIEL quiere decir "hombre de Dios," o "Dios se ha mostrado poderoso." Aparece por primera vez en las profecías de Daniel. Este Angel anunció a Daniel la profecía de las setenta semanas (Daniel 9, 21-27). Su nombre aparece también en el libro apócrifo de Enoch.

El apareció a Zacarías para anunciarle el nacimiento de San Juan Bautista (Lucas 1, 11). Finalmente, le anunció a María que ella tendría un Hijo concebido por el Espíritu Santo, Hijo del Altísimo, y Salvador del mundo (Lucas 1, 26).

EL NOMBRE DE RAFAEL quiere decir "Dios ha sanado." Este Angel aparece por primera vez en las Sagradas Escrituras en el Libro de Tobías. El actúa ayudando al joven Tobías en su viaje a Ragues, una ciudad en el país de los medas, al este de Nínive, para cobrar una deuda debida a su padre.

Rafael ata al demonio Asmodeo en el desierto de Egipto, ayuda a Tobías a encontrar mujer y recobrar su deuda y cura a Tobit de su ceguera. Es entonces que revela su identidad, diciendo: "Yo soy el Angel Rafael, uno de los siete ángeles que tienen entrada ante el trono de Dios."

ORACION Oh Dios, con gran sabiduría Tú diriges los ministerios de los Angeles y de los hombres. Concede que aquellos que siempre te ministran en el cielo puedan defendernos durante nuestra vida terrenal. Amén.

SAN JERONIMO, Presbítero y Doctor de la Iglesia

Septiembre 30

Patrono de los bibliotecarios

ESTRIDON, un pequeño pueblo en la frontera de Dalmacia, fue el lugar donde San Jerónimo vio la luz por primera vez en 340. En Roma estudió latín y griego, se dedicó a la oratoria y a la abogacía. Por un tiempo se entregó al mundo, pero su piedad regresó a él y comenzó a viajar.

Habiendo hecho un viaje a la Galia, volvió a Roma, donde fue bautizado, que en aquella época era demorado hasta la madurez. No se sabe con certeza si fue bautizado antes o después de su viaje a la Galia. Desde Roma viajó al Oriente y visitó a los anacoretas y otras personas de santidad.

Después de permanecer en Antioquía durante un tiempo, se consagró a la vida ascética en el desierto de Calcidia con el Abad Teodosio. Allí pasó cuatro años dedicado a la oración y el estudio; y fue allí que lo asaltaron las tentaciones en forma de recuerdos del pasado. Para distraer su mente comenzó a estudiar hebreo.

En Antioquía recibió las Sagradas Ordenes alrededor del año 377, con la estipulación de que no se vería obligado a servir en el ministerio. Después de viajar a Palestina, visitó Constantinopla, donde conoció a San Gregorio Nacianceno que era obispo allí. Después regresó a Palestina, partió hacia Roma, donde por algún tiempo ocupó el cargo de secretario del Papa San Dámaso. Dámaso lo invitó a traducir la Biblia en latín de las lenguas originales, y Jerónimo hizo la Vulgata, la Biblia auténtica de la Iglesia.

Al morir San Dámaso, volvió al Oriente, en 385. En el camino visitó a San Epifanio a Chipre y llegó a Jerusalén en el invierno, partiendo poco después para Alejandría para mejorar sus conocimientos sagrados. Regresando a Palestina, se retiró a Belén. Sus viajes estaban llegando a su final y su vida solitaria en Belén le hicieron comenzar la carrera de estudios que lo inmortalizaron.

Sus obras sobre las Escrituras, sobre todo, no tienen paralelo en la historia de la Iglesia. Aparte de esta rama de los estudios sagrados, el atacó, al igual que otros Padres de la época, los varios errores de aquel tiempo. La fama de San Jerónimo se extendió por todas partes y la gente venía a consultarlo de todas partes. También gobernó y dirigió el monasterio de monjas fundado por Santa Paula. Finalmente después de una larga vida de oración, penitencia y trabajos, San Jerónimo murió en Belén en 420.

ORACION Oh Dios, Tú diste a San Jerónimo un gran amor por las Sagradas Escrituras. Permite que Tu pueblo se nutra con más abundancia en Tu Palabra y encuentre en ella la fuente de vida. Amén.

SANTA TERESA DEL NIÑO JESUS

Octubre 1

Patrona de las Misiones

NACIDA en Alençon, Francia, en 1873, María Francisca Teresa Martin entró en el Carmelo de Lisieux en 1889, a los quince años de edad, y en Septiembre 30 de 1897, voló al cielo.

Afortunadamente la historia de esos nueve años está narrada fielmente en la *Autobiografía* que ella escribió bajo obediencia. Cada línea está marcada con la sencillez innata de un genio literario, así que aún traducida del eufónico y musical idioma francés todavía posee el ritmo de un poema en prosa al leerla.

Ella tomó como su lema las conocidas palabras del místico carmelita, San Juan de la Cruz: "El amor sólo se paga con amor." Con estos pensamientos siempre en su mente, su corazón encontró el valor para sufrir horas y días de amargura que pocos Santos han tenido el privilegio de padecer.

Ella entendió profundamente el significado de esas misteriosas palabras de San Pablo: "Cuanto a mí, jamás me gloriaré, a no ser en la Cruz de Nuestro Señor Jesucristo, por quien el mundo está crucificado para mí, y yo para el mundo. Lleno esas cosas que faltan en los sufrimientos de Cristo por sus miembros."

El amor de Dios como Padre, expresado con una sencillez y confianza de niño y una profunda comprensión del misterio de la Cruz son los principios básicos de "su manera pequeña."

Hay sólo otra doctrina que necesita mencionarse para completar el cuadro de la entrega de su alma—su vívida realización de la Maternidad Espiritual de María, la Madre de Dios y Reina del cielo y nuestra propia madre amante. Ella había aprendido el significado de la fuerte frase de San Agustín, escrita hace quinientos años, diciendo que todos hemos sido concebidos con Jesús en el seno de María como Madre nuestra.

La Florecita es una fiel heredera de toda la tradición amorosa de los mayores Santos y Doctores de la Iglesia en honor a María Inmaculada. Es dudoso que el harpista de María, el melífluo San Bernardo mismo, pudiera componer algo más bello, tierno y teológico que el último poema escrito por Santa Teresa, titulado, *Te Amo, María* y escrito casi cuando la agonía de la muerte ya estaba muy cerca de ella. En él, ella canta:

"¡Oh tú, que llegaste sonriendo,
Cuando despuntaba el comienzo de la vida,
Vuelve a sonreírme de nuevo. . . . Madre!
La noche se acerca.
Ya no temo tu majestad,
Tan lejos y encima de mí,
Porque he sufrido mucho contigo;
¡Ahora escúchame, Madre amante!
Oh, déjame decirte cara a cara,
Querida María, ¡cuánto te amo;
Y decirte por siempre jamás:
Que soy tu niña pequeña!"

ORACION   Dios y Padre nuestro, Tú destinaste Tu Reino para Tus hijos que son humildes. Ayúdanos a llegar a Ti, a ejemplo de Santa Teresa del Niño Jesús, por el camino de la fidelidad en las cosas pequeñas y el cumplimiento de los deberes diarios. Amén.

———

SANTOS ANGELES CUSTODIOS
Octubre 2

LOS Angeles son espíritus puros dotados de inteligencia natural, fuerza de voluntad y belleza que sobrepasan la naturaleza, facultades y poderes del hombre. Ellos alaban continuamente a Dios, le sirven como mensajeros y ministros y como custodios de los hombres en la tierra.

Están divididos en tres jerarquías: Serafines, Querubines y Tronos; Dominaciones, Principados y Potestades; Virtudes, Arcángeles y Angeles.

Los espíritus benditos asignados por Dios como protectores y defensores de los hombres se llaman Angeles Custodios. La Fe nos enseña que cada individuo tiene un Angel Custodio que permanece junto a él durante todo el curso de su vida. También es una doctrina aceptada generalmente que las comunidades, la Iglesia, las diócesis y las naciones tienen también sus ángeles tutelares.

Los Angeles Custodios defienden a los que están a su cargo contra los ataques de los demonios, tratando de evitarles todos los males de alma y cuerpo, particularmente del pecado y de las ocasiones de pecar.

Ellos se esfuerzan por mantenernos en el sendero correcto: si caemos nos ayudan a levantarnos de nuevo, nos alientan a ser más y más virtuosos, nos sugieren buenos pensamientos y santos deseos, ofrecen nuestras oraciones y buenas obras a Dios y, sobre todo, nos ayudan en el momento de nuestra muerte.

ORACION Dios, en Tu Providencia, Tú te dignaste enviar a Tus Angeles para que cuiden de nosotros. Concédenos que podamos estar siempre bajo su protección y que un día disfrutemos de su compañía en el cielo. Amén.

SAN FRANCISCO DE BORJA,
Presbítero

Octubre 3—*Patrono contra los Terremotos*

CUARTO Duque de Gandia, Francisco de Borja era, por parte de madre, bisnieto del Rey Fernando V, que era Católico. Nació en 1510 y se le dio el nombre de Francisco en honor de San Francisco de Asís.

A los diez años de edad perdió a su madre. Después de esa muerte recibió la mayor parte de su educación bajo el cuidado de su tío, el Arzobispo de Zaragoza, de cuya ciudad pasó a la corte del Emperador Carlos V.

En 1539, él y su esposa fueron encargados de acompañar el cuerpo de la Reina Isabel a Granada. Al llegar a esa ciudad abrieron el ataúd y tal era la corrupción que lo llenaba que todos los presentes huyeron. La vista de este cadáver fue el momento que cambió la vida de San Francisco haciendo que determinara romper con el mundo.

Poco después sucedió a su padre como Duque de Gandia y, en 1546, quedó viudo teniendo treinta y seis años de edad. Después de deliberarlo bien, entró en la Sociedad de Jesús mediante una bula papal.

En 1549, fue a Roma, donde fue recibido por San Ignacio y donde estableció las bases para fundar el Colegio Romano. A partir de este momento continuó avanzando de virtud en virtud. San Ignacio murió en 1556 y fue sucedido por el Padre Laynez, quien gobernó la Sociedad durante nueve años.

Al morir éste en 1565, San Francisco fue elegido General de la Sociedad, cuyos intereses promovió en todas partes del mundo con tanto celo que pudiera llamársele su segundo fundador. Murió en 1572 y fue canonizado en 1671 por el Papa Clemente X.

ORACION Señor y Dios nuestro, Tú nos mandas valorar los bienes de este mundo, según el criterio de Tu ley. Al celebrar la Fiesta de San Francisco de Borja, Tu siervo fiel y cumplidor, enséñanos a comprender que nada hay en el mundo comparable a la alegría de gastar la vida en Tu servicio. Amén.

SAN FRANCISCO DE ASIS

Octubre 4—*Patrono de la Acción Católica*

FRANCISCO Bernardone, el fundador de las tres Ordenes Franciscanas, nació en Asís, Italia, en 1181. Su padre fue un mercader adinerado de la ciudad. Durante un año de encarcelamiento en Perugia debido a su participación como caballero en una campaña fracasada contra la ciudad y de nuevo durante una prolongada enfermedad, Francisco se convenció de su vocación de llevar una vida de extraordinario servicio a la Iglesia de Cristo.

Inspirado a los veinticinco años por el pasaje de las Escrituras en Mateo en que se ordena que los discípulos evangelicen el mundo sin llevar posesiones consigo, Francisco abandonó su vida de afluencia y comenzó a llevar una vida de pobreza absoluta. Desheredado por su padre, Francisco se marchó sin un centavo "para casarse con la Señora Pobreza" y vivir más pobre que los más pobres de los que él servía. Su ejemplo pronto trajo seguidores a su tipo de vida.

Tres años más tarde, en 1210, teniendo doce compañeros, solicitó y obtuvo la aprobación del Papa Clemente III para llevar una vida de acuerdo con la Regla del Santo Evangelio y se convirtieron en un grupo de predicadores errantes de Cristo en sencillez y humildad. Así comenzaron los "Frailes Menores" o "Hermanos Menores." A todo lo largo y ancho de Italia los hermanos llamaban a la gente a la fe y la penitencia; rechazaron hasta la propiedad corporativa, el conocimiento humano y los privilegios eclesiásticos.

El mismo San Francisco nunca se hizo sacerdote por su gran humildad y al principio sólo algunos de su grupo tenían las Sagradas Ordenes.

La práctica de Francisco de la pobreza evangélica y la devoción a la humanidad de Cristo di calor a los corazones de un "mundo cada vez más frío" y pronto un vasto movimiento franciscano se esparció por toda Europa. En 1219, más de cinco mil Franciscanos se congregaron en Asís para el famoso Capítulo de las Alfombras. Para acomodar este resurgimiento religioso, Francisco fundó la Segunda Orden a través de Santa Clara de Asís para monjas enclaustradas y una Tercera Orden para los religiosos de ambos sexos.

La devoción de Francisco por la Pasión de Cristo lo llevó a un viaje misionero a la Tierra Santa. Extenuado por los agotadores esfuerzos apostólicos, padeciendo de los estigmas que había recibido en 1224, y ciego por una enfermedad de los ojos, Francisco murió al atardecer del 3 de Octubre de 1226, mientras cantaba el octavo versículo del Salmo 142: "Saca mi alma de la cárcel para que pueda alabar Tu Nombre." Fue canonizado dos años más tarde por el Papa Gregorio IX.

Francisco de Asís ha capturado el corazón y la imaginación de los hombres de todas las creencias por su amor a Dios y al hombre, así como a todas criaturas, por su sencillez, franqueza y tenacidad, y por los aspectos líricos de las múltiples fases de su vida. Sin embargo, fue mucho más que un individualista inspirado. Fue un hombre que poseía una vasta percepción y fuerza espirituales; un hombre cuyo amor exhaustivo por Cristo y la creación redimida impregnaba todo lo que hacía y decía.

ORACION Oh Dios, Tú permitiste que San Francisco imitara a Cristo en su pobreza y humildad. Que siguiendo las huellas de San Francisco, podamos seguir a Tu Hijo y unirnos a El en jubiloso amor. Amén.

SANTA FLORA, Virgen
Octubre 5

NACIDA en Francia alrededor del año 1308, Santa Flora fue una niña devota y más tarde se resistió a todos los intentos de sus padres por conseguirle un esposo. En 1324, entró en el Priorato de Beaulieu de las Monjas Hospitalarias de San Juan de Jerusalén. Aquí fue acosada por muchas y diferentes pruebas, cayó en un estado depresivo y fue objeto de burla por parte de algunas de sus hermanas religiosas.

Sin embargo, nunca cesó de hallar el favor de Dios y se le concedieron muchos favores poco usuales y místicos. Un año, durante la fiesta de Todos los Santos, entró en un éxtasis y estuvo sin probar alimentos hasta tres semanas más tarde en la fiesta de Santa Cecilia. En otra ocasión, mientras meditaba sobre el Espíritu Santo se elevó a cuatro pies sobre el piso y se quedó en el aire a la vista de muchos espectadores. Parecía también estar atravesada por los brazos de la Cruz de Nuestro Señor, haciendo que a veces la sangre manara abundantemente de su costado y otras veces de su boca.

También se informaron de otros casos de los favores de Dios a su sierva en relación con el conocimiento profético de asuntos que ella no hubiera podido saber naturalmente. A través de todo ello Santa Flora siempre siguió siendo humilde y en total comunión con su Divino Maestro, dando sabios consejos a todos los que acudían a ella por su santidad y discernimiento espiritual. En 1347, fue llamada a su recompensa eterna y en su tumba se han efectuado muchos milagros.

ORACION Oh Dios, Tú derramaste Tus dones celestiales sobre Santa Flora. Ayúdanos a imitar sus virtudes en nuestra vida terrenal y disfrutar con ella de felicidad eterna en el cielo. Amén.

BEATA MARIA ROSA DUROCHER, Virgen

Octubre 6

NACIDA el 6 de Octubre de 1811, en St. Antoine en Quebec, Canadá, Eulalie Durocher fue la menor de diez hermanos. Al terminar su educación bajo las Hermanas de Notre Dame, ella ayudó a su hermano, un cura párroco, y en ese proceso estableció la primera cofradía parroquial canadiense para mujeres jóvenes.

En 1843, el Obispo Bourget la invitó a fundar una nueva congregación de mujeres dedicada a la educación Cristiana. Como resultado, fundó las Hermanas de los Sagrados Nombres de Jesús y María y tomó el nombre religioso de María Rosa. Bajo su santidad y liderazgo espiritual, su comunidad floreció a pesar de toda clase de obstáculos, incluyendo una gran pobreza y los inevitables malentendidos. Pero ella permaneció inconmovible en su atención por los pobres.

Agotada por sus muchos trabajos, María Rosa fue llamada a su recompensa eterna el 6 de Octubre de 1849, a los treintiocho años. Fue declarada Beata por el Papa Juan Pablo II el 23 de Mayo de 1982.

ORACION   Oh Señor, Tú encendiste en el corazón de Tu bienaventurada María Rosa Durocher con el fuego de una ardiente caridad y un fervoroso deseo de colaborar como maestra en la misión de la Iglesia. Inspira nuestros corazones con esa misma caridad para que podamos guiar a nuestros hermanos y hermanas a la felicidad de la vida eterna. Amén.

SAN BRUNO, Presbítero
El Mismo Día, Octubre 6—*Patrono de los Endominados*

FUNDADOR de la ilustre Orden Cartusiana, San Bruno nació en Colonia alrededor del año 1033 y se educó bajo el cuidado de San Cuniberto, Obispo de esa ciudad. Llegó a ser canónigo de la Catedral, pero más tarde fue a Francia a continuar sus estudios en Reims. Se ordenó alrededor de

1056 y enseñó teología en Reims durante veinte años. Sus facultades impresionaron tanto a Gervasio, Arzobispo de esa ciudad, que compartió con él el gobierno de su diócesis.

Al morir Gervasio, Manasés, el intruso simoníaco en la Sede, fue depuesto y todos los ojos se volvieron hacia San Bruno; pero él rechazo de plano la dignidad del Arzobispado y determinó poner en ejecución un proyecto de retiro que había concebido hacía ya algún tiempo. Acompañado de diez amigos se presentó ante San Hugo, Obispo de Grenoble, para pedirle su consejo.

El santo Obispo le indicó la soledad de la Chartreuse como morada. Allí fueron todos y comenzaron a imitar la vida de los solitarios primitivos, estableciendo las bases de la Orden de los Cartujos, cuya casa principal todavía existe en ese mismo lugar.

Después de pasar seis años en este retiro, San Bruno fue llamado a Roma por el Papa Urbano II, quien había sido su alumno en Reims. Pasó algún tiempo en Roma, pero habiendo logrado que se le permitiera volver a retirarse, se fue para Calabria, donde fundó un segundo monasterio. Allí pasó este Santo el resto de su vida. Murió en el Monasterio de La Torre el 6 de Octubre de 1101.

ORACION Oh Dios, Tú llamaste a San Bruno a servirte en la soledad. Por su intercesión concédenos que en medio de los muchos asuntos de este mundo podamos encontrar siempre un tiempo para Ti. Amén.

NUESTRA SEÑORA DEL ROSARIO
Octubre 7

EL 7 de Octubre, el primer domingo de Octubre del año 1571, Don Juan de Austria ganó su famosa victoria naval sobre los turcos en Lepanto. En acción de gracias por este evento, que él atribuyó a la intercesión de la Santísima Virgen por haber dicho el Santo Rosario, San Pío V instituyó una fiesta anual con el título de Nuestra Señora de la Victoria. Su sucesor inmediato, Gregorio XIII, le cambió el nombre al del Rosario, y concedió su Oficio a todas las iglesias en donde hubiera un altar dedicado a Nuestra Señora del Rosario.

En 1716, el ejército del Emperador Carlos VI, capitaneado por el Príncipe Eugenio, obtuvo una gran victoria sobre los turcos cerca de Belgrado, el día de la Fiesta de Nuestra Señora de las Nieves, en el momento en que los miembros de la Sociedad del Santo Rosario ofrecían oraciones solemnes en Roma. Poco después, los turcos se vieron obligados a levantar el asedio de Corcyra.

En conmemoración de este hecho, Clemente XI extendió la Fiesta del Santísimo Rosario a la Iglesia Universal. Benedicto XIV hizo que se insertara una relación de todo ello en el *Breviario Romano* y León XII elevó la celebración al rango de fiesta de segunda clase. También agregó la invocación: "Reina del Santísimo Rosario, ruega por nosotros," a la Letanía de Loreto. En 1961, el nombre de esta Fiesta se convirtió en: Nuestra Señora del Rosario.

Según una tradición venerable, la devoción al
Santo Rosario fue revelada a Santo Domingo por
la Santísima Virgen.

*ORACION   Oh Dios, Tú nos llenas con Tu gracia.
Sabemos la Encarnación de Tu Hijo por el mensaje
de un Angel. Que por la intercesión de María
obtengamos la gloria de la resurrección por la
Pasión y la Cruz de Cristo. Amén.*

SANTA PELAGIA, Virgen y Mártir
Octubre 8

ENTRE el laberinto de cuentos legendarios relacionados con este nombre podemos estar ciertos de que la Santa Pelagia histórica fue una Cristiana devota que vivió en Antioquía a fines del
siglo III y comienzos del IV.

Alrededor del año 305, cuando ella tenía quince
años de edad, el perseguidor local de la Iglesia
supo que ella profesaba la Fe Cristiana y envió a
un grupo de soldados para que la trajeran para in-
terrogarla.

A pesar de su tierna edad, Santa Pelagia sabía
bien los ultrajes a que eran sometidas las vírgenes
de Cristo en casos semejantes. Por lo tanto,
cuando los soldados llegaron a su hogar, ella les
dijo que tenía que ponerse sus mejores vestidos y
que le permitieran salir de la habitación por unos
segundos. En vez de ello, subió corriendo al techo
de su casa y se lanzó al vacío para así conservar
su tesoro de mayor precio—la virginidad que
había dedicado a Jesús.

Los sabios y santos Doctores, San Ambrosio y San Juan Crisóstomo, tuvieron conocimiento de lo que ella había hecho y ambos estuvieron de acuerdo en que fue un noble ejemplo de amor a la castidad. Por ello está clasificada como Virgen y Mártir por la Iglesia.

ORACION Todopoderoso y sempiterno Dios, Tú eliges a los débiles del mundo para confundir a los poderosos. Haz que, al conmemorar el martirio de Santa Pelagia, podamos perseverar como ella constantes en la Fe. Amén.

SANTOS DIONISIO, Obispo y Mártir
Y SUS COMPAÑEROS, Mártires
Octubre 9

ALREDEDOR de mediados del siglo III, el Papa San Fabián envió seis obispos a predicar en la Galia. Uno de ellos fue San Dionisio quien trajo la Fe a Lutetia Parisiorum (la París de hoy día) y organizó una iglesia. En la ejecución de sus deberes como primer Obispo de París estuvo ayudado por un sacerdote, nombrado Rústico, y un diácono llamado Eleuterio.

Tan efectivos eran estos santos varones convirtiendo la gente a Cristo que los sacerdote paganos se alarmaron ante la pérdida de seguidores. Entonces instigaron al gobernador romano para que arrestara los misioneros y después de estar encarcelados durante largo tiempo estos tres siervos de Dios sufrieron juntos el martirio en un lugar llamado Vicus Catulliacus, hoy Saint-Dénis, durante la persecución de Decio (250) o de Valeriano (258).

En el lugar de su muerte se construyó la Abadía de Saint-Dénis, que se convirtió en el lugar donde se enterraron los Reyes de Francia.

ORACION Oh Dios, Tú enviaste a Tus Santos Dionisio y sus Compañeros a proclamar Tu gloria a las naciones y los fortaleciste con la virtud de la perseverancia en sus pasiones. Ayúdanos, siguiendo su ejemplo, a despreciar la prosperidad mundanal y las adversidades. Amén.

SAN JUAN LEONARDI, Presbítero
El Mismo Día—Octubre 9

JUAN Leonardi nació en 1541 en Diecimo de Lucca, Italia, y desde niño manifestó su deseo de buscar la soledad y entregarse a la oración y la meditación. A los treintidós años se hizo sacerdote y guió a muchos jóvenes en el camino de la perfección. Para convertir a los pecadores y restablecer la disciplina de la Iglesia en Italia, fundó los Clérigos Regulares de la Madre de Dios.

Fue contemporáneo de San Felipe Neri y de San José Calasanz y trabajó celosamente por la defensa de la Fe y en 1603, junto con el Cardenal Vives, fundó el Colegio de la Propaganda. Murió en Roma el 9 de Octubre de 1609, mientras cuidaba a las víctimas de la gran plaga. Fue canonizado en 1938 por el Papa Pío XI.

ORACION Oh Dios, Dador de todas las cosas, Tú hiciste que el Evangelio se predicara a través de San Juan, Tu Presbítero. Concede que, por su intercesión, la Fe verdadera se extienda siempre y por todas partes. Amén.

SAN LUIS BELTRAN, Presbítero
Octubre 10—*Patrono de Colombia*

NACIDO en Valencia, España, en 1526, San Luis estaba emparentado con San Vicente Ferrer y, como él, llegó a ser sacerdote dominico. Fue un modelo de santidad para sus hermanos en la religión y sirvió como Maestro de Novicios.

En 1562, lo enviaron a evangelizar a América del Sur. Durante siete años trabajó en Colombia, Panamá y las Antillas. Trajo muchas personas a la Fe con su prédica persuasiva y numerosos milagros.

Llamado desde España, sirvió como Prior en varias casas. Hasta que agotado por sus incansables labores, se durmió en el Señor en 1581. Fue canonizado en 1671 por el Papa Clemente X.

ORACION   Oh Dios, Tú has hecho a San Luis digno de la gloria de los Santos por la mortificación del cuerpo y la predicación de la Fe. Concédenos que lo que profesamos con la fe, lo realicemos constantemente con obras de piedad. Amén.

SANTA SOLEDAD TORRES ACOSTA, Religiosa
Octubre 11

EMANUELA Torres Acosta nació el 2 de Diciembre de 1826 en Madrid, España. Desde su más temprana edad, se sintió llamada al servicio de Dios tomando el hábito de religiosa. De acuerdo con ella, solicitó entrar en la Orden de las Dominicas, pero la rechazaron por su mala salud.

En 1848, se le pidió a Emanuela que encabezara una nueva comunidad de religiosas cuyo propósito era servir a los enfermos pobres.

Tomando el nombre de María Soledad, supervisó los comienzos de la comunidad naciente, que sufrió una importante discordia interna y se dividió en dos grupos en 1855.

La mitad de las hermanas se quedaron con María Soledad y bajo la dirección de un nuevo moderador, el Padre Gabino Sánchez, se formó una nueva comunidad, que recibió el nombre de Siervas de María Auxiliadora de los Pobres. Recibió la aprobación diocesana en 1861 y se reconoció a María Soledad como su superiora, posición que mantuvo durante los próximos treinta y cinco años.

Las Siervas de María recibieron una extraordinaria acogida pública por su labor heroica durante la epidemia de cólera en Madrid en 1865, y la comunidad se extendió por toda Europa y las Américas.

Después de fundar cuarenta y seis casas, María Soledad murió el 11 de Octubre de 1887. Fue canonizada en 1970 por el Papa Pablo VI.

ORACION Señor, Tú concediste a Santa Soledad Torres Acosta la gracia de servirte con amor generoso en los enfermos que visitaba. Concédenos Tu luz y Tu gracia para descubrir Tu presencia en los que sufren y merecer Tu compañía en el cielo. Amén.

SAN WILFRIDO, Obispo de York
Octubre 12

NACIDO en Northumberland en 634, San Wilfrido se educó en Lindisfarne y luego pasó algún tiempo en Lyón y Roma. De regreso a Inglaterra fue elegido Abad de Rippon en 658 e introdujo las reglas y prácticas romanas en oposición a las costumbres celtas de la Inglaterra del Norte. En 664, fue el arquitecto de la victoria definitiva del partido romano en la Conferencia de Whitby. Fue nombrado Obispo de York y después de algunas dificultades finalmente tomó posesión de la Sede en 669. Trabajó celosamente y fundó muchos monasterios de la Orden Benedictina, pero se vio obligado a apelar a Roma para evitar la subdivisión de su diócesis por San Teodoro, Arzobispo de Canterbury.

Mientras esperaba que se decidiera su caso se vio obligado a exiliarse, y trabajó duro y por mucho tiempo evangelizando a los sajones paganos del sur hasta que fue llamado de nuevo en 686. En 691, tuvo que volver a retirarse a la región central de Inglaterra hasta que Roma lo volvió a reivindicar. En 703, renunció a su cargo y se retiró a su monasterio de Ripon donde permaneció el resto de su vida en oración y prácticas de penitencia, hasta que murió en 709.

San Wilfrido fue personaje sobresaliente de su tiempo, extremadamente capaz y poseyendo un valor sin límites, permaneciendo firme en sus convicciones a pesar de los obstáculos presentados por las autoridades civiles y eclesiásticas. Ayudó a establecer la disciplina en la Iglesia de Inglaterra en línea con la de Roma. También fue un pastor dedicado y un celoso y diestro misionero; el breve tiempo que estuvo en Friesland en 678-679 fue el punto inicial de la gran misión a los pueblos germánicos de la Europa continental.

ORACION Oh Dios, Tú erigiste Tu Iglesia mediante el celo religioso y el cuidado apostólico de San Wilfrido. Concede que por su intercesión ella pueda tener siempre un nuevo aumento de la Fe y la santidad. Amén.

SAN GERALDO DE AURILLAC, Lego
Octubre 13

GERALDO de Aurillac llevó una vida de santidad en el mundo durante un período particularmente decadente y desordenado. Nacido en 855, sucedió a su padre, que era noble, como Conde de Aurillac y dueño de extensas propiedades. Lleno de amor a Dios y a su prójimo dio la mayor parte de sus ingresos a los pobres, evitó todas las extravagancias y la pompa mundanal y vivió una vida sencilla y de oración. Cumplió a conciencia sus deberes como noble adinerado y tenía cuidado de tratar a todos con honestidad y justicia.

El Santo disfrutaba de estudiar, rezar y meditar en lugar de las ocupaciones mundanales de las clases nobles. Levantándose a las dos de la madrugada cada día, recitaba devotamente la primera parte del Oficio Divino y oía Misa; el resto del día estaba dividido de acuerdo con una regla, dedicando gran parte a comunicarse con Dios y a la lectura.

Alrededor del año 890, al regresar de una peregrinación a Roma, San Geraldo fundó un monasterio benedictino en Aurillac que llegó a obtener gran fama. El mismo pensaba en unirse al monasterio, pero San Gausberto, Obispo de Cahors, lo ayudó a comprender que su verdadera vocación era trabajar en el mundo para la gloria de Dios. Siete años antes de su muerte se vio afligido de ceguera, que padeció con Cristiana resignación. Murió en 909 y se hizo conocido en toda Francia como resultado de la biografía escrita por San Odo de Cluny.

ORACION Señor Dios, sólo Tú eres santo y nadie es bueno sino por Ti. Concédenos, por la intercesión de San Geraldo, que vivamos de tal manera que no nos veamos privados de compartir en Tu gloria. Amén.

SAN CALIXTO I, Papa y Mártir
Octubre 14

ROMANO de nacimiento, San Calixto fue esclavo de un amo Cristiano durante la primera parte de su vida. Después de perder inadvertidamente cierta suma de dinero de su amo, tuvo pánico, huyó y fue encerrado en un calabozo al ser capturado. Más tarde su amo lo libertó esperando que su esclavo, que era honesto e inteligente, pudiera ganar algún dinero y devolverle la suma que había perdido. Al tratar de obtener un dinero de alguien que lo había engañado, el Santo fue acusado de Cristiano y condenado a las minas de Cerdeña.

Afortunadamente para él, la amable Marcia, una favorita del Emperador, obtuvo su liberación y fue tomado al servicio del Papa Víctor quien se impresionó ante la constancia del Santo en las desgracias y su devoción por los mártires de Cerdeña. Llegó a ser diácono y más tarde secretario del Papa Ceferino, quien lo encargó del cementerio Cristiano en la Vía Apia, que aún lleva su nombre. Cuando Ceferino murió en 217, Calixto fue elegido como Papa y gobernó la Iglesia durante cinco años y dos meses.

Durante el poco tiempo que duró su pontificado, que coincidió con un período más bien pacífico bajo el reinado del Emperador Alejandro Severo, durante el cual los Cristianos comenzaron a construir iglesias para ejercer públicamente su religión, este Papa mostró las cualidades de un sabio, firme y compasivo pastor.

Instituyó el ayuno de los Días de Témporas, decretó que las ordenaciones se hicieran en las Semanas de Témporas y estableció la práctica de la absolución de todos los pecados, incluyendo aquellos que los rigoristas considerable irremisibles. También fundó la iglesia de Santa María Más Allá del Tíber y proveyó para el entierro de los mártires. El mismo sufrió el martirio en 222, probablemente a manos de una muchedumbre amotinada.

ORACION *Señor, escucha amablemente las súplicas de Tu pueblo. Permítenos ser ayudados por los méritos del Papa San Calixto en cuya pasión nos regocijamos. Amén.*

SANTA TERESA DE JESUS,
Virgen y Doctora de la Iglesia

Octubre 15—*Patrona de Los Que Padecen de Dolores de Cabeza*

TERESA nació el 28 de Marzo de 1515, en Avila, España. Su madre murió cuando la Santa tenía sólo doce años de edad y su padre la llevó a un convento de las monjas agustinas. Al regresar a su hogar, determinó entrar en la religión. Se hizo monja en el Convento de las Carmelitas de la Encarnación, cerca de Avila, donde hizo su profesión en Noviembre de 1534.

Aunque durante muchos años en el convento llevó una buena vida religiosa, ciertas faltas aún se adherían a ella; pero el momento de la gracia llegó finalmente y el noble corazón de Santa Teresa comenzó a elevarse a la perfección. Inspirada por el Espíritu Santo y actuando bajo la dirección de hombres ilustrados, uno de los cuales era San Pedro de Alcántara, se encargó de la sobrehumana tarea de reformar su Orden y restablecer su observancia original.

Ayudada por San Juan de la Cruz, logró establecer la Reforma de las Carmelitas Descalzas, tanto para los hermanos como para las hermanas de su Orden. Antes de morir en 1582, había establecido treinta y dos monasterios de la Regla Reformada, entre los cuales diecisiete eran conventos de monjas. Fue canonizada en 1622 por el Papa Gregorio XV.

Santa Teresa recibió grandes dones de Dios. También escribió muchos libros de Teología Mística considerados por los Papas Gregorio XV y Urbano VII como iguales a los de un Doctor de la Iglesia. Por tanto, el 27 de Septiembre de 1970, el Papa Pablo VI la nombró entre los Doctores de la Iglesia.

ORACION Oh Dios, Tú elevaste a Santa Teresa con Tu Espíritu para que ella pudiera mostrar a la Iglesia el camino a la perfección. Nútrenos con el alimento celestial y enciende en nosotros el deseo de la santidad. Amén.

SANTA EDUVIGIS, Religiosa
Octubre 16

NACIDA en Bavaria en 1174, Eduvigis fue hija del Duque de Croacia. En 1186, se casó con Enrique I de Silesia y Polonia de quien tuvo siete hijos; después del nacimiento de su séptimo hijo, ella y su esposo juraron un voto de continencia. Se le recuerda mejor por su gran celo por la religión y sus mortificaciones penitenciales, que la llevaron a vivir una vida de ermitaña en medio de la corte de su esposo.

Al morir su esposo donó toda su fortuna a la Iglesia y a los pobres y entró en el monasterio de cisterciano de Trebnitz, que ella había fundado, entre muchos otros. Murió en Octubre de 1243 y fue canonizada en 1266 por el Papa Clemente IV.

ORACION Dios todopoderoso, que la venerable intercesión de Santa Eduvigis nos obtenga la ayuda celestial, ya que su vida constituye para todos un ejemplo maravilloso de humildad. Amén.

SANTA MARGARITA MARIA DE ALACOQUE,

Virgen

El Mismo Día—Octubre 16

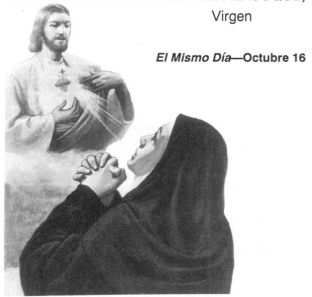

NACIDA en la diócesis de Autun, Francia, Santa Margarita María de Alacoque consagró su corazón, aún siendo una niña, al Sacratísimo Corazón de Jesús.

Para poder dedicarse por entero a su Divino Esposo, a los veintitrés años entró en la Orden de la Visitación en Paray-le-Monial en Charleroi. Se vio sometida a muchas pruebas y sufrimientos, pero todo lo soportó por amor a Jesús. En 1675, fue elegida por Dios para revelar a la Cristiandad la devoción al Sacratísimo Corazón de Jesús. Santa Margarita y San Claudio de la Colombière, S.J., fueron los instrumentos principales de la Fiesta del Sagrado Corazón. Murió en 1690 y fue canonizado en 1920 por el Papa Benedicto XV.

ORACION Señor, derrama en nosotros el espíritu con que enriqueciste a Santa Margarita María. Ayúdanos a conocer el amor de Cristo que es demasiado grande para el conocimiento humano y ser llenos de la plenitud de Dios. Amén.

SAN GERARDO MAJELLA, Religioso
El Mismo Día, Octubre 16—*Patrono de las Madres Embarazadas*

GERARDO nació en Muro, Italia, en 1726, y teniendo veintitrés años se unió a los Redentoristas, haciéndose hermano lego profesado en 1752. Sirvió como sacristán, jardinero, portero, enfermero y sastre. Sin embargo, por su gran piedad, extraordinaria sabiduría y don para leer las conciencias, se le permitió que aconsejara las comunidades de mujeres religiosas.

Este humilde siervo de Dios también tuvo el poder de levitación y de estar en dos lugares a la vez, relacionados con ciertos místicos. Su caridad, obediencia y servicio abnegado así como sus incesantes mortificaciones por Cristo le hicieron el modelo perfecto de los hermanos legos. Enfermó de tuberculosis y murió en 1755 a los veintinueve años de edad. Fue canonizado en 1904 por el Papa San Pío X.

ORACION Oh Dios, por Tu gracia San Gerardo perseveró en imitar a Cristo en su pobreza y humildad. por su intercesión, concédenos que podamos

seguir fielmente nuestra vocación y alcanzar la per-
fección que Tú nos prometes en Tu Hijo. Amén.

SAN IGNACIO DE ANTIOQUIA, Obispo y Mártir
Octubre 17

SAN Ignacio, un discípulo de San Juan Evangelista, fue Obispo de Antioquía durante cuarenta años y siempre tuvo el deseo de derramar su sangre por Cristo. En el año 107, durante la persecución de Trajano, fue condenado a ser llevado a Roma y expuesto a las fieras salvajes.

Durante su última jornada dio la bienvenida a los fieles de Esmirna, Tróades y otros lugares a lo largo del camino. En Roma fue llevado inmediatamente al anfiteatro, donde dos leones feroces lo devoraron. Terminó su santa vida con una muerte gloriosa, exclamando: "Que yo pueda ser pan agradable al Señor." Sus restos fueron llevados a Antioquía, donde fueron enterrados. Durante el reino de Teodosio fueron trasladados a la iglesia dentro de la ciudad. Al presente se veneran en Roma.

Durante su larga jornada escribió siete epístolas a varias congregaciones, en las que, como discípulo de los Apóstoles, da testimonio del carácter dogmático de la Cristiandad Apostólica.

ORACION Todopoderoso y sempiterno Dios, Tú adornas el cuerpo de Tu Iglesia con el testimonio de Tus Mártires. Concede que los sufrimientos de San Ignacio en este día que le dieron gloria imperecedera nos traiga a nosotros una protección eterna. Amén.

SAN LUCAS, Evangelista

Octubre 18—*Patrono de los Doctores y Pintores*

L UCAS nació en Antioquía, Siria, según Eusebio, el historiador de la Iglesia. Era gentil de nacimiento y su profesión era la de médico. De acuerdo con una leyenda del siglo VI también fue pintor.

Fue uno de los primeros convertidos a la Fe y más tarde fue el compañero de misiones de San Pablo, a quien acompañó en parte durante su segundo y tercer viajes misioneros y lo atendió durante sus cautiverios en Cesárea y en Roma. Poco se sabe de cierto sobre el resto de su vida.

La tradición unánime de la Iglesia atribuye el tercer Evangelio a San Lucas. Las alusiones y citas del Evangelio son más frecuentes en los escritos Cristianos primitivos y aún los herejes hicieron uso diligente de este inspirado libro. El Evangelio mismo muestra que su autor fue una persona con facultades literarias, un médico y compañero de San Pablo. La tradición Cristiana primitiva considera que el Evangelio y su obra acompañante, los Hechos de los Apóstoles, fueron escritos aproximadamente en el año 75 A.C.

Poco se sabe sobre el lugar en que se escribió. Algunos de los autores antiguos sugieren Acaya (Grecia); algunos de los manuscritos mencionan Alejandría o Macedonia; mientras que los escritores modernos defienden a Cesárea, Efeso o Roma. Como artista, San Lucas muestra sus facultades pintando personajes vivos y ha seguido siendo una inspiración para los pintores durante siglos.

Como historiador, se le puede comparar con los grandes escritores griegos y latinos. En su Evangelio hay un movimiento estable en los hechos de Nazaret a Jerusalén, mientras que en los Hechos es de Jerusalén a Roma.

ORACION Oh Dios, Tú escogiste a San Lucas para revelar en la prédica y en la escritura Tu amor hacia los pobres. Concédenos que aquellos que ya nos gloriamos en Tu Nombre podamos perseverar con un corazón y un pensamiento y que todos los pueblos puedan escuchar Tus Buenas Nuevas de salvación. Amén.

SANTOS ISAAC JOGUES, JUAN DE BREBEUF, Presbíteros, Y COMPAÑEROS, Mártires

Octubre 19

SANTOS Isaac Jogues, Juan de Brébeuf, Carlos Garnier, Antonio Daniel, Gabriel Lallemant, Noel Chabanel, Juan de Lalande y Renato Goupil, jesuitas franceses, se contaron entre los misioneros que predicaron el Evangelio a los hurones e iroqueses en los Estados Unidos y Canadá.

Fueron martirizados por los indios iroqueses en los años 1642, 1648 y 1649. El Papa Pío XI los beatificó el 21 de Junio de 1925 y en 1930 fueron canonizados por el mismo Papa.

San Isaac Jogues, en particular, se destaca. En el transcurso de sus labores predicando el Evangelio a los indios mohawk en Canadá penetró hasta la entrada oriental del Lago Superior, mil millas tierra adentro y fue el primer europeo en hacerlo.

En 1642, fue capturado por los iroqueses y mantenido prisionero durante trece meses. Durante este tiempo sufrió crueles torturas y últimamente perdió el uso de sus manos.

Después de ser rescatado por los holandeses, el Santo volvió al Canadá dos años más tarde y en 1646 visitó Auriesville, Nueva York, para negociar la paz con los iroqueses. Se dice que fue el primer sacerdote Católico en pisar la Isla de Manhattan.

En una tercera visita a los iroqueses, el clan del Oso, que creía que San Isaac era un brujo, lo culpó de una epidemia y el fracaso de las cosechas. Por este motivo lo capturaron, torturaron y decapitaron.

ORACION Oh Dios, Tú consagraste la propagación de la Fe en Norteamérica con la sangre de San Isaac Jogues y sus Compañeros que predicaban la Fe a los indios. Por sus intercesiones permite que más pueblos en todas partes respondan a las Buenas Nuevas de salvación. Amén.

SAN PEDRO DE ALCANTARA, Presbítero
El Mismo Día, Octubre 19—*Patrono de Brasil*

PEDRO nació en Alcántara, un pequeño pueblo de Extremadura, España, en el año 1499. A los dieciséis años recibió el hábito de los Franciscanos en el solitario convento de Manjarez. Ordenado en 1524, pronto fue empleado en la predicación. Su gran amor por la Pasión de Jesús le inspiró un extraordinario amor a la penitencia.

En 1541, marchó a Lisboa a unirse al Padre Martín, que estaba estableciendo las bases para una austera reforma de la Orden. En 1555, comenzó su propia reforma, caracterizada por un extraordinario rigor y que lleva el nombre de la Observancia Más Estricta. Al año siguiente fue nombrado comisario de la Orden en España y en 1561 elegido como provincial de la Orden reformada.

Dos años antes, durante una visita a algunos de los monasterios de Avila, se encontró con Santa Teresa, que entonces sufría mucho tratando de reformar su propia Orden. El le prestó gran ayuda con sus alientos y consejos. San Pedro ya se acercaba al final de su carrera pues murió pronto después en su convento de Arenas, en 1562. Fue canonizado en 1669 por el Papa Clemente IX y declarado Patrono de Brasil en 1862 por el Papa Pío IX.

ORACION Oh Dios, Tú distinguiste a San Pedro con el don de una admirable penitencia y profunda meditación. Por su intercesión, concédenos un espíritu de penitencia y austeridad para que merezcamos compartir en los dones celestiales. Amén.

SAN PABLO DE LA CRUZ,
Presbítero

Octubre 20

SAN Pablo de la Cruz nació en Ovada, en la República de Génova, el 3 de Enero de 1694. Su infancia y juventud las pasó en gran inocencia y piedad. Fue inspirado para fundar una congregación y, en un éxtasis pudo contemplar el hábito que él y sus compañeros deberían usar. Después de consultar con su director, el Obispo Gastinara de Alexandría en el Piedmont, llegó a la conclusión que Dios deseaba que él estableciera una congregación en honor a la Pasión de Jesucristo.

El 22 de Noviembre de 1720, el Obispo lo invistió con el hábito que él mismo había visto en su visión, el mismo que los pasionistas usan al presente. A partir de ese momento el Santo se dedicó a preparar las Reglas de su instituto; y en 1721 fue a Roma a obtener la aprobación de la Santa Sede. Al principio fracasó, pero finalmente consiguió su propósito cuando Benedicto XIV aprobó sus Reglas en 1741 y en 1746.

Mientras tanto San Pablo erigió su primer monasterio cerca de Obitello. Algún tiempo después estableció una comunidad mayor en la Iglesia de Santos Juan y Pablo en Roma.

Durante cincuenta años San Pablo siguió siendo el misionero incansable de Italia. Dios derramó sobre él grandes dones de orden sobrenatural, pero él se trató a sí mismo con el mayor rigor y creía ser un siervo poco merecedor y un gran pecador. Murió en santidad en Roma en el año 1775, a los ochenta y un años de edad. Fue canonizado en 1867 por el Papa Pío IX.

ORACION Señor, concede que las oraciones de San Pablo, quien amó la Cruz con amor tan singular, nos conceda Tu gracia. Que nos inspiremos con su ejemplo y abracemos valientemente nuestra propia cruz. Amén.

BEATA ADELINA, Abadesa
El Mismo Día—Octubre 20

HERMANA de San Vidal, Abad de Savigny, Adelina fue llevada a la vida religiosa guiada por él. Llegó a ser la primera abadesa del monasterio fundado en Mortain en 1105 o 1115 por el Conde Guillermo de Mortain. La Regla seguida por esta casa religiosa fue la de San Benito junto con unas pocas observancias derivadas de la tradición cisterciense.

Debido al color de sus hábitos religiosas se les llamó las "Damas Blancas." Después de una vida dedicada a la oración, la mortificación y obras caritativas, Adelina fue llevada a su recompensa eterna en 1125. Tal fue su reputación de santidad que poco tiempo después empezó a ser venerada como Beata y sus restos fueron solemnemente transferidos junto con los de su hermano y otros religiosos de Savigny.

ORACION Dios, Tú inspiraste a Tu bienaventurada sierva Adelina a esforzarse en la caridad perfecta y así llegar a Tu Reino al final de su peregrinaje terrenal. Fortalécenos a través de su intercesión que podamos avanzar regocijándonos en la vía del amor. Amén.

SANTA CILINIA, Madre de San Remigio
Octubre 21

TENEMOS muy pocos detalles sobre la vida de esta Santa que es mejor conocida por haber sido la madre de San Remigio, Obispo de Reims, en el momento de la conversión del pueblo de la Galia bajo Clodoveo. Santa Cilinia tuvo a San Remigio milagrosamente cuando ya estaba avanzada en años. Inmediatamente después de dar a luz, alrededor del año 438, también le dio la vista al ermitaño Montano quien tres veces había predicho el nacimiento del santo Obispo.

Después de llevar una santa vida llena de buenas obras y oración constante, esta santa mujer alcanzó su recompensa celestial alrededor del año 458. Fue enterrada cerca de Lyón, probablemente en Cerny, donde había vivido. Desafortunadamente sus reliquias se destruyeron durante la Revolución Francesa.

ORACION Oh Dios, Tú inspiraste a Santa Cilinia a esforzarse en la caridad perfecta y así llegar a Tu Reino al final de su peregrinaje terrenal. Fortalécenos a través de su intercesión que podamos avanzar regocijándonos en la vía del amor. Amén.

SANTA SALOME, Madre de los Apóstoles
Santiago y Juan
Octubre 22—*Patrona de Veroli*

SALOME, cuyo nombre en hebreo invoca la prosperidad y la paz y corresponde al griego "Irene," fue con toda probabilidad la hermana, o la familiar cercano de María, la Madre de Jesús, mencionada por San Juan como una de las tres mujeres que estaban de pie junto a la Cruz. San Marcos la llama Salomé y San Mateo la caracteriza como "la madre de lo hijos de Zebedeo."

San Marcos también la menciona como una de las tres mujeres que vinieron a ungir el cuerpo de Jesús en el sepulcro en la mañana del día de la Pascua.

Fue esta santa mujer la que le pidió a Jesús que le diera a sus dos hijos, Santiago y Juan, un lugar de honor en su Reino. En Su respuesta Jesús se dirigió a los dos Apóstoles y amorosamente los dirigió a una vida de sacrificio, abnegación e imitación de sus sufrimientos. Sus recompensas vendrían más allá de los límites del tiempo.

Ella es venerada como la Patrona de la Iglesia de Veroli, Italia, a donde ella vino, según cuenta una antigua tradición, con dos compañeros llamados Blas y Demetrio y proclamó la Fe. Después, ya entrada en años, cerró sus ojos en paz allí, mientras que sus dos compañeros daban testimonio de la Fe con sus propias vidas.

ORACION   Señor Dios, sólo Tú eres santo y nadie es bueno sino por Ti. Concédenos, por la intercesión de Santa Salomé, que vivamos de tal manera que no nos veamos privados de compartir en Tu gloria. Amén.

SAN JUAN DE CAPISTRANO, Presbítero
Octubre 23—*Patrono de los Jurisconsultos*

JUAN nació en Capistrano, Italia, en 1385, siendo hijo de un antiguo caballero alemán de esa ciudad. Estudió leyes en la Universidad de Perugia y ejerció como abogado en los tribunales de Nápoles. El Rey Ladislao de Nápoles lo nombró gobernador de Perugia.

Durante una guerra contra un pueblo vecino fue traicionado y llevado a la prisión. Al ser liberado entró en la comunidad franciscana de Perugia en 1416. El y Santiago de la Marca fueron compañeros de estudios bajo San Bernardino de Siena, quien lo inspiró a instituir la devoción al Santo Nombre de Jesús y de Su Madre. Juan comenzó su brillante apostolado de predicación siendo diácono en 1420. Después de su ordenación en 1425 viajó a través de Italia, Alemania, Bohemia, Austria, Hungría, Polonia y Rusia predicando la penitencia y estableciendo numerosas comunidades de la renovación franciscana.

Cuando Mohamed II amenazaba a Viena y Roma, San Juan, teniendo ya setenta años de edad, fue comisionado por el Papa Calixto II para predicar y dirigir una cruzada contra los invasores turcos. Marchando a la cabeza de 70,000 Cristianos, obtuvo la victoria en la gran batalla de Belgrado contra los turcos en 1456. Murió tres meses más tarde en Illok, Hungría y fue canonizado en 1724.

ORACION Señor, Tú suscitaste a San Juan para consolar a Tu pueblo en las angustias. Concédenos que siempre estemos seguros bajo Tu protección y mantengamos Tu Iglesia en paz imperecedera. Amén.

SAN ANTONIO MARIA CLARET, Obispo
Octubre 24

ANTONIO nació en Sallent, España, en 1807, habiendo sido hijo de un tejedor y se ordenó como sacerdote en 1835. Después de cinco años, comenzó a dar misiones y retiros en toda Cataluña. Viendo sus éxitos y la necesidad del pueblo por ellos, fundó (en 1849) la Congregación de los Misioneros Hijos del Corazón Inmaculado de María (claretianos) para continuar su obra en mayor escala.

Ese mismo año fue consagrado como Obispo de Santiago de Cuba. Hallando la diócesis en condiciones espirituales deplorables, inició rápidamente las medidas para reformarla, una de las cuales fue el establecimiento del Instituto Apostólico de María Inmaculada.

En 1857, fue vuelto a llamar a España para servir como confesor de la Reina Isabel II de España. Esta posición le permitió continuar su obra misionera predicando y publicando sus obras. Estableció un museo, una biblioteca, escuelas y un laboratorio, ayudando también a revivir el lenguaje catalán. Extendió la devoción al Santísimo Sacramento y al Inmaculado Corazón de María y después de la revolución de 1868 terminó su vida en el exilio con la Reina en 1870. Fue canonizado en 1950 por el Papa Pío XII.

ORACION Oh Dios, Tú fortaleciste a San Antonio María con un amor y paciencia maravillosos para evangelizar la gente. Por su intercesión permítenos buscar aquellas cosas que te pertenecen y trabajar en Cristo por el bien de nuestros prójimos. Amén.

SAN GAUDENCIO DE BRESCIA, Obispo
Octubre 25

NACIDO en Brescia, Italia, a mediados del siglo IV, San Gaudencio se educó bajo San Filastrio, Obispo de Brescia, a quien llama su "padre." Después de ganarse reputación por su santidad, viajó al Oriente donde obtuvo aún más fama. En su ausencia, fue elegido como Obispo por el pueblo al morir San Filastrio; aunque se consideraba indigno de recibir ese honor, los Obispos orientales lo influenciaron para que lo aceptara y en 387 fue consagrado por San Ambrosio.

Fue un predicador de gran fuerza y diez de sus veintiún sermones le han sobrevivido dando amplio testimonio de ese hecho. Gobernó su Sede con prudencia y humildad, inspirando a sus fieles a imitar constantemente al Divino Maestro.

En 405, acompañado de otros dos, fue enviado por el Papa Inocente I y por el Emperador Honorio al Oriente a defender a San Juan Crisóstomo delante de Arcadio. Sin embargo, se le impidió a esta comitiva a presentarse delante de Arcadio y nunca intercedieron formalmente por San Juan; los tres hombres fueron devueltos a Roma en un barco tan poco seguro para la navegación que casi se hundió y tuvieron que abandonarlo en Lampsaco. Más tarde, San Juan le escribió una carta a San Gaudencio dándole las gracias por sus esfuerzos aunque no habían dado frutos. Este santo varón murió alrededor del año 410 y fue llamado por Rufino: "la gloria de los Doctores de la época en que vive."

ORACION Oh Dios, Luz y Pastor de almas, Tú estableciste a San Gaudencio como Obispo de Tu Iglesia para alimentar Tu rebaño con su palabra y formarlo con su ejemplo. Ayúdanos, con su intercesión, a mantener la Fe que él enseñó con su palabra y a seguir el camino que nos mostró con su ejemplo. Amén.

SAN DEMETRIO, Mártir
Octubre 26

TODO lo que sabemos de cierto acerca de San Demetrio es que sufrió el martirio durante la persecución de Diocleciano en la Dalmacia. Más tarde un prefecto de Iliria, llamado Leoncio, introdujo su culto en Salónica, trasladó hasta allí algunas de sus reliquias y erigió un templo en su honor en ambas ciudades. A partir del siglo V, Salónica fue el gran centro del culto a San Demetrio y su imponente iglesia sólo fue destruida en 1917.

De acuerdo con una historia legendaria, San Demetrio fue un ciudadano de Salónica a quien arrestaron por proclamar la Fe. Fue asesinado sin hacérsele juicio al ser detenido en una habitación de los baños públicos. Otros relatos lo hacen procónsul y santo guerrero, y en esta última capacidad casi que igualó la popularidad de la gran

unidad y la concordia. Murió teniendo ciento siete años de edad. Eusebio da testimonio de que una vez cambió el agua en aceite para alumbrar las lámparas de la iglesia en la Vigilia de la Pascua.

ORACION Oh Dios, Tú hiciste de San Narciso ejemplo sobresaliente del amor Divino y de la Fe que conquista el mundo y lo incluiste entre los santos pastores. Concédenos que por su intercesión podamos perserverar en el amor y en la Fe y así compartir en su gloria. Amén.

SAN MARCELO EL CENTURION, Mártir
Octubre 30

EN el año 298, el cumpleaños del Emperador Maximiano se celebró con una solemnidad extraordinaria. San Marcelo, un centurión Cristiano en una de las legiones estacionadas en España, se negó a tomar parte de los sacrificios ofrecidos a los dioses y se declaró a sí mismo como Cristiano. El bajó sus brazos y el ramo de viña, que era la señal de su dignidad.

Cuando Anastasio Fortunato, el Prefecto de la legión, supo este hecho, ordenó que San Marcelo fuera llevado a la prisión. Después de la fiesta trajeron a San Marcelo delante del Prefecto, que le preguntó la razón de su conducta. San Marcelo respondió que era su religión. Al escucharlo, el Prefecto declaró que tendría que presentar su caso ante Maximiano y César Constancio.

Este último regía sobre toda la Galia y España y era muy favorable hacia los Cristianos. Sin embargo, San Marcelo fue enviado fuertemente custodiado ante Aureliano Agrícolo, vicario del Prefecto del pretorio, quien entonces estaba en Tánger en Africa. Cuando San Marcelo admitió la veracidad de la acusación fue condenado a muerte por deserción e impiedad.

Casiano, el notario de la corte, se negó a escribir la sentencia, declarando que era injusta. A consecuencia de ello, él también fue condenado a muerte. San Marcelo fue decapitado el 30 de Octubre y San Casiano fue ajusticiado el siguiente 3 de Diciembre.

ORACION   Todopoderoso y eterno Dios, Tú permitiste que San Marcelo luchara hasta morir por la justicia. Por su intercesión, permítenos soportar todas las adversidades y apresurarnos con todas nuestras fuerzas por ir hacia Ti, pues sólo Tú eres la vida. Amén.

SAN WOLFGANGO, Obispo de Ratisbona
Octubre 31

NACIDO en Suabia alrededor del año 925, San Wolfgango llegó a ser uno de los hombres más sobresalientes de su tiempo. Estudió en la Abadía de Reichenau en el Lago Constanza, que en aquella época era un famoso centro de conocimientos, y más tarde enseñó en las escuelas catedrales de Wursburg y Trier. En esta última posición, se unió al monje Ramhold para reformar las diócesis de su amigo mutuo, Enrique el Arzobispo.

Al morir Enrique, San Wolfgango entró en el monasterio benedictino de Einsiedeln en Suiza, donde sus conocimientos, piedad y facultades en general, pronto se dieron a conocer. Nombrado director de la escuela de la Abadía, hizo de ella la mejor del país.

Más tarde se ordenó como sacerdote y, con un grupo de sacerdotes, se encaminó a evangelizar los magiares en Pannonia. Sin embargo, su celo religioso dio pocos frutos externos, y se le nombró como Arzobispo de Ratisbona, a pesar de sus protestas en contrario.

Aunque en su corazón deseaba la soledad, este santo varón ocupó su puesto por el resto de sus días y llevó a su trabajo todo su celo y facultades. Restableció la vida canónica entre los clérigos, reformó monasterios, predicó incesantemente y ejerció sus obligaciones como pastor espiritual con fidelidad ejemplar, ganándose el amor de sus fieles y la estimación de la corte real.

Murió alrededor del año 994, y tal fue su reputación de santidad y los milagros que realizó que fue canonizado en 1022 por el Papa Benedicto VIII.

ORACION   Oh Dios, Luz y Pastor de almas, Tú estableciste a San Wolfgango como Obispo de Tu Iglesia para alimentar Tu rebaño con su palabra y formarlo con su ejemplo. Ayúdanos, con su intercesión, a mantener la Fe que él enseñó, con su palabra y a seguir el camino que nos mostró con su ejemplo. Amén.

TODOS LOS SANTOS
Noviembre 1

ESTA fiesta se remonta al siglo VII y la ocasión de su introducción fue la conversión del antiguo Panteón de Roma en iglesia Cristiana. Este famoso templo, que posiblemente ya existía en tiempos de la República, se considera generalmente que fue construido por Marco Agripa en su tercer consulado en el año 27 A.C., pero no es improbable que él sólo lo reconstruyera y le añadiera.

Los historiadores no están de acuerdo en cuanto el origen de su nombre, pero Plinio nos dice que Agripa lo dedicó a Júpiter el Vengador. Más tarde fue reparado por Septimio Severo y por su hijo Caracalla.

A principios del siglo VII, el Emperador Foca se lo entregó al Papa Bonifacio IV quien lo convirtió en iglesia dedicándosela a la Santísima Virgen y a todos los Santos, alrededor del año 608.

La fiesta de la dedicación se celebró el 13 de Mayo, ya antes de este evento la Fiesta de Todos los Apóstoles se había celebrado el primero de ese mismo mes.

Alrededor del año 731, el Papa Gregorio II consagró una capilla en la Basílica de San Pedro en honor de todos los Santos y desde entonces la Fiesta de Todos los Santos se ha celebrado en Roma.

Mientras estaba en Francia en 837, Gregorio IV, fomentó grandemente la celebración de esta fiesta en dicho país. Los griegos celebran la Fiesta de Todos los Santos el domingo después de Pentecostés.

ORACION Oh Dios, Tú nos permites honrar todos Tus Santos en una celebración común. Por las oraciones de tantos intercedores concédenos la abundancia de Tus favores misericordiosos que tanto anhelamos. Amén.

TODOS LOS FIELES DIFUNTOS
Noviembre 2

EL 2 de Noviembre la Iglesia conmemora Todos los Fieles Difuntos. Las vestiduras blancas del día de Todos los Santos se ponen a un lado, y se usan los hábitos negros y emblemas de luto para indicar la compasión de la Madre Iglesia por sus hijos que se están purificando en los sufrimientos del purgatorio.

La razón para la conmemoración de Todos los Fieles Difuntos es la doctrina y la creencia de que todos los que mueren teniendo pecados veniales o no han expiado otras transgresiones pasadas se detienen en el purgatorio y que los fieles en la tierra pueden ayudarlos a través de sus castigos temporales y apurar su admisión a los júbilos celestiales mediante oraciones y súplicas y, especialmente, por el Santo Sacrificio de la Misa.

El día de la conmemoración de los difuntos viene hasta nosotros desde los primeros Cristianos y, en el transcurso de los siglos, el 2 de Noviembre se seleccionó para la conmemoración anual de los Fieles Difuntos en las iglesias del rito latino.

En todas partes y en toda alma Cristiana se escuchan los dolientes tonos de la oración por los muertos: "Concédeles descanso eterno, oh Señor, y que la luz perpetua brille sobre ellos. Que descansen en paz."

Desde el 10 de Agosto de 1915 se le permite a todo sacerdote celebrar tres Misas el día de los Fieles Difuntos: una por los Fieles Difuntos, una por las intenciones del Papa y una por las intenciones del mismo sacerdote.

Como es imposible ofrecer una Misa por las intenciones particulares de cada individuo el día de los Fieles Difuntos, o durante el mes de noviembre, en muchas diócesis de los Estados Unidos y otros países existe la costumbre de hacer una colecta de dinero ofrecida por el pueblo.

Entonces se celebran las Misas el día de los Fieles Difuntos y, en algunos lugares, en otros días del mes de noviembre, por las intenciones de todos los feligreses.

En las iglesias donde hay varios sacerdotes, cada uno ofrece una Misa o Misas, según la costumbre de la diócesis por las intenciones del día de los Fieles Difuntos.

ORACION Dios misericordioso, dígnate escuchar nuestras súplicas. Creyendo que Tu Hijo se levantó de entre los muertos permítenos fortalecer nuestra fe en la resurrección de todos Tus siervos. Amén.

SAN MARTIN DE PORRES,

Religioso

Noviembre 3—*Patrono de los Peluqueros*

MARTIN de Porres nació en Lima, Perú, en 1579. Su padre fue un noble español y su madre una india de Panamá. Teniendo quince años se hizo hermano lego con los Frailes Dominicos de Lima y allí pasó toda su vida—como barbero, trabajando los campos, limosnero y enfermero, entre otras cosas.

Martín sintió grandes deseos de partir a misiones extranjeras y así ganar la palma del martirio. Sin embargo, como ello no era posible, martirizó su propio cuerpo, dedicándose incesantemente a crueles penitencias. En cambio, Dios lo dotó con muchas gracias y dones maravillosos, por ejemplo, la levitación y la facultad de estar en dos lugares a la vez.

El amor de San Martín lo abrazaba todo, mostrándolo tanto a los hombres como a los animales, incluyendo los gusanos y mantuvo un hospital para perros y gatos en la casa de su hermana. También poseyó sabiduría espiritual, demostrándola en los problemas del matrimonio de su hermana, recogiendo una dote para su sobrina en un plazo de tres días y resolviendo problemas teológicos para los eruditos de su Orden y los Obispos. Fue amigo cercano de Santa Rosa de Lima. Este santo varón murió el 3 de Noviembre de 1639 y fue canonizado el 6 de Mayo de 1962 por el Papa Juan XXIII.

ORACION Oh Dios, Tú condujiste a San Martín por la senda de la humildad hacia la gloria eterna. Ayúdanos para que, siguiendo su ejemplo de santidad, podamos ser dignos de ser exaltados con él en el cielo. Amén.

SAN CARLOS BORROMEO, Obispo
Noviembre 4—*Patrono de los Seminaristas*

DE la noble familia de los Borromeo, San Carlos nació en 1538 a orillas del Lago Maggiore, Italia. Estudió en Milán y más tarde en la Universidad de Pavía, donde recibió su doctorado en derecho civil y canónico en 1559. Su tío, el Cardenal de Medici, que había sido electo ese mismo año como Papa, tomando el nombre de Pío IV, lo mandó a buscar y lo hizo Cardenal y, poco después, lo nombró como Arzobispo de Milán, aunque sólo tenía veintidós años de edad.

Al mismo tiempo el Papa lo retuvo en Roma, donde comenzó a trabajar diligentemente en los intereses de la Iglesia. Allí fundó la Academia del Vaticano para obras literarias. Como Secretario de Estado del Pontífice tomó parte principal en volver a convocar el Concilio de Trento en 1562. Tomó parte activa en poner en marcha sus reformas y en componer el *Catecismo Romano*, conteniendo las enseñanzas del Concilio.

Después de recibir su ordenación sacerdotal, también aceptó el puesto de gran penitenciario. Para las posiciones meramente de honores y lucro no sentía ambición alguna. Asistió al Papa en su lecho de muerte en 1564, y al ser elegido Pío V, fue a residir a Milán.

En 1572, asistió a la elección de Gregorio XIII. Durante la gran peste de Milán, en 1575, demostró ser un verdadero pastor por su caridad y heroísmo abnegados. Esta gran luminaria del firmamento de la Iglesia se extinguió en 1584 y fue canonizado en 1610 por el Papa Paulo V.

ORACION   Oh Dios, conserva en Tu pueblo ese espíritu con que Tú inspiraste a Tu Obispo, San Carlos, para que Tu Iglesia se pueda renovar constantemente, conformándose a Cristo y manifestando a Cristo ante el mundo. Amén.

SANTA SILVIA, Madre de San Gregorio Magno
Noviembre 5

LA Iglesia venera la santidad de Silvia y Giordano, los padres de San Gregorio Magno, así como a dos de sus tías, Társila y Emiliana. Santa Silvia era nativa de la región de Sicilia, mientras que Giordano, su esposo, venía de cerca de Roma. Ellos tuvieron dos hijos: Gregorio y otro cuyo nombre no nos ha llegado a través de los siglos.

Giordano murió alrededor del año 573 y Gregorio convirtió el hogar paterno en monasterio. Por lo tanto, Silvia se retiró a una vida solitaria y casi monástica en una pequeña casa cerca de la iglesia de Santo Saba en el Aventino.

Se hizo la costumbre de enviar frecuentemente vegetales frescos a su hijo en una fuente de plata. Un día, cuando Gregorio se vio que no tenía nada que dar a un mendigo, le regaló la fuente.

Se piensa que Santa Silvia marchó a su recompensa eterna entre 592 y 594. Después de su muerte, el santo Pontífice mandó a hacer un cuadro representando a sus padres en la iglesia de

San Andrés. En el siglo XVI, el Papa Clemente VIII inscribió a Santa Silvia en el *Martirologio Romano.*

ORACION Oh Dios, Tú nos alegras cada año con la fiesta de Santa Silvia. Concédenos que al venerarla en dichas festividades también podamos imitar su ejemplo en nuestra conducta. Amén.

SANTA BERTILA, Religiosa
Noviembre 6

BERTILA nació en el territorio de Soissons, Francia, durante el reino de Dagoberto I. Abrazó la vida religiosa en 630 en el monasterio de Touarre, a cuatro leguas de Meaux.

En este recinto de virtud su prudencia demostró ser tan perfecta que aunque aún era muy joven se le encomendó sucesivamente el cuidado de atender a los extranjeros, después cuidó de los enfermos y de los niños que se educaban en el monasterio.

Prestó estos servicios tan bien que fue elegida como Priora, para ayudar a la Abadesa en la administración.

Su ejemplo ejerció una influencia saludable sobre toda la comunidad. Santa Batilde, esposa de Clodoveo II, que había vuelto a establecer la Abadía de Chelles, quiso que la Abadesa de Jouarre enviara una pequeña colonia de monjas para que guiaran las novicias en la práctica de la perfección monástica.

Así que Santa Bertila fue elegida para dirigir la colonia, llegando a ser la primera Abadesa de Chelles, alrededor del año 646.

Su reputación de santidad y la buena disciplina de su monasterio atrajeron la atención de varias princesas extranjeras, entre ellas Hereswith, Reina de la Anglia Oriental, que había sido la esposa del buen Rey Annas.

La misma Reina Batilde tomó el hábito monástico en esta casa en 665, así que Bertila llegó a ser la superiora de dos reinas. Sin embargo, parecía ser la más humilde de todas las hermanas. Dirigió su monasterio durante cuarenta y seis años, aumentando en virtud diariamente y en su ancianidad redoblando su fervor más bien que disminuirlo. Su buena muerte ocurrió en el año 692.

ORACION Señor Dios, Tú derramaste Tus dones celestiales sobre Santa Bertila. Ayúdanos a imitar sus virtudes durante nuestra vida terrenal y así disfrutar con ella de la felicidad eterna en el cielo. Amén.

SANTA CARINA Y SUS COMPAÑEROS,
Mártires
Noviembre 7

NADA se sabe de esta Santa (llamada también Cassina) aparte de las Actas de su martirologio. En el año 360, en el tiempo en que el Emperador Juliano el Apóstata gobernaba en la ciudad de Ankara, ella y su esposo Antonio como también su hijo Melasipo, de trece años, fueron arrestados por profesar la Fe Cristiana.

Las autoridades locales, como era la costumbre en esos casos, trataron de alejarlos de su devoción al Dios verdadero con torturas crueles e inhumanas. Pero ayudados por la gracia de Dios los tres Cristianos permanecieron fieles a su Fe.

Así alcanzaron la corona del martirio y marcharon a recibir su recompensa celestial de Nuestro Señor y Salvador Jesucristo a quien tan de cerca habían seguido en la tierra.

ORACION Oh Dios, Tú nos rodeas y proteges con la gloriosa confesión de Santa Carina y sus Compañeros. Ayúdanos a beneficiarnos de sus ejemplos y ser apoyados por sus oraciones. Amén.

SAN GODOFREDO, Obispo de Amiens
Noviembre 8

NACIDO cerca de Soissons, Francia, en 1065, San Godofredo se hizo monje y sacerdote y fue escogido como Abad de Nogent en Champagne, una casa religiosa rápidamente en declive. El número de sus miembros se había reducido drásticamente, su apariencia exterior estaba completamente dilapidada y su vida religiosa se apagaba en triste confusión.

Sin embargo, tal fue la fuerza de la personalidad y espiritualidad de Godofredo que pronto tuvo a esta misma casa floreciendo en todos los aspectos.

Como resultado se le ofreció ser abad de la gran Abadía de Saint-Remi en Reims pero él la rechazó, prefiriendo dirigir su propia casa. En 1104, sin embargo, se vio obligado a aceptar el episcopado de Amiens. Aquí demostró ser un verdadero religioso en su conducta como también en su administración—poniendo fin a la simonía, imponiendo vigorosamente el celibato y respaldando el establecimiento de comunas.

Con el tiempo la actitud recta, severa y rigurosamente exacta de este Santo provocó la oposición de algunos y condujeron a su retiro del monasterio cartujo en 1114. Habiendo ordenado un Concilio que regresara a su diócesis murió antes de poder hacerlo en 1115 en la Abadía de San Crispín, Soissons.

ORACION .Dios, Tú hiciste de San Godofredo un ejemplo sobresaliente del amor Divino y de la Fe que conquista al mundo y lo incluiste entre los santos Pastores. Concédenos que por su intercesión podamos perseverar en el amor y en la Fe y así compartir en su gloria. Amén.

LA DEDICACION DE LA BASILICA DE LETRAN
Noviembre 9

ESTA es la más antigua y la de mayor rango entre las cuatro iglesias mayores o patriarcales de Roma. Originalmente fue el palacio de Constantino, adaptado y dedicado bajo el nombre de "Nuestro Salvador" para servir como la iglesia del Papa. La archibasílica actual se construyó más tarde, en el lugar de la iglesia original, y se conoce como San Juan de Letrán, habiendo sido dedicada a San Juan Bautista.

Las otras basílicas patriarcales de Roma son San Pedro, Santa María Mayor y San Pablo situada fuera de las murallas de la antigua ciudad. Estas cuatro basílicas representan los cuatro grandes patriarcados, o provincias eclesiásticas, del mundo. Hay cierto número de iglesias en Roma y en otras partes que le siguen en honor como basílicas menores, pero que no poseen los privilegios especiales de las basílicas mayores.

ORACION Oh Dios, tomando piedras vivas y escogidas Tú te preparas una morada eternal. Multiplica en Tu Iglesia el espíritu de gracia que Tú le has dado para que Tu pueblo pueda crecer siempre en esa morada que es la Jerusalén celestial. Amén.

SAN LEON MAGNO, Papa y
Doctor de la Iglesia
Noviembre 10

NACIDO en la Toscana, San León Magno se hizo diácono y fue enviado como mediador a la Galia por el Emperador Valentiniano III. Reinó como Papa de 440 a 461. Persuadió al emperador Valentiniano a reconocer la primacía del Obispo de Roma en un edicto en 445.

Más tarde confirmó la doctrina de la Encarnación en una carta que enviara al Patriarca de Constantinopla quien ya había condenado a

Eutiques. En el Concilio de Calcedonia esta misma carta fue confirmada como la expresión de la Fe Católica en cuanto a la Persona de Cristo.

Todos los tratados seculares elogian sus esfuerzos durante el cataclismo provocado por las invasiones de los bárbaros en el siglo V. En su encuentro con Atila el Huno, en las mismas puertas de Roma, en que lo persuadió a retirarse, se conserva como un recuerdo histórico de su gran elocuencia.

Cuando los vándalos, dirigidos por Genserico, ocuparon la ciudad de Roma persuadió a los invasores a desistir del saqueo de la ciudad y de molestar a sus habitantes. Murió en 461, dejando muchas cartas y escritos de gran valor histórico.

ORACION Oh Dios, Tú estableciste Tu Iglesia sobre la sólida roca de Tus Apóstoles y nunca permitirás que los poderes del infierno la dominen. Concede que ella pueda perseverar en Tu verdad y disfrutar de una paz continua por la intercesión del Papa San León Magno. Amén.

SAN MARTIN DE TOURS, Obispo
Noviembre 11—*Patrono de los Soldados*

ESTE grande y famoso Santo nació en Panonia (Sabaria, Hungría) en el año 317. Fue hijo de padres paganos, pero pronto se hizo catecúmeno y se enroló en el ejército romano hasta que, después de dar la mitad de su capa a un pobre en la puerta de Amiens, una visión de Cristo (alrededor del 339) lo impulsó al Bautismo y a la vida religiosa.

Fue ordenado como exorcista por San Hilario, Obispo de Poitiers, y pasó los siguientes años de su vida en varios lugares, llevando por algún tiempo la vida de ermitaño cerca de la costa italiana. Tuvo la alegría de poder convertir a su propia madre y también fue azotado por oponerse públicamente a los arrianos.

Cuando San Hilario regresó de su exilio, San Martín se le reunió y construyó un monasterio en Ligugé donde vivió hasta que fue nombrado Obispo de Tours en 371.

En su nuevo cargo continuó llevando la misma vida de humildad y mortificación que antes. Al principio vivió en una pequeña celda cerca de la iglesia, pero más tarde estableció los cimientos del célebre monasterio de Marmoutier, que entonces consistía solamente de una serie de cuevas en las rocas, o celdas de madera, en donde el santo Obispo y sus discípulos vivían y hacían sus ejercicios piadosos.

Poco después acudieron más discípulos atraídos por estas normas monásticas y así se convirtió en el fundador del monasticismo en la Galia, como San Antonio lo había sido en Egipto y San Hilarión en Palestina. De este monasterio salieron muchos Obispos, tal era la reputación de los discípulos de San Martín.

El celo de sus labores fructificó al extirpar la idolatría de la diócesis de Tours y partes vecinas de la Galia. Aunque rodeado de las herejías de su época, fue un ferviente seguidor de la Fe Católica. El, como también San Ambrosio, protestó enérgicamente contra los que querían condenar a muerte a los herejes.

La vida de este grande Santo fue de constante oración. Sus virtudes también se vieron recompensadas por un extraordinario don de hacer milagros. Después de vivir más de ochenta años, murió pacíficamente en el año 397.

ORACION Oh Dios, Tu Obispo San Martín te glorificó tanto en su vida como en su muerte. Renueva en nosotros Tu gracia para que ni la vida ni la muerte nos puedan separar de Tu amor. Amén.

SAN JOSAFAT, Obispo y Mártir
Noviembre 12

JOSAFAT Kuncewicz nació en Polonia en 1580, de padres nobles, y llegó a ser el primer gran líder de los Católicos rutenos, o uniatos, los antiguos cismáticos que habían vuelto a la Iglesia mediante el tratado de Brest-Litovsk en 1595. Entró en la Orden de San Basilio teniendo veinte años de edad, reformándola totalmente, dándole un carácter más activo.

Tanto se dieron a conocer su sabiduría y conocimientos que su propio pueblo lo recomendó al Papa para que rigiera sobre ellos como Arzobispo de Polotsk en 1617. En esta dignidad trabajó activamente para la conversión de los cismáticos y por reformar su propia clerecía, que por lo común era ignorante y venial.

Con su extraordinaria caridad y potentes prédicas, estableció la ascendencia de la Iglesia Uniata pero pronto los cismáticos tramaron su destrucción. Fue asesinado por los ortodoxos fanáticos en 1623, en Vitebsk. Fue canonizado en 1687 por el Papa Inocencio XI.

ORACION Oh Dios, promueve en Tu Iglesia el Espíritu que foraleció a San Josafat para poder dar su vida por su rebaño. Que, fortalecidos por ese mismo Espíritu y por las intercesiones de San Josafat estemos dispuestos a dar nuestras vidas por nuestros hermanos. Amén.

SANTA FRANCISCA JAVIERA CABRINI,
Virgen
Noviembre 13—*Patrona de los Inmigrantes*

FRANCISCA Javiera Cabrini nació en la Lombardía, Italia, en 1850, una de trece hermanos. A los dieciocho años quiso hacerse Hermana pero su mala salud se lo impidió. Ayudó a sus padres hasta que estos murieron y después trabajó en una finca con sus hermanos y hermanas.

Un día un sacerdote le pidió que enseñara en una escuela para niñas y allí permaneció durante seis años. A petición de su Obispo, fundo las Hermanas Misioneras del Sagrado Corazón para cuidar de los niños pobres el las escuelas y los hospitales.

Después, exhortada por el Papa León XIII vino a los Estados Unidos con seis hermanas en 1889 para trabajar entre los inmigrantes italianos.

Llena de una profunda fe en Dios y dotada de una maravillosa capacidad administrative, esta

notable mujer pronto fundó escuelas, hospitales y orfelinatos en una tierra extraña y pudo verlas florecer para ayudar los inmigrantes italianos y a los niños. En el momento de su muerte, en Chicago el 22 de Diciembre de 1917, su institución contaba con casas en Inglaterra, Francia, España, Estados Unidos y Sur América. En 1946, fue la primera ciudadana americana en ser canonizada cuando fue elevada a la santidad por el Papa Pío XII.

ORACION Oh Dios, a través de la obra de Santa Francisca Cabrini trajiste confort y amor a los inmigrantes y a los necesitados. Permite que su ejemplo y obra continúen en las vidas de los dedicados a Ti. Amén.

SAN SIDONIO, Abad
Noviembre 14

NATIVO de Irlanda y nacido en el siglo VII, San Sidonio se puso en contacto con algunos monjes de la Abadía de Jumièges (Normandía) que habían sido enviados a Irlanda para rescatar a los esclavos anglosajones. Impresionado por sus vidas, viajó a Jumièges y recibió el hábito monástico alrededor del año 664. Como diez años después fue enviado al monasterio de Herio y luego al monasterio de Quincay y en 674 acompañó a San Audoeno a Roma.

Alrededor de 685, Sidonio regresó a Jumièges y a petición de San Audoeno fundó un monasterio al noroeste de Rouen, que llegó a ser conocido como Saint-Saens y fue destruido por los normandos en 851. Al morir San Audoeno, Sidonio tomó parte en la fundación de otro monasterio en esa misma región. Así fue que desempeñó un papel importante en la vida religiosa de su época.

Como todos los pioneros religiosos, San Sidonio se sobrepuso a muchas tormentas tanto físicas como espirituales perseverando ardientemente en su confianza en Dios. Era devoto a la oración y la penitencia y ayudó a innumerables almas antes de su muerte.

ORACION *Señor, en medio de las cosas de este mundo, permítenos dedicarnos de corazón a las cosas del cielo imitando el ejemplo de perfección angelical que Tú nos has dado en San Sidonio Abad. Amén.*

SAN ALBERTO MAGNO, Obispo
y Doctor de la Iglesia
Noviembre 15—*Patrono de los Científicos*

NACIDO en Suabia, Alemania, San Alberto Magno pasó su juventud bajo la tutela espiritual del Beato Jordano de Sajonia, quien lo inspiró a unirse a la Orden de los Predicadores. Estudió y enseñó filosofía en Colonia y París, donde llegó a ser uno de los filósofos más famosos de su época.

En Colonia fue famoso como maestro de Santo Tomás de Aquino. Nombrado al obispado de Ratisbona, se retiró para dedicar su talento a escribir y enseñar. Murió en Polonia en 1280.

San Alberto Magno fue un hombre de un conocimiento y erudición inmensos. Sus obras son voluminosas en tamaño y en alcance enciclopédico: includen—además de obras bíblicas y teológicas y sermones—tratados de lógica, metafísica, ética y ciencias físicas. Sus intereses se extendieron a la física, la astronomía, la química, la biología, la fisiología humana y de los animales, la geografía, la geología y la botánica.

Este "Maestro Universal" se destaca por su reconocimiento de la autonomía de la razón humana en su propia esfera y la validez del conocimiento obtenido de la experiencia de los sentidos. Sin embargo, nunca cesó de considerar las Escrituras como la fuente de la espiritualidad y verdadera sabiduría humanas. Fue beatificado en 1622 por el Papa Gregorio XV y declarado Doctor de la Iglesia en 1931 por el Papa Pío XI.

ORACION Oh Dios, Tú engrandeciste a San Alberto permitiéndole combinar la sabiduría humana y la Fe Divina. Ayúdanos a seguir sus enseñanzas para que progresemos en las ciencias y, al mismo tiempo, llegaremos a un mayor entendimiento y amor hacia Ti. Amén.

SANTA MARGARITA DE ESCOCIA
Noviembre 16—*Patrona de Escocia*

MARGARITA fue sobrina nieta de Eduardo el Confesor, habiendo nacido en 1045 en Hungría. Era la hija de un noble escocés exiliado (el Rey Eduardo el Exiliado) y de una princesa húngara. Llevada a Escocia por su padre, llegó a ser la Reina de Malcolm III, alrededor de 1070. Era devota a la perfección espiritual de sus ocho hijos, practicó una austera abnegación y poseyó un amor incansable hacia los pobres.

Como Reina, Margarita usó su influencia en favor de los intereses de la Fe; convocó un sínodo donde se redactaron los reglamentos para el ayuno de la Cuaresma, la Comunión pascual y las leyes matrimoniales. Fundó varias iglesias y se dedicó constantemente a la oración y prácticas piadosas. Después de su muerte en 1093 el pueblo escocés la veneró constantemente y en 1673 el Papa Clemente X la proclamó Patrona de Escocia.

ORACION Oh Dios, Tú dotaste a Santa Margarita con un maravilloso amor hacia los pobres. Por su intercesión y ejemplo, haznos tan generosos que todos puedan ver en nosotros la imagen de Tu bondad. Amén.

SANTA GERTRUDIS, Virgen

El Mismo Día, **Noviembre 16—***Patrona de las Indias Occidentales*

GERTRUDIS nació alrededor de 1256 en Eisleben, Sajonia. Teniendo cinco años fue consagrada por sus padres al Señor en la Abadía de Helfta y más tarde entró como monja en ese Abadía. Allí se deleitó con el estudio de las lenguas y literatura latinas así como con el canto y la pintura.

A veinticinco años de edad Gertrudis se convirtió a seguir el Señor más exactamente. Comenzó una vida plena de humildad, paciencia ante la enfermedad y de cuidado por los demás. Se dedicó a la meditación de la Escritura y de los textos litúrgicos y frecuentó la lectura de los Padres.

La vida de esta Santa, aunque sin estar llena de hechos extraordinarios ni actos fuera de lo común, fue de una gran actividad mental. Era la vida mística del claustro, una vida oculta con Cristo en Dios.

Santa Gertrudis se caracterizó por su gran devoción a la Sagrada Humanidad de Nuestro Señor en Su Pasión y en la Santísima Eucaristía y por su tierno amor a la Santísima Virgen María. Murió en 1302. Su fiesta fue extendida a la Iglesia Universal en 1677 por el Papa San Inocencio XI.

ORACION Oh Dios, Tú te preparaste una morada agradable en el corazón de Tu Virgen Santa Gertrudis. Por su intercesión ilumina misericordioso las tinieblas de nuestro corazón para que nos podamos regocijar sabiendo que Tú estás presente y obrando dentro de nosotros. Amén.

SANTA ISABEL DE HUNGRIA, Religiosa
Noviembre 17

ISABEL nació en Hungría en 1207, siendo hija de Alejandro II, Rey de Hungaría. A los cuatro años fue enviada para ser educada en la corte del land-grave de Turingia, con cuyo hijo menor estaba comprometida en matrimonio. Al cercer en años tambíen creció a grandes pasos en su piedad.

En 1221, se casó con Luis de Turingia y a pesar de su posición en la corte comenzó a llevar una vida de simple austeridad, practicando penitencias y dedicándose a obras de caridad.

Su esposo tambíen sentía inclinación hacia la religión y estimaba mucho sus virtudes, alentándola en su vida ejemplar. Tenían tres hijos cuando la tragedia los azotó—Luis murió mientras luchaba con los cruzados.

Al morir su esposo, Isabel dejó la corte, tomó disposiciones para el cuidado de sus hijos y en 1228 renunció al mundo, uniéndose a las terciarias de la Orden de San Francisco.

Construyó el hospital franciscano en Marburgo donde se dedició al cuidado de los enfermos hasta que murió, a los veinticuatro años de edad, en 1231. Fue canonizada en 1235 por el Papa Gregorio IX.

ORACION   Oh Dios, Tú enseñaste a Santa Isabel a reconocer y servir a Cristo en los pobres. Concédenos, por su intercesión, que siempre podamos servir con amor a los pobres y oprimidos. Amén.

SANTA ROSA FILIPINA DUCHESNE,
Virgen

Noviembre 18

HABIENDO nacido en Grenoble, Francia, en 1769, Rosa entró en la Sociedad del Sagrado Corazón. En 1818, teniendo cuarenta y nueve años de edad, Rosa fue enviada a trabajar en los Estados Unidos.

Allí esta devota sierva de Dios fundó una escuela para pupilas de las hijas de los pioneros cerca de San Louis y abrió la primera escuela gratis al oeste del Missouri.

A los setenta y un años de edad comenzó una escuela para los indios, quienes pronto la llamaron "la señora que siempre está rezando."

Sus biógrafos también destacan su valor en aquellos lugares fronterizos, su idea fija de lograr su sueño de servir a los americanos nativos y su aceptación de si misma.

Esta santa sierva de Dios fue beatificada en 1940 por el Papa Pío XII y canonizada en 1988 por el Papa Juan Pablo II.

ORACION Bondadoso Dios, Tú llenaste el corazón de Santa Rosa Filipina Duchesne con la caridad y el celo misionero y le concediste el deseo de dar a conocer Tu Nombre a todos los pueblos. Llénanos a nosotros, que conmemoramos hoy su memoria, con el mismo amor y celo para extender Tu Reino hasta los fines de la tierra. Amén

LA DEDICACION DE LAS BASILICAS DE SAN PEDRO Y SAN PABLO, Apóstoles

El Mismo Día—Noviembre 18

ENTRE los lugares sagrados venerados por los Cristianos desde los tiempos antiguos uno de los más conocidos ha sido siempre la tumba de San Pedro, en Roma.

Hacia el año 330, el Emperador Constantino mandó a construir una espléndida basílica sobre su tumba y otra basílica en la vía Ostiense en el lugar donde San Pablo sufriera el martirio. Ambas fueron consagradas por San Silvestre.

Cuando se destruyó la basílica de San Pedro, se reconstruyó otra con un estilo más imponente y se consagró de nuevo en 1626.

La basílica de San Pablo también destruida por un fuego en 1823, también fue reconstruida y consagrada nuevamente por el Papa Pío IX en 1854, ante una asamblea de los Cardenales y Obispos que estaban en Roma para asistir a las ceremonias relacionadas con la promulgación del dogma de la Inmaculada Concepción.

Los aniversarios de ambas dedicaciones se unieron y son el objeto de la fiesta del día de hoy.

ORACION Oh Dios, concede protección apostólica a Tu Iglesia, para que, de la misma forma que recibió de los Apóstoles la primera revelación acerca de Ti, también pueda recibir a través de ellos un aumento de la gracia celestial hasta el final del tiempo. Amén.

SANTA MECHTILDE (MATILDE)
Noviembre 19

A LOS siete años de edad Matilde fue confiada a las monjas de Rodalsdorf, quienes poco después eligieron a Gertrudis, su hermana mayor, como abadesa. La misma Matilde se hizo monja y maestra de la escuela cuando la casa se mudó para Helfta. En esa capacidad le cupo la suerte de enseñar a una niña de cinco años que entró al monasterio en 1261 y llegó a ser Santa Gertrudis la Grande. La alumna escribió de su maestra: "Nunca ha habido nadie como ella en el monasterio y me temo que nunca la habrá."

En colaboración con otra monja Santa Gertrudis escribió un relato de las enseñanzas espirituales y experiencias místicas de Matilde, titulado *El Libro de la Gracia Especial*, que se publicó después de su muerte el 19 de Noviembre de 1298.

ORACION Oh Dios, Tú te preparaste una morada agradable en el corazón de tu Virgen Santa Matilde. Por su intercesión ilumina misericordioso las tinieblas de nuestro corazón para que nos podamos regocijar sabiendo que Tú estás presente y obrando dentro de nosotros. Amén.

SAN BERNWARDO, Obispo de Hildesheim
Noviembre 20

S AJÓN de nacimiento y huérfano desde su más tierna edad, San Bernwardo fue criado bajo el cuidado de su tío, el Obispo Volkmar de Utrecht. Fue enviado primeramente a la escuela de la Catedral de Heidelburg, terminó sus estudios en Mainz y fue ordenado como sacerdote. Al morir su abuelo en 987, San Bernwardo se convirtió en capellán imperial y tutor del emperador-niño Otón III.

En 1003, fue electo Obispo de Hildesheim y conservó esa posición durante treinta años. Construyó y dedicó la iglesia dedicada a San Miguel y administró su diócesis con la mayor sabiduría y comprensión.

También era aficionado al arte eclesiástico y se le recuerda especialmente en conexión con trabajos en metal de todas clases. Pasaba mucho tiempo en el ejercicio de las artes de la pintura y metalistería y varias piezas de gran belleza que se encuentran en Hildesheim se le atribuyen directamente a él.

En una disputa eclesiástica con San Willigis, Arzobispo de Mainz, Bernwardo se condujo en forma irreprochable y vivió para ver a su oponente tener que someterse públicamente a la decisión de la Santa Sede en favor del Obispo de Hildesheim. Murió el 20 de Noviembre de 1022 y fue canonizado en 1193 por el Papa Celestino III.

ORACION *Oh Dios, Luz y Pastor de almas, Tú estableciste a San Bernwardo como Obispo de Tu Iglesia para alimentar Tu rebaño con su palabra y formarlo con su ejemplo. Ayúdanos, con su intercesión, a mantener la Fe que él enseñó con su palabra y a seguir el camino que nos mostró con su ejemplo. Amén.*

LA PRESENTACION DE LA SANTISIMA VIRGEN MARIA

Noviembre 21

EXISTIA entre los judíos, en tiempos antiguos, la costumbre religiosa de prometer dedicar los hijos al servicio de Dios en el templo, aún antes de que éstos nacieran. El niño, antes de cumplir los cinco años de edad, era llevado al templo en Jerusalén y confiado al cuidado del sacerdote quien lo ofrecía a Dios.

A veces, el niño permanecía en el templo para educarse y adiestrarse para servir al santuario y los ministros sagrados haciendo vestimentas y adornos, ayudando en los servicios y contribuyendo en la adoración de Dios en los diferentes servicios litúrgicos.

La tradición nos dice que la Santísima Virgen María fue dedicada a Dios por sus padres, San Joaquín y Santa Ana, quienes la llevaron al templo cuando ella tenía tres años de edad. Esta ofrenda y la dedicación de la Santísima Virgen al Señor, las conmemora la Iglesia con la Fiesta de la Presentación el 21 de Noviembre.

En algunas comunidades religiosas este día se observa con especial devoción como fiesta patronal.

ORACION   Hoy celebramos la gloriosa memoria de la Santísima Virgen María. Concede, Señor, que por su intercesión también nosotros podamos recibir muchas gracias de Tu generosidad superabundante. Amén.

SANTA CECILIA, Virgen y Mártir
Noviembre 22—*Patrona de los Músicos*

DE acuerdo con sus Actas legendarias, Cecilia era natural de Roma. Desde temprana edad había hecho un voto de castidad, pero sus padres la obligaron a casarse con un noble llamado Valeriano. Ella lo convirtió a la Fe Cristiana y, por providencia de Dios, conservó su virginidad. También convirtió a Tiburcio, hermano de Valeriano. Ambos hermanos sufrieron el martirio por la Fe y Santa Cecilia tuvo la misma muerte gloriosa unos pocos días después. Sus muertes ocurrieron probablemente durante el reino de Marco Aurelio o de Cómodo, entre los años 161 y 192.

El nombre de Santa Cecilia siempre ha sido muy ilustre en la Iglesia y desde las edades primitivas ha sido mencionado en el Canon de la Misa (Plegaria Eucarística I). Se le honra como patrona de la música eclesiástica.

ORACION Señor, escucha nuestras súplicas. Por la intercesión de Santa Cecilia, concédenos amablemente lo que te rogamos. Amén.

SAN CLEMENTE I, Papa y Mártir
Noviembre 23—*Patrono de los Trabajadores de Mármol*

ROMANO de ancestros judíos, San Clemente debió su conversión a Santos Pedro y Pablo. Fue ordenado como Obispo por San Pedro. Después del martirio de Santos Pedro y Pablo, San Lino fue Obispo de Roma y, después de gobernar durante once años lo sucedió San Cleto. Al morir este último, alrededor del año 91, San Clemente llegó a Papa.

Clemente escribió una Epístola clásica a los Cristianos de Corinto. Murió como mártir alrededor del año 100.

ORACION Todopoderoso y eterno Dios, Tú nos muestras Tu gloria en la fortaleza de Tus Santos. Ayúdanos a estar llenos de júbilo en la conmemoración anual de San Clemente, quien con su muerte dio testimonio de la muerte de Jesús, que él proclamó y conmemoró en el sacrificio de la Misa. Amén.

SAN COLUMBANO, Abad
El Mismo Día—Noviembre 23

NACIDO en la provincia de Leinster, Irlanda, en 563, San Columbano es famoso por los numerosos monasterios que fundo en Galia, Suiza e Italia.

La reforma monástica que realizó con éxito puede verse en los rigores de sus propias penitencias y en su Regla, que era menos equilibrada que la de San Basilio. Después de su muerte en 615, muchos de sus compañeros irlandeses llegaron a ser grandes fundadores por derecho propio y ayudaron a crear el bastión de la Fe contra los ataques del paganismo en la Edad Media.

ORACION Oh Dios, en San Columbano Tú uniste el don de proclamar el Evangelio con un amor por la vida monástica. Por su intercesión y ejemplo, ayúdanos a buscarte en todas las cosas y trabajar por aumentar el número de Tus creyentes. Amén.

BEATO MIGUEL AGUSTIN PRO,
Presbítero y Mártir
El Mismo Día—**Noviembre 23**

MIGUEL Pro nació cerca de Zacatecas, México, el 13 de Enero de 1891. En 1911 ingresó en la Sociedad de Jesús y sus estudios lo llevaron a los Estados Unidos, España y Bélgica, donde se ordenó en 1926.

Al regresar a México, realizó su ministerio sacerdotal en secreto debido a la persecución religiosa. Eventualmente su celo atrajo la atención de las autoridades; fue arrestado bajo cargos falsos y condenado a muerte.

La sentencia se ejecutó por fusilamiento el 23 de Noviembre de 1927. Miguel fue beatificado el 25 de Septiembre de 1988 por el Papa Juan Pablo II.

ORACION Oh Dios, Tú concediste al Beato Miguel la gracia de buscar Tu gloria y la salvación de las almas. Por sus súplicas, haz que podamos servirte y glorificarte fielmente al hacer nuestros deberes diarios y ayudar a nuestro prójimo. Amén.

SAN ANDRES DUNG-LAC, Presbítero y Mártir,
Y COMPAÑEROS, Mártires
Noviembre 24

A TRAVÉS de los esfuerzos misioneros de varias familias religiosas comenzando en el siglo XVI y continuando hasta 1866, el pueblo vietnamita escuchó el mensaje del Evangelio y muchos lo aceptaron a pesar de las persecuciones y la muerte.

El 19 de Junio de 1988 el Papa Juan Pablo II canonizó 117 personas, entre el gran número de mártires vietnamitas que sufrieron el martirio, en el siglo XVIII. Entre estos se encuentran 96 vietnamitas, 11 misioneros nacidos en España y pertenecientes a la Orden de los Predicadores, y 10 misioneros franceses pertenecientes a la Sociedad de las Misiones Extranjeras de París. Entre estos Santos hay 8 Obispos españoles y franceses, 50 sacerdotes (13 europeos y 37 vietnamitas) y 59 personas laicas de todas las condiciones de vida.

Estos mártires ofrendaron sus vidas no sólo por la Iglesia sino también por su país. Ellos demostraron que deseaban que el Evangelio de Cristo tomara raíces en su pueblo y contribuyera al bienestar de su patria. El 1ro de Junio de 1989, estos santos mártires fueron inscritos en el calendario litúrgico de la Iglesia Universal el 24 Noviembre.

ORACION Oh Dios, fuente y origen de toda patria, Tú permitiste que los benditos Mártires, Andrés y sus Compañeros, fueran fieles a la Cruz de Tu Hijo hasta el punto de derramar la sangre. Concédenos por sus intercesiones que podamos propagar Tu amor entre nuestros hermanos y hermanas y no sólo ser llamados, sino ser Tus verdaderos hijos. Amén.

SANTA CATALINA LABOURE, Virgen
Noviembre 25

CATALINA Labouré nació el 2 de Mayo de 1806. Desde temprana edad entró en la comunidad de las Hijas de la Caridad, en París, Francia.

En 1830, la Virgen María se apareció tres veces a Santa Catalina Labouré, quien entonces tenía 24 años de edad.

El 18 de Julio tuvo lugar la primera aparición en la casa madre de la comunidad. Santa Catalina pudo contemplar a una dama sentada a la izquierda del santuario. Cuando Santa Catalina se aproximó, la visitante celestial le dijo cómo comportarse en momentos de prueba y le indicó el altar como la fuente de todo consuelo. Prometiendo confiarle a Santa Catalina una misión que le causaría grandes sufrimientos, la dama también predijo la revuelta anticlerical que ocurrió en París en 1870.

El 27 de Noviembre, la dama mostró a Santa Catalina la medalla de la Inmaculada Concepción, ahora conocida universalmente como la "Medalla Milagrosa." Ella encargó a Santa Catalina que mandara a hacer una y que extendiera la devoción a esta medalla.

En ese momento solamente su director espiritual, el Padre Aladel, supo de sus apariciones. Cuarenta y cinco años más tarde Catalina habló claramente de sus apariciones a una de sus superioras. Murió el 31 de Diciembre de 1876 y fue canonizada el 27 de Julio de 1947 por el Papa Pío XII.

ORACION Oh Señor Jesucristo, Tú te complaciste en alegrar a la santa Virgen Catalina con la maravillosa aparición de Tu Inmaculada Madre. Concédenos que podamos seguir el ejemplo de esta Santa venerando a Tu Santísima Madre con devoción filial y alcanzar el júbilo de la vida eterna. Amén.

SAN JUAN BERCHMANS, Religioso
Noviembre 26—*Patrono de los Monaguillos*

HIJO de un zapatero, Juan Berchmans nació en Diest, Bélgica en 1599. Después de estudiar durante tres años con un cura párroco que preparaba a los niños para el sacerdocio, se unió al recién abierto Colegio Jesuita en Mechlin en 1615 y un año más tarde entró en el noviciado. En 1618, viajó a Roma a pie (en diez semanas) para continuar sus estudios en el Colegio Romano.

Después de estudiar filosofía durante tres años, fue escogido por sus superiores para tomar parte en un debate público, pero se enfermó antes de poder terminar. Estando este seminarista jesuita en lo que sería su lecho de muerte, tomó el rosario, el crucifijo y su libro de las reglas en sus manos y dijo: "Estos son mis tres tesoros; con ellos moriré contento." Al día siguiente, Agosto 13 de 1621, pasó a su recompensa eterna. Fue canonizado en 1888 por el Papa León XIII.

ORACION   Oh Dios, Tú inspiraste a San Juan Berchmans a esforzarse por alcanzar una caridad perfecta y así llegar a Tu Reino al final de su peregrinaje en la tierra. Fortalécenos con su intercesión para que podamos avanzar regocijándonos en el sendero de Tu amor. Amén.

SAN MAXIMO, Obispo
Noviembre 27

SAN Máximo nació en la Provenza, Francia. Desde sus más tiernos años dio pruebas de una virtud fuera de lo común. Después de llevar una

santa vida en el mundo por varios años, finalmente entró en el famoso monasterio de Lerins,
donde fue recibido amablemente por San Honorato, que era su director. Cuando este último fue
nombrado Arzobispo de Arles en 426, San Máximo fue escogido como el segundo Abad de Lerins.

La reputación de su santidad atrajo las multitudes a la isla; el monasterio prosperó bajo su administración benevolente. Lo había gobernado
cerca de siete años cuando la Sede de Riez en la
Provenza quedó vacante. Sabiendo que se deseaba
que él la ocupara, huyó a las costas de Italia; pero
fue encontrado, traído y obligado a aceptar su
nueva dignidad. En este cargo continuó usando un
cilicio y cumpliendo las reglas monásticas en todo
lo que permitián sus deberes.

Asistió al Concilio de Riez en 439, el primero
celebrado en Orange en 441, y también al celebrado en Arles en 454. Murió antes del año 462.

ORACION Todopoderoso y eterno Dios, Tú de-
seaste hacer que Tu Obispo San Máximo gobernara
Tu pueblo. Concédenos por la intercesión de sus
méritos que podamos recibir la gracia de Tu miseri-
cordia. Amén.

SANTIAGO DE LA MARCA, Presbítero
Noviembre 28

SANTIAGO Gangala nació en 1391 en la Marca
de Ancona, Italia, y por ello fue que se le dio el
apodo de "la Marca." Aunque de origen humilde
pudo asistir a la Universidad de Perugia y obtuvo

laureles como Doctor en Derecho. Sin embargo, después de un corto tiempo dedicado a enseñar, renunció al mundo para hacerse fraile franciscano. Fue ordenado y durante cincuenta años predicó la Fe a miles durante la estación y fuera de ella. Junto con San Juan de Capistrano luchó denodadamente contra los rigoristas y las sectas heréticas conocidas como los Fraticelli y ayudó a reconciliar a los Husitas moderados con la Iglesia en el Concilio de Basilea.

Tal era el fervor y el poder de sus prédicas que se dice que convirtió cincuenta mil herejes e incontables pecadores, incluyendo treinta y seis prostitutas con un solo sermón sobre Santa María Magdalena. Viajó por toda Europa como embajador de Papas y gobernantes, durmiendo poco y orando mucho.

Su amor hacia los pobres lo llevó a fundar montes de piedad donde los pobres podían pedir prestado a bajos intereses, una labor que se hizo popular por su protegido, San Bernardino de Feltre. A pesar de su ocupado sistema de vida, sus penitencias rigurosas y sus actividades incansables, Santiago murió teniendo ochenta y cinco años de edad el 28 de Noviembre de 1476. Fue canonizado en 1726 por el Papa Benedicto XIII.

ORACION   Oh Dios, Tú hiciste de Santiago un ilustre predicador del Evangelio para salvar almas y extraer los pecadores de los pantanos del pecado al sendero de la virtud. Por su intercesión permite que podamos ser limpios de todo pecado y alcanzar la vida eterna. Amén.

SAN SATURNINO, Obispo y Mártir
Noviembre 29—*Patrono de Tolosa*

LA vida de San Saturnino está rodeada en el misterio. Sin embargo, una tradición tardía nos dice que fue enviado desde Roma a la Galia por el Papa Fabián, alrededor del año 245, a predicar la Fe a la gente de aquel país.

En el año 250, durante el consulado de Decio y Grato, fijó su Sede en la Tolosa, Francia, y convirtió cierto número de idólatras con sus prédicas y milagros.

Un día, mientras pasaba delante del templo principal de la ciudad los sacerdotes lo apresaron y lo arrastraron dentro del templo, declarando que debía aplacar los dioses ofendidos rindiéndoles sacrificio o tendría que morir. Al negarse decididamente, abusaron de él y por último amarraron sus pies a un toro salvaje que habían traído al templo para sacrificarlo.

Después soltaron el toro fuera del templo y el mártir fue arrastrado detrás de él. Pronto expiró pues su cuerpo fue materialmente destrozado en pedazos.

Esto sucedió probablemente bajo Valeriano en 257.

ORACION Oh Dios, Tú diste esplendor a Tu Iglesia al otorgar San Saturnino la palma del martirio. Concédenos que, al igual que él imitó la Pasión del Señor, también nosotros podamos seguir sus pasos y alcanzar las alegrías eternas. Amén.

———————

SAN ANDRES,
Apóstol

Noviembre 30

*Patrono
de los
Pescadores*

HERMANO de San Pedro, San Andrés, era nativo del pueblo de Betsaida en Galilea y pescador de profesión. Habiendo sido primero discípulo de San Juan Bautista, más tarde se unió a Jesús trayendo consigo a su hermano Simón, con quien se hizo miembro del Colegio Apostólico. Después de la dispersión de los Apóstoles, San Andrés predicó el Evangelio en Escitia, como lo sabemos por Orígenes; y, como dice Sofronio, también en Sogdiana y Cólquida.

De acuerdo con Teodoreto, San Gregorio Nacianceno y San Jerónimo, también trabajó en Grecia. Hasta se cree que llevó el Evangelio tan lejos como Rusia y Polonia y que predicó en Bizancio. Sufrió el martirio en Patras en Acaya, y, según autoridades antiguas, fue crucificado en una cruz en forma de X.

El cuerpo de este Santo fue llevado a Constantinopla en 357 y depositado en la iglesia de los Apóstoles, construida por Constantino el Grande. En 1270, cuando la ciudad cayó en manos de los latinos, sus reliquias fueron transportadas a Italia y depositadas en la Catedral de Amalfi.

ORACION Señor, Tú elevaste a San Andrés, Tu Apóstol, para predicar y regir Tu Iglesia. Concede que siempre podamos beneficiarnos con su intercesión cerca de Ti. Amén.

SANTA FLORENCIA, Lega
Diciembre 1

FLORENCIA era hija de un colonizador romano que residía en Asia Menor en el camino que conducía de Frigia a Seleucia. San Hilario de Poitiers la conoció durante una parada en su jornada hacia Seleucia donde se iba a celebrar el Sínodo de 359. Florencia le pidió ser bautizada por el santo Obispo y lo siguió cuando éste regresó a Poitou al año siguiente.

Entonces ella se retiró a Comblé, Vienne, Francia, donde llevó la vida de una ermitaña. Comulgaba con Dios día y noche, practicando muchas penitencias y combatiendo los asaltos del demonio. Finalmente, agotada por sus trabajos, murió en 366 a los veintinueve años de edad. Sus reliquias se transfirieron a la Catedral de Potiers en el siglo XI.

ORACION   Oh Dios, Tú inspiraste a Santa Floren-cia a esforzarse por alcanzar una caridad perfecta y así llegar a Tu Reino al final de su peregrinaje en la tierra. Fortalécenos con su intercesión para que po-damos avanzar regocijándonos en el sendero de Tu amor. Amén.

SANTA BIBIANA, Virgen y Mártir
Diciembre 2

APARTE de su nombre no se sabe nada cierto acerca de esta Santa. Sin embargo, tenemos el siguiente relato de una tradición posterior.

En el año 363, Julián el Apóstata nombró a Aproniano como gobernador de Roma. Santa Bibiana sufrió en la persecución que él comenzó. Ella era la hija de Cristianos, Flavio, un caballero romano, y Dafrosa, su esposa. Flavio fue torturado y enviado al exilio donde murió de sus heridas. Dafrosa fue decapitada y sus dos hijas, Bibiana y Demetria, despojadas de sus posesiones y dejadas en la mayor miseria. Sin embargo, ellas per-manecieron en su casa, pasando el tiempo en ayunos y oraciones.

Aproniano, viendo que el hambre y la necesidad no surtían efecto sobre ellas, las mandó a buscar. Demetria, después de confesar su Fe, cayó muerta a los pies del tirano. Pero a Bibiana la esperaban mayores sufrimientos. Fue depositada en manos de una mujer malvada, llamada Rufina, que en

vano trató de seducirla. Ella usaba de los golpes
así como de la persuasión, pero la virgen Cristiana
permanecía fiel.

Furioso ante la perseverancia de esta santa virgen, Aproniano ordenó que la ataran a una
columna y la golpearan con flagelos, cargados con
pesos de plomo, hasta que expiró. La Santa padeció sus tormentos con júbilo y murió a consecuencia de los golpes infligidos por su verdugo.

*ORACION Señor Dios, Tú derramaste Tus dones
celestiales sobre la Virgen Santa Bibiana. Ayúdanos
a imitar sus virtudes durante nuestra vida terrenal
y así disfrutar con ella de la felicidad eterna en el
cielo. Amén.*

SAN FRANCISCO JAVIER, Presbítero
Diciembre 3—*Patrono de las Misiones Extranjeras*

EL Apóstol de las Indias nació en 1506 en el
castillo de Javier en Navarra, España. Era de
descendencia noble. A los dieciocho años fue a
París a estudiar filosofía. Cerca de cuatro años más
tarde, San Ignacio Loyola llegó a esa misma ciudad
y tomó su residencia en el Colegio de Santa Bár-
bara, al cual pertenecía San Francisco. En ese momento San Francisco estaba lleno de intereses y
ambiciones mundanas, pero la compañía de San Ignacio ejerció una influencia tan beneficiosa sobre él
que se efectuó un gran cambio en él y llegó a ser
uno de los primeros discípulos del Santo.

En 1536, fue a Venecia con los primeros compañeros de San Ignacio. Después de visitar Roma

se ordenó como sacerdote en Venecia en 1537 y los primeros jesuitas tomaron sus votos ante el nuncio papal. Poco después de establecerse la Sociedad, San Francisco marchó a Portugal. En 1541, embarcó para la India, que sería su campo de labores por el resto de su vida y llegó a Goa el año siguiente. Desde esa ciudad, que él reformó por completo, sus labores apostólicas se extendieron a la costa de Malabar, a Travancor, Malaca, las Molucas y Ceilán, y en todos esos lugares convirtió gran número de personas al Cristianismo.

En 1549, llevó la luz de la Fe al Japón, en donde fue su primer misionero y donde pronto floreció una comunidad Cristiana. Permaneció en el Japón durante dos años y cuatro meses y regresó a la India en 1551.

Más tarde volvió sus ojos a China. Después de visitar Goa, embarcó de nuevo, en 1522, para lograr sus propósitos, pero Dios estaba satisfecho con su voluntad. A los veintitrés días de partir de Malaca llegó a la isla de Sanchón.

El 20 de Noviembre lo atacaron unas fiebres y solo, en una costa extranjera, murió el viernes, 2 de Diciembre de 1552, a los cuarentiseis años de edad. Fue canonizado en 1602 por el Papa Clemente VIII.

ORACION Señor, Tú ganaste muchos pueblos para Tu Iglesia a través de las prédicas de San Francisco. Inspira a los fieles de hoy con ese mismo celo por propagar la Fe, para que en todas partes la Iglesia puede regocijarse en sus muchos hijos. Amén.

SAN JUAN DAMASCENO,
Presbítero y Doctor de la Iglesia
Diciembre 4

SAN Juan nació alrededor del año 676. Fue famoso por sus grandes conocimientos enciclopédicos y método teológico, que más tarde serviría de inspiración a Santo Tomás de Aquino.

Fue un tenaz opositor de la persecución iconoclasta del Emperador de Constantinopla, León III Isáurico, y se distinguió por defender el culto de las imágenes religiosas. Fue condenado a que se le cortara su mano derecha, pero vivió para verla milagrosamente restablecida por la intercesión de la Santísima Virgen. Después de continuas persecuciones murió en paz en la última parte del siglo VIII.

*ORACION Concede, oh Señor, que podamos ser
ayudados por las súplicas de San Juan, Tu Presbítero. Que la Fe verdadera que él enseñó con exce-
lencia sea nuestra luz y fuerza constantes. Amén.*

SAN GERALDO, Obispo de Braga
Diciembre 5

EN la segunda mitad del siglo XI, el Papa delegó
al Arzobispo de Toledo, llamado Bernardo,
para que hiciera una reforma eclesiástica en
España. Este último llamó a varios clérigos y
monjes franceses, entre los cuales se contaba San
Geraldo, Abad de Moissac, quien fue nombrado
director del coro de la Catedral de Toledo.

Tan bien cumplió sus deberes este santo varón y
tanto influenció el pueblo para su bien que cuando
la Sede de Braga quedó vacante, Geraldo fue
elegido por la clerecía y el pueblo de la ciudad
para ser su Obispo. Geraldo visitó la diócesis er-
radicando los abusos que habían surgido, especialmente el de administrar la investidura eclesiástica a los legos.

Este hombre de Dios fue llamado a su recompensa celestial el 5 de Diciembre de 1109, en
Bornos, Portugal.

*ORACION Oh Dios, Luz y Pastor de almas, Tú es-
tableciste a San Geraldo como Obispo de Tu Iglesia
para alimentar Tu rebaño con su palabra y formarlo
con su ejemplo. Ayúdanos, con su intercesión, a
mantener la Fe que él enseñó con su palabra y a
seguir el camino que nos mostró con su ejemplo.
Amén.*

SAN NICOLAS, Obispo de Myra

Diciembre 6—*Patrono de los Pasteleros y Prestamistas*

ES opinión común que San Nicolás era nativo de Patara en Licia, Asia Menor. Se hizo monje y entró en el monasterio del Santo Sión cerca de Myra. El arzobispo, fundador de este hogar, lo hizo Abad del mismo. Cuando la Sede de Myra, la capital de Licia, estuvo vacante, San Nicolás fue nombrado para ocuparla. Se dice que sufrió por la Fe bajo Diocleciano y que estuvo presente en el Concilio de Nicea como opositor del Arrianismo. Su muerte tuvo lugar en Myra en el año 342.

La virtud característica de San Nicolás parece haber sido su caridad hacia los pobres. También se cuenta que hacía penitencia y era abstemio desde niño. A San Nicolás se le considera como el patrono especial de los niños y nuestro conocido Santa Claus es una corrupción de San Nicolás. El Emperador Justiniano construyó una iglesia en su honor en Constantinopla en el suburbio de Blacharnae, alrededor del año 340.

Siempre ha sido honrado con gran veneración por las iglesias latina y griega. La iglesia rusa parece honrarlo más que a ningún otro Santo después de los Apóstoles.

ORACION Invocamos Tu misericordia, oh Señor. Por la intercesión de San Nicolás protégenos en medio de todos los peligros para que podamos avanzar sin obstáculos en el sendero de la salvación. Amén.

SAN AMBROSIO,
Obispo y Doctor de la Iglesia

Diciembre 7—*Patrono de los Fabricantes de Velas*

ESTE Santo nació en la Galia, donde su padre ocupaba el puesto de Prefecto del Pretorio, alrededor del año 340. Su padre murió siendo San Ambrosio todavía un niño y regresó con su madre a Roma, donde tuvo una buena educación, aprendió el idioma griego y se hizo un buen poeta y orador. Más tarde se trasladó a Milán con su hermano.

Probo, Pretor Prefecto de Italia, nombró a Ambrosio como Gobernador de Liguria y Emilia. Sus virtudes en este puesto y la voz de un niño que lo proclamó como Obispo, lo señalaron al pueblo de Milán para nombrarlo Obispo al estar vacante la Sede.

Tanto los Católicos como los arrianos lo eligieron a la primera dignidad en esa diócesis, una dignidad que aceptó de mala gana. Como sólo era un catecúmeno, recibió el Sacramento del Bautismo, después de lo cual fue consagrado como Obispo, en 374, teniendo treinta y cuatro años de edad.

Después de entregar su fortuna a la Iglesia y a los pobres, se dedicó a estudiar las Escrituras y los escritores eclesiásticos, poniéndose bajo la instrucción de Simpliciano, un sacerdote de la Iglesia de Roma, quien lo sucedió en el Arzobispado de Milán. Su lucha contra los arrianos fue tal que en el año 385 ya había muy pocos que profesaban esa herejía en su diócesis. En 381, celebró un Concilio en Milán contra la herejía de Apolinar y asistió al de Aquilea; al año siguiente asistió a otro celebrado en Roma.

Cuando Máximo asumió la púrpura en la Galia, San Ambrosio fue enviado allí y tuvo éxito logrando un tratado con el Emperador. Pero una segunda embajada, en 387, no tuvo tanto éxito; Máximo invadió Italia y fue derrotado por el Emperador Teodosio. Más tarde San Ambrosio tuvo la ocasión de reprender a Teodosio y así lo hizo con la mayor libertad apostólica.

Tuvo la satisfacción de presenciar la conversión del gran San Agustín, a quien había bautizado en 387. Uno de sus últimos actos fue la ordenación de San Honorato. Después de una vida de labores y oraciones el santo Obispo de Milán murió en 397.

ORACION   Oh Dios, por Tu gracia San Ambrosio, Tu Obispo, llegó a ser un gran maestro de la Fe Católica y un ejemplo de fortaleza apostólica. Trae obispos hoy a Tu Iglesia que le den un liderazgo fuerte y sabio. Amén.

LA INMACULADA CONCEPCION DE LA VIRGEN MARIA

Diciembre 8—*Patrona de los Estados Unidos*

MARIA, Madre de Dios, se venera el 8 de Diciembre como la Inmaculada Concepción. Esta fiesta conmemora la preservación de la Santísima Virgen de la mancha del pecado original desde el primer momento en que fue concebida.

Se originó en la Iglesia Oriental alrededor del siglo VIII.

El Papa Pío IX definió la doctrina de la Inmaculada Concepción el 8 de Diciembre de 1854. Este dogma está de acuerdo con los textos de las Escrituras—"Pongo perpetua enemistad entre ti y la mujer y entre tu linaje y el suyo" (Gén. 3, 15); "Salve, llena de gracia" (Lucas 1, 28)—y fue claramente entendido y aceptado por la tradición, por los escritos de los Padres y por las fiestas celebradas de acuerdo con la creencia general de los fieles mucho tiempo antes de que el Papa Pío IX la definiera oficialmente.

ORACION Oh Dios, a través de la Inmaculada Concepción de la Virgen, Tú preparaste un lugar digno para Tu Hijo. En previsión de la Muerte redentora de Tu Hijo, Tú la preservaste de todo pecado. Por su intercesión concédenos que nosotros también podamos llegar a Ti con limpios corazones. Amén.

BEATO JUAN DIEGO, Lego
Diciembre 9

POCO se sabe sobre la vida de Juan Diego, a quien se le apareció la Virgen de Guadalupe el 9 de Diciembre de 1531. Se dice que se llamaba *"Cuauhtlatzin"* (que quiere decir "el águila que habla" en su lengua nativa).

El pertenecía al pueblo de los chichimecas, uno de los grupos culturalmente más adelantados que vivían en el Valle del Anáhuac, como se le llamaba al área que hoy día es la Ciudad de México. Era líder de su propio pueblo y quizás estuviera involucrado en la industria textilera del área.

Después de las apariciones de la Santísima Virgen María, según la tradición, Juan Diego recibió el permiso del Obispo para vivir como ermitaño en una pequeña choza cerca de la capilla que se construyó en el Tepeyac. Allí cuidaba de la iglesia y de los primeros peregrinos que vinieron a ver la imagen milagrosa y rezar a la Madre de Jesús.

Sus contemporáneos se impresionaron con su santidad; los padres acostumbraban a bendecir a sus hijos con el deseo de que "Ojalá Dios te haga como Juan Diego."

ORACION Señor Dios, a través del Beato Juan Diego Tu diste a conocer el amor de Nuestra Señora de Guadalupe hacia el pueblo. Por su intercesión concédenos que nosotros, que seguimos el consejo de María, nuestra Madre, nos esforcemos continuamente por hacer Tu voluntad. Amén.

SANTA EULALIA DE MERIDA, Virgen y Mártir
Diciembre 10—*Patrona de las Niñas Aspirantes de la Acción Católica*

EULALIA de Mérida nació en España en la última década del siglo III. Se acepta casi universalmente que sufrió el martirio por la Fe. Sabemos poco más de ella, todo basado principalmente en la leyenda.

Se cree que Eulalia, una hiya de doce años, se presentó ante el juez Daciano de Mérida y recri-

minó sus maldades en forzando los Cristianos a
adorar los dioses falsos de acuerdo con el edicto
de Diocleciano. Al principio, Daciano fue divertido
y tentó de adular la hiya, mas se enfadó cuando
vio que Eulalia firmemente rehusó de negar a Jesucristo.

Por lo tanto, el juez ordenó que el cuerpo de la
Santa sería rasgado por ganchos de hierro. Entonces el fuego fue aplicado a sus heridas para aumentar sus sufrimientos, y sus cabellos se incendi-
aron. La Santa fue afixiada por el fuego y las llamas y alcanzó la corona del martírio alrededor del
año 304.

Las niñas aspirantes de la Acción Católica, que
se preparan para el santo apostolado, la han escogido como su celestial patrona delante de Dios y
como modelo que han de seguir en las luchas de la
vida.

*ORACION Dios todo poderoso y sempiterno, Tú
escogiste los débiles de este mundo para confundir
los poderosos. Concédenos que, al celebrar el
aniversario del martirio de Santa Eulalia, podamos
como ella seguir fieles en la fe. Amén.*

SAN DAMASO I, Papa
Diciembre 11

EL padre de San Dámaso, bien al morir su esposa o con el consentimiento de ésta, había entrado en el sacerdocio y servía en la iglesia parroquial de San Lorenzo en Roma. Su hijo, San Dámaso, también entró al sagrado ministerio, siendo

destacado a esa misma iglesia. Bajo el Papa
Liberio tuvo gran participación en el gobierno de
la Iglesia y al morir Liberio, en 366, San Dámaso,
que entonces contaba sesenta años de edad, fue
elegido como Papa.

En 368, San Dámaso celebró un Concilio en
Roma y después otro en esa misma ciudad en 370,
ambos dirigidos contra los arrianos, y otro más en
374, en el que se condenaron los errores de Apolinar. San Jerónimo, quien fuera un gran admirador
de San Dámaso, actuó como su secretario durante
los últimos tres años de la vida del Pontífice. El
Papa alentó a San Jerónimo en sus estudios y le
encargó una nueva traducción latín de la Biblia y
éste último lo llama "una persona incomparable,
conocedor de las Escrituras, un doctor virgen de la
Iglesia virgen, quien amó la castidad y escuchó
sus alabanzas con placer."

La iglesia, llamada hasta el día de hoy San
Lorenzo "en Dámaso," fue reparada por el Santo,
quien también hizo otras mejoras en Roma. Fue
poeta y hombre de genio que escribió con elegan-
cia. Los antiguos escritores alaban especialmente
su celo por la pureza de la Fe, la inocencia de sus
maneras, su humildad Cristiana, su compasión por
los pobres y su piedad. San Dámaso ocupó la Silla
de San Pedro durante dieciocho años y dos meses.
Murió en 384.

*ORACION Señor, concede que siempre podamos
conmemorar los méritos de Tus Mártires imitando a
San Dámaso que los amó y los veneró. Amén.*

NUESTRA SEÑORA DE GUADALUPE
Diciembre 12—*Patrona de las Américas*

EL Santuario de Nuestra Señora de Guadalupe, cerca de la Ciudad de México, es uno de los lugares de peregrinajes más famosos en América del Norte. El 9 de Diciembre de 1531, la Santísima Virgen se le apareció a un indio creyente, Juan Diego, y le dejó una imagen de sí misma impresa en su propio manto.

Más tarde, la imagen fue colocada en un majestuoso santuario que los Pontífices romanos ennoblecieron otorgándole un Capítulo de Cánones. Este se hizo famoso por la presencia del pueblo y la frecuencia de sus milagros, alentando inmensurablemente la piedad de la nación mexicana hacia la Madre de Dios.

Por lo tanto, los Obispos de esas regiones, así como todas las clases de la sociedad, la contemplan como la Protectora más poderosa en todas las calamidades públicas y privadas y la han elegido como la Patrona principal de México.

La devoción a María bajo este nombre ha aumentado continuamente y hoy día es la Patrona de las Américas. Debido a los estrechos lazos entre la Iglesia de México y los Estados Unidos esta fiesta se ha situado en el Calendario Americano.

ORACION Oh Dios, en Tu interés y amor por Tu pueblo Tú favoreciste al Nuevo Mundo con la aparición de María, Madre de Jesús, en Guadalupe. Ayuda a los países del Nuevo Mundo a vivir entre sí en paz, unidad y hermandad. Amén.

SANTA LUCIA, Virgen y Mártir
Diciembre 13—*Patrona de los Ciegos*

LUCIA era nativa de Siracusa, en Sicilia, y desde su cuna fue educada en la Fe de Cristo bajo el cuidado de su madre viuda, Eutiquia. Siendo aún muy joven hizo secretamente un voto de castidad. Acompañó a su madre, que había estado enferma durante mucho tiempo, a la tumba de Santa Agueda y allí su madre se curó de la enfermedad que sufría. Entonces Santa Lucía dio a conocer a su madre el voto que había hecho y su madre, en gratitud por su recuperación, le dio permiso para que siguiera sus piadosas inclinaciones.

Un joven noble que la había pedido en matrimonio se enfureció tanto que acusó a Lucía de ser Cristiana. Fue llevada a la prisión, pero Dios le dio la gracia de sobreponerse a todas las torturas a que la sometieron. Alrededor del año 304, durante la feroz persecución desatada por Diocleciano contra los Cristianos, a Santa Lucía la decapitaron con una espada.

ORACION Señor, que la intercesión de Tu Virgen y Mártir Santa Lucía nos ayude de tal forma que, al conmemorar su nacimiento celestial en la tierra, podamos contemplar su triunfo en el cielo. Amén.

SAN JUAN DE LA CRUZ, Presbítero
y Doctor de la Iglesia
Diciembre 14

JUAN Yepez nació en Fontiberos en Castilla La Vieja, España, en 1542. Desde su más tierna infancia demostró una marcada devoción hacia la Santísima Virgen de cuya Orden llegó a ser uno de sus adornos más preciados. Después de estudiar en un colegio jesuita, tomó el hábito carmelitano en el monasterio de esa Orden en Medina del Campo en 1563 y practicó grandes austeridades. En 1567, se ordenó de sacerdote.

Poco tiempo después conoció a Santa Teresa de Jesús en Medina del Campo, en cuyo momento ella lo interesó en la obra de reformar la Orden. El entró de corazón en sus planes y cuando se inaguró en Duruelo el primer monasterio de los Frailes Carmelitas Descalzos, Juan Yepez (que llegaría a ser San Juan de la Cruz), fue su primer miembro.

Ocupó sucesivamente los cargos de superior, prior, vicario general y definidor. En medio de sus labores externas su corazón estuvo siempre íntimamente unido a Dios; se le conoce en la Iglesia como uno de los mayores contemplativos y maestros de la teología mística.

Durante su última enfermedad se le dio a escoger entre dos monasterios; uno de ellos era una residencia agradable y su prior era su amigo íntimo, pero él escogió el otro, el de Ubeda, que era pobre y cuyo prior estaba predispuesto en su contra. Después de muchos sufrimientos murió en 1591 y fue canonizado en 1726 por el Papa Benedicto XIII.

ORACION   Oh Dios, Tu Presbítero San Juan llegó a ser un modelo de abnegación perfecta y nos mostró cómo amar la Cruz. Permítenos poder imitarlo siempre y ser recompensados con la contemplación eterna de Tu gloria. Amén.

SANTA NINON, Virgen
Diciembre 15

EL Cristianismo se introdujo en Georgia, Iberia, a fines del siglo III y una antigua tradición atribuye este hecho al testimonio y apostolado de Santa Ninón. Con el tiempo se tejieron muchas leyendas alrededor de esta Santa (llamada simplemente "Cristiana," "la Mujer Cristiana" por el *Martirologio Romano* y Ninón por los naturales de Georgia). Pero el relato más digno de creerse es todavía el más antiguo y más sencillo del que se tiene memoria, el cual fue dado por el Príncipe Bakur de Georgia a Rufino de Aquileya, historiador del siglo IV de la Iglesia.

Capturada y llevada a Georgia como esclava, Ninón impresionó a la población por su bondad y devoción religiosa, así como por su poder para curar enfermedades en nombre de Cristo, su Dios. Sus oraciones lograron la curación de un niño moribundo, lograron la recuperación de la misma Reina de una enfermedad y permitieron que el Rey—que se había perdido durante una cacería—encontrara el camino de regreso invocando a Cristo. Ambos soberanos recibieron la instrucción y el Bautismo de manos de Ninón, permitiéndosele enseñar y predicar libremente.

Bajo su dirección se erigió una iglesia de manera tan maravillosa que la gente empezó a querer convertirse también al Cristianismo. De aquí que el Rey mandara un legado al Emperador Constantino, pidiéndole Obispos y sacerdotes que continuaran y extendieran la obra de Ninón y así fue que la Fe llegó a esta región del Mar Negro.

*ORACION Oh Dios, a través de Santa Ninón, Tu
Virgen, Tú permitiste que aquellos que no tenían la
Fe pasaran de la oscuridad a la luz. Concédenos por
su intercesión que permanezcamos firmes en la Fe y
perseveremos constantes en la esperanza del Evangelio que ella predicó. Amén.*

SANTA ADELAIDA, Reina
Diciembre 16

NACIDA en 931 de una familia de la nobleza de
Borgoña, Adelaida se casó a los dieciséis años
con el Rey Lotario de Italia. Tres años más tarde
quedó viuda y sufrió mucho en manos de Beren-
gario II de Friuli que se había apoderado del reino.
Liberada por el Rey Otón I el Grande de Alemania, se casó con él y le dio tres hijos, uno de los
cuales sería el futuro Otón II.

Santa Adelaida poseía grandes dones intelec-
tuales y participó en los asuntos de estado. En 962,
ella y su esposo fueron coronados por el Papa
Juan XII. Después de la muerte de su esposo en
973 padeció tiempos particularmente difíciles debido a los problemas surgidos entre ella y su hijo
Otón II y la esposa de éste. A partir de 983, y especialmente en 991, ella rigió en lugar de su nieto
menor de edad, Otón III, mostrando una rara prudencia y comprensión.

Esta santa mujer sentía gran amor hacia los pobres y se interesó en la reforma de Cluny llevada a
cabo por Santos Majolo y Odilo. Construyó
monasterios e iglesias y otorgó beneficios a todos

los que eran dignos de merecerlos. A fines de su vida se retiró a un monasterio benedictino que ella había fundado cerca de Estrasburgo y se preparó a sí misma para morir santamente, la cual ocurrió el 16 de Diciembre de 999.

ORACION Oh Dios, Tú nos regocijas cada año con la fiesta de Santa Adelaida. Concédenos que al honrarla con estas festividades también podamos imitar su ejemplo en nuestra conducta. Amén.

SANTA OLIMPIA, Viuda
Diciembre 17

OLIMPIA, una dama de descendencia ilustre y gran fortuna, nació alrededor del año 368. Educada al cuidado de Teodosia, hermana de San Amfiloquio, practicó virtudes eminentes desde temprana edad. Era aún muy joven cuando se casó con Nebridio, tesorero del Emperador Teodosio el Grande, pero éste murió a los pocos días. Ella se negó decididamente a contraer un segundo matrimonio, a pesar de la presión que se ejerció sobre ella.

En Constantinopla, donde ella residía, su vida la dedicó en lo adelante a las buenas obras y caridades. Sus inmensas riquezas las consagró enteramente a la Iglesia y a los pobres. Al igual que todos los Santos de Dios, también tuvo que padecer grandes aflicciones, enfermedades corporales y persecuciones por parte del mundo. Nectario, Patriarca de Constantinopla, la hizo diaconisa de la Iglesia, cargo que existía en aquella época. San

Juan Crisóstomo, que llegó a ser Patriarca en 398, también sintió gran respeto por su virtud. La fidelidad de Santa Olimpia a su causa cuando él fue exiliada en 404, le causó la persecución de sus enemigos, hasta que finalmente se vio obligada a abandonar la ciudad (pero regresó al año siguiente).

Su correspondencia con San Juan Crisóstomo le proporcionó gran consuelo y alientos. A cambio de la dirección recibida del Santo, ella le envió gran cantidad de provisiones con las que él, en su exilio desolado, rescató a muchos cautivos. Ella sobrevivió a San Juan, pues aún vivía en 408. Su muerte tuvo lugar alrededor del año 410.

ORACION   Oh Dios, Tú inspiraste a Santa Olimpia a esforzarse en la caridad perfecta y así llegar a Tu Reino al final de su peregrinaje terrenal. Fortalécenos a través de su intercesión para que podamos avanzar regocijándonos en la vía del amor. Amén.

SAN GATIANO, Obispo de Tours
Diciembre 18

GATIANO llegó desde Roma a París con San Dionisio, alrededor de mediados del siglo III, y predicó la Fe, principalmente en Tours en la Galia, donde fijó su Sede episcopal.

En esa región de la Galia la idolatría era muy fuerte, pero la perseverancia del Santo le ganó gran número de conversos. Con frecuencia se veía obligado a ocultarse de la furia de los habitantes paganos del lugar. Celebraba los misterios Divinos en cuevas y grutas, donde reunía a su pequeño rebaño. Continuó sus labores en medio de muchos peligros durante casi cincuenta años, hasta que murió en paz.

ORACION Oh Dios, Tú hiciste de San Gatiano ejemplo sobresaliente del amor Divino y de la Fe que conquista al mundo y lo incluiste entre los santos Pastores. Concédenos que por su intercesión podamos perseverar en el amor y en la Fe y así compartir en su gloria. Amén.

BEATO URBANO V, Papa
Diciembre 19

A URBANO V se le considera como el mejor de los llamados "Papas de Aviñón," que gobernaron la Iglesia casi ciento setenta años desde Aviñón en los siglos XIII y XIV. Nacido en Grisac, Francia, en 1310, Guillermo de Grimoard fue un notable canonista benedictino y sirvió como legado papal a Milán y Nápoles antes de ser elegido como Papa en 1362.

El hecho más importante de su reinado fue su intento frustrado de restaurar el papado en Roma en 1367. El restauró los edificios papales y reconcilió al Emperador Oriental Juan V Paleólogo con la Iglesia.

También concluyó una alianza con el Emperador Carlos V, fundó las Universidades de Cracovia y Viena, y ayudó las universidades de Aviñón, Tolosa, Orange y Orléans.

Sin embargo, los conflictos políticos lo obligaron a regresar a Aviñón en 1370. En Junio de ese año le informó a los romanos que los dejaba para el bien de la Iglesia y el 5 de Septiembre embarcó para Francia con gran pesadumbre.

El 19 de Diciembre ya había muerto, fue llamado por uno de sus contemporáneos "una luz del mundo y el camino de la verdad; un amante de la justicia, que huía de la maldad y temeroso de Dios."

ORACION Todopoderoso y sempiterno Dios, fue Tu voluntad establecer al Beato Urbano sobre todo Tu pueblo e ir delante de él con su palabra y ejemplo. Por su intercesión mantén unidos a los pastores de Tu Iglesia junto con sus rebaños y guíalos en la senda de la salvación eterna. Amén.

SAN DOMINGO DE SILOS, Abad
Diciembre 20

DOMINGO de Silos nació en Cañas, España, en el año 1000. Siendo niño fue pastor. Más tarde se unió a los benedictinos en el Monasterio de San Millán de Cogolla y tiempo después fue elegido como su prior.

Eventualmente Domingo fue expulsado del monasterio por García III de Navarra al negarse a entregarle algunas tierras del monasterio. Huyó al Monasterio de San Sebastián en Silos donde llegó a ser Abad. Durante el ejercicio de su cargo estableció reformas y su monasterio se convirtió en un gran centro espiritual, notable por el diseño de libros y el arte.

A Santo Domingo se le atribuyen muchos milagros de curaciones y realizó grandes esfuerzos por
rescatar a los esclavos de los moros. Murió el 20
de Diciembre de 1073.

ORACION Oh Dios, Tú adornaste a Tu Iglesia con
los merecimientos de la admirable vida de Santo
Domingo, y la alegraste con los gloriosos prodigios
que obró con la redención de cautivos. Concédenos
a nosotros Tus servidores, que nos instruyamos con
sus ejemplos y, con su patrocinio, nos libremos de la
esclavitud de los vicios. Amén.

SAN PEDRO CANISIO, Presbítero
y Doctor de la Iglesia
Diciembre 21

ESTE eminente jesuita nació en Nimega,
Holanda (cuando aún era parte de Alemania),
el 8 de Mayo de 1521. A los veintidós años de edad
se unió a la Sociedad de Jesús y se distinguió en
sus estudios y por su perfección espiritual.

Fue el segundo gran Apóstol de Alemania, predicador, teólogo y líder de la Contrareforma.

Con asombrosa claridad este devoto varón de
Dios vio que para poder combatir la Reforma la
Iglesia debía ante todo reformarse a sí misma en
sus pastores y preparar generaciones de laicos
capaces de defender su Fe.

Entre las muchas obras que fluyeron de su
pluma, la más célebre sigue siendo un Catecismo

que apareció en 1560 y llegó a alcanzar las doscientas ediciones antes de terminar el siglo.

Murió en Friburgo, Suiza, en 1597. El Papa Pío XI lo canonizó el 21 de Mayo de 1925 y lo proclamó como Doctor de la Iglesia.

ORACION Oh Dios, Tú dotaste a Tu Presbítero, San Pedro Canisio, con santidad y conocimientos para la defensa de la Iglesia. Por su intercesión, concede que aquellos que buscan la verdad puedan encontrarte con júbilo y que el pueblo de creyentes pueda perseverar siempre en dar testimonio de Ti. Amén.

SANTOS QUEREMON E ISQUIRION,
Mártires
Diciembre 22

EL año 247 San Dionisio fue escogido como Obispo de Alejandría. Poco después, el pueblo de Alejandría, incitado por un profeta pagano e impulsado más aún por un edicto del Emperador Decio, comenzó una feroz persecución contra los Cristianos. El mismo San Dionisio fue buscado y escapó solamente con la ayuda e insistencia de un grupo de paganos que celebraban una boda.

San Dionisio escribió un relato de su persecución a Fabián, Obispo de Antioquía. En él cuenta que muchos Cristianos huyeron al desierto donde perecieron víctimas de los elementos, del hambre, la sed o devorados por los animales y hombres salvajes. Otros fueron capturados y vendidos como esclavos.

El menciona especialmente a Queremón, Obispo de Nilópolis, un hombre muy anciano que se refugió en las montañas con un compañero. Aunque los Cristianos efectuaron una búsqueda en las montañas de Arabia nunca se supo nada más de ninguno de ellos.

También menciona a Isquirión que era el procurador de un magistrado en una ciudad de Egipto— probablemente Alejandría. Cuando su dueño le ordenó que sacrificara a los dioses este santo varón se negó decididamente.

El perseveró en su negativa a pesar de las torturas y amenazas por parte de su dueño. Por ello, el magistrado enfurecido hizo que mutilaran y empalaran a San Isquirión.

Estos dos santos Mártires se nombran en el *Martirologio Romano* de esta fecha.

ORACION Que las oraciones de Santos Queremón e Isquirión te sean agradables, oh Señor, y fortalezcan Tu verdad. Amén.

SAN JUAN DE KANTY, Presbítero

Diciembre 23

JUAN nació en 1403 en una aldea, cuyo nombre él lleva, situada en la diócesis de Cracovia, Polonia. Su niñez la pasó en la inocencia bajo el cuidado de padres virtuosos. Al terminar sus estudios fue profesor en la Universidad de Cracovia, cargó que ocupó durante varios años, esforzándose no sólo en enseñar a sus alumnos la ciencia sino también en despertar en sus corazones sentimientos de piedad de los que él mismo estaba animado.

Habiéndose ordenado como sacerdote se distinguió aún con mayor celo por la gloria de Dios y de su propia perfección. El descuido y la indiferencia de tanto Cristianos le causaban una gran aflicción. Como cura párroco fue un verdadero pastor de almas, mostrándose padre de su pueblo y amigo de todos los necesitados.

Después de algunos años volvió a sus deberes como profesor, practicando al mismo tiempo la oración, el amor hacia los pobres y todas las virtudes Cristianas.

Consumido por el deseo de sufrir el martirio, hizo un peregrinaje a Jerusalén y predicó a "Jesús Crucificado" a los turcos. Cuatro veces hizo viajes a Roma a pie.

Dormía muy poco y siempre en el piso; comía sólo lo más necesario para vivir. Por medio de sus ayunos y severa disciplina conservó intacta su pureza. Durante los últimos treinta años de su vida se abstuvo completamente de comer carne.

Finalmente, después de distribuir entre los pobres todo lo que poseía en su casa, murió en 1474. Fue canonizado en 1767 por el Papa Clemente XIII.

ORACION Dios todopoderoso, ayúdanos a seguir el ejemplo de Tu Presbítero, San Juan, avanzando en la ciencia de los Santos. Que podamos mostrar la compasión hacia todos los necesitados para que nosotros podamos alcanzar Tu misericordia. Amén.

SANTA ADELA, Viuda

Diciembre 24

ADELA fue hija del Rey Dagoberto II de Alemania, haciéndose monja al morir su esposo, después de tomar las medidas necesarias para el cuidado de su hijo, el futuro padre de San Gregorio de Utrecht.

Ella fundó un convento en Palatium cerca de Trier y llegó a ser su primera Abadesa, gobernando con santidad, prudencia y compasión.

Parece ser que Santa Adela fue de las primeras discípulas de San Bonifacio, el Apóstol de Alemania, y existe una carta en su correspondencia dirigida a ella.

Después de una vida devota, llena de buenas obras y de comunión con Dios, ella alcanzó su recompensa celestial en 730.

ORACION Oh Dios, Tú inspiraste a Santa Adela a esforzarse en la caridad perfecta y así llegar a Tu Reino al final de su peregrinaje terrenal. Fortaléscenos a través de su intercesión para que avancemos regocijándonos en la vía del amor. Amén.

LA NATIVIDAD DE NUESTRO SEÑOR
Diciembre 25

HACE más de mil novecientos años el Emperador Romano César Augusto emitió un decreto ordenando que se efectuara un censo general en el que se debía empadronar toda la gente del imperio, "cada uno en su propia ciudad," es decir, el lugar al cual pertenecía su tribu y su familia.

José y María fueron desde Nazaret hasta Belén, la ciudad de David, porque ellos pertenecían a la familia de ese rey. Belén está situada cerca de cinco o seis millas al sur de Jerusalén y casi setenta y cinco millas al sur de Nazaret. Allí nació en un establo Jesucristo, el Hijo de Dios, el Redentor del mundo, según la tradición a medianoche o poco después del 25 de Diciembre.

Y sucedió que, estando allí, "se cumplieron los días de su parto y dio a luz a su Hijo primogénito, y le envolvió en pañales y le acostó en un pesebre, por no haber sitio para ellos en el mesón."

La historia de la primera Navidad es bien conocida por los Católicos por la devoción al "Pesebre de la Natividad." En el año 1226, San Francisco de Asís, con permiso del Papa, erigió el primero de estos pesebres con el propósito de instruir al pueblo y aumentar en sus corazones el amor y la devoción por el Niño Salvador.

Hoy la "Misa de Navidad" se ofrece en honor del nacimiento de Cristo. Casi todos los idiomas europeos, excepto el inglés, usan una palabra que significa el nacimiento de Cristo para nombrar la fiesta de este día: en latín, *Dies Natalis;* en italiano, *Il Natale;* en español, *La Natividad;* y en francés, la forma latina se suaviza para convertirse en *Noel.*

En todas las tierras e idiomas el gran hecho que se celebra es el nacimiento de Cristo, y el gran acto por el que se conmemora y renueva este hecho es la Misa. El día de Navidad los sacerdotes pueden celebrar tres Misas en honor del nacimiento triple del Hijo de Dios: Su nacimiento en el tiempo y en nuestra humanidad en el establo de Belén; Su nacimiento espiritual por la fe y la caridad en las almas de los pastores, y en nuestras almas, y en las almas de todos aquellos que lo buscan seriamente; y, finalmente, Su generación eterna en el seno del Padre.

ORACION Oh Dios, de manera admirable Tú estableciste la dignidad de la naturaleza humana y la reformaste de manera aún más admirable. Concédenos que podamos compartir en la Divinidad de Tu Hijo Quien escogió compartir nuestra humanidad. Amén.

———

SAN ESTEBAN, Primer Mártir
Diciembre 26—*Patrono de los Albañiles*

ESTEBAN, un discípulo de Cristo, fue elegido después de la Ascensión como uno de los siete diáconos, y "lleno de gracia y de poder, hacía prodigios y grandes señales en el pueblo." Muchos se levantaron en su contra mas no podían resistir a la sabiduría y al espíritu con que hablaba.

Acusado de blasfemar contra Moisés y contra Dios, fue presentado delante del sanedrín donde lo condenaron a sacarlo de la ciudad y allí lapidarlo. Arrodillado delante de sus verdugos gritó con fuerte voz: "Señor, no les imputes este pecado." Y diciendo esto, se durmió en el Señor, en el año 35 A.C.

ORACION Oh Dios, concede que podamos imitar al Santo que conmemoramos y aprendeamos a amar a nuestros enemigos. Porque hoy celebramos la fiesta de San Esteban quien supo cómo orar aún por sus perseguidores. Amén.

SANTA VINCENTIA MARIA LOPEZ Y ACUÑA
Virgen
El Mismo Día—Diciembre 26

VINCENTIA nació en Cascante, España, en 1847. Mientras se educaba en Madrid, vivió con una tía suya que había fundado un hogar para los sirvientes domésticos.

Esta forma de caridad impresionó a Vincentia. De acuerdo con ello, hizo un voto de castidad y, junto con su tía, organizó un grupo de damas interesadas en ministrar a las muchachas trabajadoras. Entre 1871 y 1876 ella desarrolló una regla escrita para su grupo y, en 1878, con tres otras, tomó los votos de la religión.

Fue así que se desarrolló la institución de las Hijas de María Inmaculada para el Servicio Doméstico. Esta congregación, habiéndose extendido por España y otras regiones de Europa y de

América Latina, obtuvo la aprobación papal en 1888. El 26 de Diciembre de 1896, Vincentia murió en Madrid, y fue canonizada en 1975 por el Papa Pablo VI.

ORACION Señor Dios, Tú derramaste Tus dones celestiales sobre la Virgen Santa Vincentia. Ayúdanos a imitar sus virtudes durante nuestra vida terrenal y así disfrutar con ella de la felicidad eterna en el cielo. Amén.

SAN JUAN, Apóstol y Evangelista
Diciembre 27—*Patrono de Asia Menor*

JUAN, hijo de Zebedeo y hermano de Santiago el Mayor, fue llamado a ser Apóstol de Nuestro Señor durante el primer año de Su ministerio. Llegó a ser "el discípulo amado" y el único entre los doce que no abandonó al Salvador en la hora de Su Pasión. Estuvo fielmente al pie de la Cruz, desde la que el Salvador le encargó cuidar de Su Madre.

Su vida posterior la pasó principalmente en Jerusalén y en Efeso. Estableció muchas iglesias en Asia Menor. Fue el autor del cuarto Evangelio y de tres Epístolas, también se le atribuye el Apocalipsis. Traído a Roma, la tradición relata que por orden del Emperador Domiciano fue lanzado dentro de una caldera de aceite hirviendo, de la cual salió sin sufrir daño alguno; después fue exiliado por un año a la isla de Patmos. Llegó a vivir hasta una edad extremadamente avanzada, sobreviviendo a todos los demás Apóstoles y murió en Efeso alrededor del año 100.

A San Juan se le llama el Apóstol de la Caridad, una virtud que aprendió de su Divino Maestro, y que inculcó constantemente con su palabra y ejemplo.

El "discípulo amado" murió en Efeso, donde se erigió una hermosa iglesia sobre su tumba. Pero después fue convertida en una mezquita musulmana.

ORACION Oh Dios, a través de Tu Apóstol San Juan Tú quisiste mostrarnos los secretos de Tu Palabra. Concédenos que lo que de manera tan excelente él ha derramado en nuestros oídos podamos comprender apropiadamente. Amén.

LOS SANTOS INOCENTES, Mártires
Diciembre 28—*Patronos de los Niños Cantores*

SAN Ireneo, San Agustín y otros Padres de la Iglesia primitiva dieron el nombre de Mártires a los niños de dos años y menores que fueron muertos en Belén y sus alrededores por orden del Rey Herodes, y como tales se han conmemorado desde el siglo primero y honrado en la liturgia de la Iglesia. En la Iglesia Occidental la Misa de los Santos Inocentes se celebra como las de Adviento y Cuaresma, sin los cantos festivos.

Estas víctimas inocentes dieron testimonio al Mesías y Redentor, no con sus palabras sino con su sangre. Ellos triunfaron sobre el mundo y obtuvieron la corona sin haber sufrido los males del mundo, la carne y el demonio.

ORACION Oh Dios, recordamos hoy que los Santos Mártires dieron testimonio no con palabras sino con su propia muerte. Concédenos que nuestra manera de vivir pueda dar testimonio de nuestra fe en Ti que profesamos con nuestros labios. Amén.

SANTO TOMAS BECKET, Obispo y Mártir
Diciembre 29

TOMAS nació en Londres en 1117, ocho años después de la muerte de San Anselmo, de quien estaba destinado a ser sucesor. Abrazó el estado eclesiástico y se hizo clérigo de Teobaldo, Arzobispo de Canterbury, con cuyo permiso marchó a Italia a estudiar derecho canónico en Bolonia. A su regreso al hogar se ordenó de diácono y hecho archidiácono de Canterbury. En 1154, recomendado por Teobaldo, Enrique II lo nombró canciller del reino, cargó que ocupó con distinción.

Al morir Teobaldo en 1160, el Rey lo obligó a aceptar la dignidad de Arzobispo de Canterbury; pero cuando Santo Tomás se negó a tolerar la existencia de ciertos abusos, el Rey se sintió ofendido y finalmente las cosas llegaron al punto de causar una ruptura abierta entre el Arzobispo y el Rey. Después de una gran persecución a la que se vio sujeto, Tomás abandonó el reino y fue a ver al Papa Alejandro III, quien entonces se encontraba en Francia y que lo recibió amablemente. Más tarde pudo regresar a Inglaterra, pero fue con el presentimiento de que se encaminaba hacia su muerte. Fue recibido con las mayores manifestaciones de alegría por parte de su pueblo, pero el final se acercaba. Enrique, en un arranque de enojo dejó escapar algunas palabras que, sin importar cómo estuvieran dirigidas, se interpretaron de manera de colocar las armas en las manos de los asesinos del santo. El resultado fue que Santo Tomás fue asesinado en su iglesia, al pie del altar, en 1170. Dentro de los tres años de su muerte, fue canonizado como Mártir por el Papa Alejandro III.

ORACION Oh Dios, Tú permitiste que Santo Tomás, Tu Mártir, sacrificara su vida valientemente por la causa de la justicia. Con su intercesión, ayúdanos a dar nuestras vidas por Cristo en este mundo para que podamos hallar la vida eterna en el cielo. Amén.

SAN ANISIO, Obispo de Tesalónica
Diciembre 30

SABEMOS muy poco de la vida de este Santo que fuera Obispo de Tesalónica al morir Ascolio en 383. En esta ocasión San Ambrosio escribió al nuevo Obispo expresándole la esperanza de que como Anisio era un discípulo dedicado de Ascolio él pudiera probar ser "otro Eliseo para Elías."

El Papa San Dámaso hizo a este santo Obispo vicario patriarcal de Iliria y fue confirmado en su poder por Santo Siricio e Inocente I. Cuando San Juan Crisóstomo fue perseguido por las autoridades, San Anisio lo defendió fuertemente. En 404, fue a visitar al Papa Inocente I para revisar el caso por el cual San Juan había sido exiliado de su Sede, y en ello se le unieron otros quince Obispos de Macedonia. A su regreso recibió una carta de parte de San Juan dándole las gracias por los esfuerzos hechos en su nombre.

San Anisio fue un pastor dedicado que inspiró a su pueblo con su vida y enseñanzas. Tanto San Inocente I como San León Magno tuvieron grandes elogios por sus virtudes. Murió alrededor del año 410.

ORACION   Oh Dios, Luz y Pastor de almas, Tú estableciste a San Anisio como Obispo de Tu Iglesia para alimentar Tu rebaño con su palabra y formarlo con su ejemplo. Ayúdanos, con su intercesión, a mantener la Fe que él enseñó con su palabra y a seguir el camino que nos mostró con su ejemplo. Amén.

SAN SILVESTRE, Papa
Diciembre 31

NACIDO en Roma, San Silvestre fue ordenado por el Papa San Marcelino durante la paz que precedió a las persecuciones de Diocleciano. Vivió durante aquellos días de horror, presenció la abdicación de Diocleciano y Maximiano y vio el triunfo de Constantino en 312.

Dos años más tarde sucedió a San Melquiades como Obispo de Roma. Ese mismo año envió a cuatro legados que lo representaran en el gran Concilio de la Iglesia Occidental, que se celebró en Arles. El confirmó sus decisiones y las impartió a la Iglesia.

El Concilio de Nicea tuvo lugar durante su reinado, en 325, pero no pudiendo asistir en persona, debido a su avanzada edad, envió a sus legados, quienes encabezaron la lista de los firmantes de sus decretos, precediendo a los Patriarcas de Alejandría y Antioquía.

San Silvestre ocupó la Silla de San Pedro por veinticuatro años y once meses. Murió en 335.

ORACION Señor, ven en ayuda de Tu pueblo que se apoya en la intercesión de San Silvestre, Tu Papa. Permite que vivan su vida presente bajo Tu guía para que tengan la felicidad de alcanzar la vida eterna en el cielo. Amén.